数字化转型系列

武艳军 著

DIGITAL TRANSFORMATION
DRIVEN BY ENTERPRISE
ARCHITECTURE

企业架构驱动

数字化转型

以架构为中心的端到端转型方法论

U0361797

机械工业出版社
CHINA MACHINE PRESS

图书在版编目（CIP）数据

企业架构驱动数字化转型：以架构为中心的端到端转型方法论 / 武艳军著 . —北京：
机械工业出版社，2023.9（2024.12 重印）

（数字化转型系列）

ISBN 978-7-111-73649-3

Ⅰ . ①企… Ⅱ . ①武… Ⅲ . ①企业信息化 Ⅳ . ①F272.7-39

中国国家版本馆 CIP 数据核字（2023）第 147296 号

机械工业出版社（北京市百万庄大街22号 邮政编码100037）
策划编辑：杨福川　　　　　　　　责任编辑：杨福川　　董惠芝
责任校对：牟丽英　　张　征　　　责任印制：常天培
北京铭成印刷有限公司印刷
2024 年 12 月第 1 版第 2 次印刷
170mm×230mm·22.5印张·364千字
标准书号：ISBN 978-7-111-73649-3
定价：109.00元

电话服务　　　　　　　　网络服务
客服电话：010-88361066　　机　工　官　网：www.cmpbook.com
　　　　　010-88379833　　机　工　官　博：weibo.com/cmp1952
　　　　　010-68326294　　金　书　网：www.golden-book.com
封底无防伪标均为盗版　　　机工教育服务网：www.cmpedu.com

为何写作本书

科学技术的发展不断推动着人类社会进步。人类社会经历了三次工业革命：18 世纪，第一次工业革命起源于英国，以蒸汽机的发明和应用为标志，工业从手工进入机械化时代；19 世纪 70 年代到 20 世纪初，第二次工业革命起源于德国和美国，以内燃机的发明和电能的应用为标志，工业从机械化进入自动化时代；20 世纪 50 年代，第三次工业革命起源于美国，以空间技术、电子计算机、生物技术、原子能的发明和应用为标志，工业进入信息化时代。当前，人类社会正在进行第四次工业革命，即进入数字化时代，数据成为新的生产要素，全新的图景正在展开。

随着云计算、大数据、人工智能、移动互联网等数字技术的成熟，2010 年以来，以阿里巴巴、腾讯等互联网企业为第一波，以华为、美的、建设银行、工商银行等先进企业为第二波，以大量其他传统企业为第三波，纷纷运用数字技术开展对传统产业的变革和升级，也就是数字化转型。其间，各企业大量实践，总结出不少经验和方法。然而，数字化转型的成功率仍然很低。据麦肯锡统计，全球 80% 的数字化转型是失败的。这其中有先行者探索的失败，也有后进者不明所以、盲目转型、能力缺失导致的失败。

随着数字经济的持续深入发展，更多企业将投身到数字化转型浪潮中。企业数字化转型迫切需要更具实操性的方法论来指导。如果能将十几年来各行业数字化转型的经验、教训加以总结，提炼出一套数字化转型的完整方法论，并辅以丰富的案例，为正在和即将进行数字化转型的企业提供帮助，一定具有非常大的实际意义。

就笔者个人来说，拥有近20年金融信息化领域工作经验，从2013年开始探索企业IT转型升级，从IT架构再造到企业级业务架构设计和实施，从传统中央金融企业到一线互联网银行，可以说经历了企业信息化、数字化建设的方方面面，尝尽了其中的酸甜苦辣。同时，笔者也持续放眼行业，关注外部变化，并将先进理念、方法引入企业内部。在这个过程中，笔者认识到企业架构是企业数字化转型的底层方法和指路明灯。2021年以来，笔者通过个人微信公众号"金融IT那些事儿"对企业架构和数字化转型开展了一系列探讨，受到了众多金融从业者和爱好者甚至业界专家的认可。

笔者在前期探讨和思考的基础上，提出以企业架构为中心、端到端的数字化转型五环法SABOE，期望能够为各传统行业的数字化转型提供帮助。

本书主要内容

本书共4篇13章，主要围绕数字化转型五环法SABOE展开。如图1所示，SABOE包含数字化战略（Strategy）、数字化架构（Architecture）、数字化建设（Build）、数字化运营（Operation）和数字化评估（Evaluation）5个环节，涵盖了企业数字化转型从顶层设计到落地实施、从建设到运营、从效果评估到迭代改进的各个方面，为读者提供了端到端的数字化转型方法论指导。

从各环节作用来看，数字化战略引领转型方向，数字化架构绘制蓝图，数字化建设形成能力，数字化运营实现价值，数字化评估评价效果，5个环节构成了企业数字化转型的完整闭环。本书在第一篇"数字化转型顶层设计"的第1章提出企业架构是数字化转型的底层方法，并提出企业数字化转型方法论框架，介绍了该框架的核心内容。

企业数字化转型首先要从制定数字化战略开始。数字化战略明确了企业数字化转型的使命、愿景和目标，设计了数字化商业模式，为企业数字化转型指明了方向。本书在第一篇"数字化转型顶层设计"的第2章介绍数字化战略的相关内容，提出"四看三定"的数字化战略规划方法，即通过看趋势、看对标、看现状、看战略进行数字化战略分析，通过定目标、定举措、定路线来完成数字化战略规划。

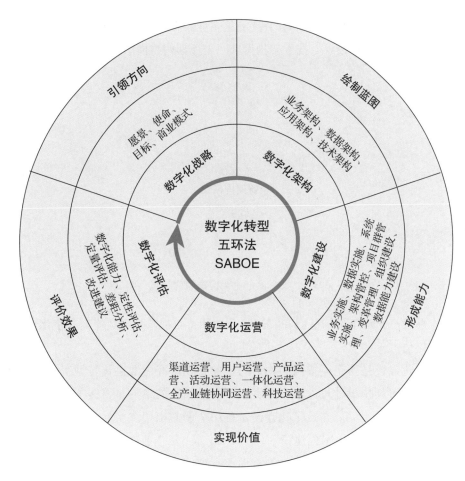

图 1　数字化转型五环法 SABOE

　　数字化架构设计是企业数字化转型战略落地的核心环节。企业数字化转型是一项复杂的系统工程，必须以企业架构为底层方法，设计出企业数字化转型蓝图。数字化架构设计以企业架构为核心，填补了战略和实施的鸿沟，确保了业务和科技的一致性，起到了承上启下、融会贯通的作用。本书重点推出数字化企业架构框架（DEAF），针对数字化转型背景下的企业架构方法进行了思考和探索。如图 2 所示，数字化企业架构框架主要具有数据化、智能化、敏捷化、生态化和体验化 5 个特点，可以帮助企业设计更加符合数字经济原生要求的企业级架构蓝图，让企业数字化转型有图可依。本书在第二篇"数字化企业架构设计"中以 6 章的篇幅详细介绍了数字化企业架构框架、业务架构设计、应用架构设计、数据架构设计、技术架构设计、企业架构建模语言和工具。

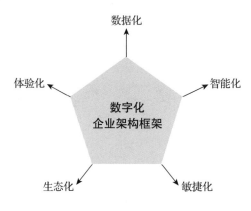

图 2　数字化企业架构框架的特点

本书没有止步于架构蓝图和实施路径设计，而是进一步延伸到数字化建设、运营和评估。

数字化建设是指企业按照架构蓝图实实在在地开展数字化转型工作和建设数字化能力。架构设计可以说只是完成了万里长征的第一步，接下来的每一步都需要企业坚持走完。在数字化建设过程中会暴露出很多实际问题，经历很多苦难。本书第三篇"数字化建设"（第 9～11 章）从企业架构实施、数字化组织建设和治理保障、构建数据能力等方面重点说明了数字化建设的关键，帮助企业在转型过程中少踩坑。

数字化运营是在数字化能力建成后在实际业务中运用并发挥价值的重要环节。数字化运营才是检验数字化能力是否有效的真正战场，而且在这个过程中需要不断提升数字化能力。只有数字化能力真正融入企业，并发挥价值，企业才算真正实现数字化转型。本书第四篇"数字化运营和评估"包括第 12、13 章，其中第 12 章介绍了数字化运营方法论以及业务运营、科技运营的方法和实践案例。

企业数字化转型不是一蹴而就的，需要经历漫长的过程。在这个过程中，企业不仅要埋头实践，还要定期对数字化转型成效进行评估，找到自己在数字化转型征程中的位置，发现存在的问题和不足，进一步分析差距并制订改进计划，这样才能不忘初心，实现数字化转型的最终目标。本书在第 13 章中介绍了企业数字化成熟度评估模型和评估方法，提出构建多层次、可扩展的数字化评估模型体系，并介绍了通用级数字化成熟度评估模型和行业级数字化成熟度评估模型。

本书读者对象

企业数字化转型不只是科技部门的事情，更需要企业高层的关注和亲自推动、业务人员的深入参与，还需要整合各类外部资源。本书涵盖企业数字化转型的方方面面，适合以下 4 类人群阅读。

- 企业的 CIO、CDO、架构师和工程技术人员；
- 企业各级管理人员、业务人员；
- 为企业数字化转型提供咨询服务和技术服务的人员；
- 高校相关专业的教师和学生。

本书特色

与市场上同类书籍相比，本书有以下特色。

1）端到端覆盖企业数字化转型全过程，从数字化战略开始，重点介绍数字化架构设计，但没有止步于蓝图规划，而是进一步延伸到数字化建设和运营，并通过评估为下一阶段转型做好准备。

2）融合了多学科知识，引入战略管理、企业架构、数据管理、项目管理、运营管理、数字化成熟度评估等方法并融合创新，为企业提供全视角、全体系的数字化转型指导方法。

资源和勘误

由于笔者水平有限，书中难免会出现疏漏之处，恳请读者批评指正。欢迎大家发邮件（wuyanjun_148@163.com）或者微信（fintech_architect）反馈有关问题并交流心得体会。

致谢

感谢我在中国出口信用保险公司工作时的领导，是他们给我做事的机会并不断提点帮助我，使我具备了企业大局观，能从企业级视角看待和推动数字化转型。

感谢我在百信银行工作时的领导陈长亮，让我进入百信银行接触最新的数字化实践，并鼓励我总结相关的理论、实践，写成书来回报社会。

感谢中央财经大学副教授郭树行老师、极客邦副总裁付晓岩先生、埃森哲合伙人萧兆琳先生，他们为我学习企业架构、开拓视野提供了帮助。

此外还要感谢我的公众号"金融IT那些事儿"的粉丝们，是他们的持续关注和热情互动，让我对写书有了信心。

最后感谢我的爱人、我的父母和孩子，是他们的陪伴让我感到人间幸福，是他们的付出让我周末和平时晚上有时间写作，最终完成本书。

｜第三篇｜数字化建设

| 第四篇 | 数字化运营和评估

| 第一篇 |

数字化转型顶层设计

数字化转型是企业面对人类社会第四次工业革命做出的应对之策，是建立新的数字化生产力和生产关系的过程。大时代需要大智慧，大时代呼唤大战略。企业管理层要高度重视数字化转型的顶层设计，要从全局战略高度审视和思考，统筹规划，形成数字化转型战略，作为企业前进的方向。企业数字化转型是一项复杂的系统工程。企业需要将企业架构作为底层方法论进行数字化转型指导，认真描绘全企业从业务到科技的架构蓝图，并将蓝图落地，实现从战略规划到执行的跨越。

本篇主要关注数字化转型的顶层设计，共包括两章。第 1 章在对数字经济发展大势和企业数字化转型探索分析的基础上，以企业架构方法为核心，提出企业数字化转型方法论框架，为企业数字化转型提供全面指导。第 2 章探讨数字化转型中的战略管理和商业模式创新，引入 BLM 来连接战略设计和战略执行，并介绍部分领先企业的数字化战略。

1

| 第 1 章 |

企业数字化转型

当前，国内外数字经济已经进入关键阶段，从消费互联网逐步转向产业互联网。部分领先企业已经取得了数字化转型的阶段性成果，大量传统企业正在起步和试水。然而，由于数字化转型的复杂性，失败概率非常高，企业急需方法论来指导。企业架构是一种成体系的信息系统规划方法，可以作为业务和科技沟通的桥梁，是企业数字化转型的底层方法论。

本章从数字经济发展背景、企业数字化转型中碰到的问题和困难入手分析，引出企业架构对数字化转型的重要指导作用。接下来，以企业架构方法为核心，提出并介绍企业数字化转型方法论框架，包括数字化战略（S）、数字化架构（A）、数字化建设（B）、数字化运营（O）和数字化评估（E）5 个环节、两个周期和五大原则。希望这些内容能够为企业数字化转型提供帮助。

1.1 数字经济蓬勃发展

1.1.1 数字经济基本概念

当前，中国经济正处于发展模式转型和新旧动能转换的关键阶段。以人工智能、区块链、云计算、大数据等底层数字技术为驱动，以数字经济蓬勃兴起为主要内容的第四次工业革命为中国经济"变道超车"提供了重要机遇。我们身处这场伟大变革之中，应对数字经济有更深入的理解。

数字经济的概念早在 1996 年 Don Tapscott 撰写的《数字经济：智力互联时代的希望与风险》一书中就出现了。1998 年，美国商务部发布了《新兴的数字经济》报告，由此数字经济的提法正式成型。发展数字经济的意义不仅仅在于发展互联网经济，更多在于发展信息化经济。

1. 中国信息通信研究院对数字经济的定义

中国信息通信研究院（简称"信通院"）在《中国数字经济白皮书》中对数字经济的定义是：数字经济是以数字化的知识和信息为关键生产要素，以数字技术为核心驱动力量，以现代信息网络为重要载体，通过数字技术与实体经济深度融合，不断提高经济社会的数字化、网络化、智能化水平，加速重构经济发展与治理模式的新型经济形态。

如图 1-1 所示，数字经济具体包括四大部分。

- **数字产业化**，即数字技术带来的信息通信产业，具体包括电子信息制造业、电信业、软件和信息技术服务业、互联网行业等。
- **产业数字化**，即传统产业应用数字技术，包括但不限于工业互联网、两化融合、智能制造、车联网、平台经济等融合型新产业、新模式、新业态，实现产出增加和效率提升。
- **数字化治理**，包括但不限于多元治理，以"数字技术 + 治理"为典型特征的技管结合，以及数字化公共服务等。
- **数据价值化**，包括但不限于数据采集、数据标准、数据确权、数据标注、数据定价、数据交易、数据流转、数据保护等。

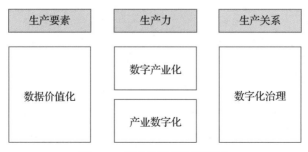

图 1-1　信通院数字经济概念

其中，数据价值化属于生产要素，数字产业化和产业数字化属于生产力，数字化治理属于生产关系，它们共同构成数字经济的"四化"框架。

2. 国家统计局对数字经济的定义

国家统计局公布的《数字经济及其核心产业统计分类（2021）》（下文简称《数字经济分类》），是衡量数字经济发展水平的重要统计标准。国家统计局对数字经济的定义是：以数据资源为关键生产要素、以现代信息网络为重要载体、以信息通信技术的有效使用为效率提升和经济结构优化的重要推动力的一系列经济活动。

该定义将数字经济产业范围确定为五大类：数字产品制造业、数字产品服务业、数字技术应用业、数字要素驱动业、数字化效率提升业。

数字经济核心产业是指为产业数字化发展提供数字技术、产品、服务、基础设施和解决方案，以及完全依赖数字技术、数据要素的各类经济活动。本分类中的前 4 个大类为数字经济核心产业。

从以上定义可知，数字经济是指将数字产业（数字产业化）和各行业的数字化（产业数字化）融入到经济中。数字产业化是数字经济的重要组成部分，它指的是将数字技术应用到产业中，实现产业的数字化转型。产业数字化是指不同行业的数字化应用，如金融、制造、建筑、交通等行业的数字化应用都是数字经济的组成部分。

数字产业化在数字经济中起着龙头作用，而产业数字化则是数字经济的主体。数字产业化的发展不仅带动了产业数字化的发展，也为其赋能，共同推进数字经济的发展。只有当产业数字化真正发展到位时，经济才能说是真正实现了转型升级。因此，要加速数字产业化的发展，进一步促进各行业数字化转型，以推动数字经济的可持续发展。

1.1.2 国内外数字经济发展情况

1. 数字经济已经上升为国家战略

我国数字经济政策早期主要关注信息化建设和电子商务发展。以 2015 年 7 月发布的《国务院关于积极推进"互联网+"行动的指导意见》为重要开端，习近平总书记围绕数字经济相关议题发表了一系列重要讲话，各部委也密集出台了鼓励数字经济发展的相关政策和指导意见。2017 年 3 月，李克强总理在《政府工作报告》中提到数字经济，进一步体现了国家层面对数字经济的高度关注，同时表明数字经济发展已经上升到国家战略高度。

2021 年 3 月，《中华人民共和国国民经济和社会发展第十四个五年规划和 2035 年远景目标纲要》（以下简称《纲要》）发布。其中，第五篇是"加快数字化发展 建设数字中国"，用 4 个章节对数字化发展进行了阐释，在顶层设计中明确了数字化转型的战略地位。第十五章"打造数字经济新优势"提出"充分发挥海量数据和丰富应用场景优势，促进数字技术与实体经济深度融合，赋能传统产业转型升级，催生新产业新业态新模式，壮大经济发展新引擎"，并提出了三项发展数字经济的措施（一是加强关键数字技术创新应用，二是加快推动数字产业化，三是推进产业数字化转型），以及七个数字经济重点产业（云计算、大数据、物联网、工业互联网、区块链、人工智能、虚拟现实和增强现实）。各省级"十四五"规划也都强调加快产业数字化转型，推动数字化赋能各行各业。

数字经济发展已经成为我国落实国家重大战略的关键力量，它对于实施供给侧改革、创新驱动发展、构建国际国内双循环、构建新发展格局具有重要意义。

2. 各国数字经济发展政策

世界各国政府高度重视数字经济发展，并将其上升到国家战略高度。

美国商务部是美国数字经济的主要推动者。该部门先后出台了一系列数字经济政策和举措，如《数字经济议程》（2015）、《在数字经济中实现增长与创新》（2016）、《数字经济的定义与衡量》（2018）、《国家网络战略》（2018）、《美国的全球数字经济大战略》（2021）等，确保了美国在信息技术革新和数字成果应用方面的长期领先地位。

2020 年，欧盟连续发布和实施数字技术相关战略规划。其中，"数字欧洲计划"将重点推进超级计算、人工智能、网络安全、高级数字技能，确保广泛使用数字技术，提高欧洲数字技术竞争力。此外，"地平线欧洲"计划（2021—2027）正式启动，旨在推进基础研究和科研成果的共享，重塑欧盟的"科研面貌"。

英国先后推出了《数字经济战略（2015—2018）》《英国数字战略（2017）》《国家数据战略（2020）》等战略计划，对打造世界领先的数字经济和全面推进数字化转型做出了全面而周密的部署。

根据中国信息通信研究院发布的《全球数字经济白皮书（2022 年）》，2021年，测算的 47 个国家数字经济增加值规模达到 38.1 万亿美元，占 GDP 比重为 45.0%。产业数字化在数字经济中的比重为 85%。从占比看发达国家数字经济占 GDP 比重为 55.7%，其中德国、英国和美国数字经济占 GDP 比重超过 65%。

根据中国信息通信研究院发布的《中国数字经济发展白皮书（2021 年）》，2005 年中国数字经济规模为 2.6 万亿元，占 GDP 比重为 14.2%。而到了 2021年，中国数字经济仍然保持蓬勃发展态势，规模达到 45.5 万亿元，占 GDP 比重为 39.8%。

根据《中国数字经济发展报告（2022 年）》，各省区的数据经济发展水平不尽相同。从经济贡献看，北京、上海、天津等省市数字经济 GDP 占比均已超过50%。从总体规模看，广东、江苏、山东、浙江等 16 个省市区的数字经济规模均在 1 万亿元以上。从数字经济内部来看，2021 年数字产业化规模达 8.35 万亿元，占数字经济比重为 18.3%。而产业数字化规模达 37.18 万亿元，占数字经济比重为 81.7%。数字产业化和产业数字化总体上呈二八结构，产业数字化比重逐年增大，显示出数字化赋能各个产业效果逐渐呈现。

1.1.3　数字经济发展：从消费互联网转向产业互联网

本节站在历史的高度，以数字中国建设为背景，回顾数字经济的发展历史，并展望未来趋势。

1. 数字中国全景

我们之前更关注的是企业数字化转型。企业数字化转型不仅要实现自身的经营管理、生产、销售、服务数字化，还要与客户、合作伙伴实现数字化连接和交互，建立数字化的产业生态。因此，数字化转型不仅仅是某个企业自身的事情，更是整个行业甚至关系国家全局的事情。我们应该从更宏观的视角来看待问题。

《纲要》第五篇"加快数字化发展　建设数字中国"将数字中国目标分解为数字经济、数字社会、数字政府三个目标。应营造良好的数字生态，更加注重数字化治理，以便为这三个目标的实现提供基础支撑。

从参与者角度看，数字中国分为国家、行业、企业、个人 4 个层面，具体如图 1-2 所示。

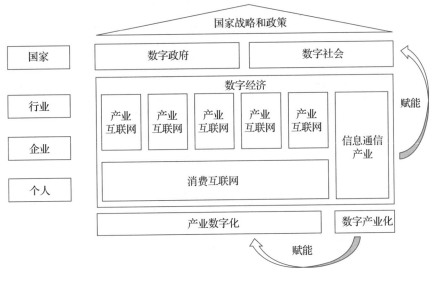

图 1-2　数字中国全景

在国家层面，主要是建设数字政府和数字社会；在行业层面，主要是建设产业互联网；在个人层面，主要是建设消费互联网；企业层面的建设则更为复杂，一些直接面向消费者的企业既要参与产业互联网建设，又要参与消费互联网建设，而更上游的企业主要参与产业互联网建设。信息通信产业则需要为这几类数字化工作赋能。

2. 数字经济上半场：火爆的消费互联网

中国的数字经济已经行在中途。以 2020 年为分水岭，过去的 20 年是数字经济上半场，以消费互联网的发展为主。数字经济的下半场才刚刚开始，消费互联网进入存量博弈阶段，产业互联网刚开始迅速发展。数字经济的发展历程和展望如图 1-3 所示。

1999 年，微软推出 Windows 98。当时，中国互联网的三大门户网站是新浪、网易和搜狐。互联网创业的第一波浪潮兴起，直到 2001 年互联网泡沫破裂。

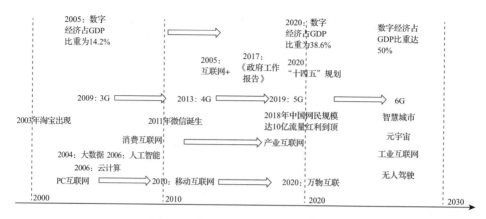

图 1-3　数字经济的发展历程和展望

阿里巴巴在 2003 年推出淘宝，又在 2004 年推出支付宝，电子商务开始兴起。腾讯则是先靠 QQ 起家，后来又发展游戏，找到了自己的商业模式。百度发展搜索引擎，逐渐奠定了自己在搜索引擎领域的重要地位。到 2010 年，中国互联网进入 BAT 时代。

随着智能手机的出现和 3G、4G 网络的应用，我国在 2010 年悄然进入移动互联网时代。2011 年微信出世，2013 年余额宝爆红，2016 年抖音上线……这几个国民级应用的活跃用户数也一路飙升。

多年来，互联网巨头不断在电商、内容娱乐、消费金融等各个消费领域攻城略地。这些领域都直接面向消费者，属于 To C 领域。在 14 亿人的大市场里，尽管千人千面，但是消费者总是类似的，互联网公司可以对整个消费者群体进行用户分层，打造出一个产品，就可以服务千万级甚至亿级用户群体。这就是消费互联网、To C 业务的逻辑。

3. 数字经济下半场：充满机遇但难度更高的产业互联网

2018 年中国网民规模达 10 亿，微信月活用户数已经达到 10.8 亿，几乎没有进一步增长的空间了。流量获取变得越来越昂贵，消费互联网逐渐变成红海。这时，腾讯、阿里巴巴、百度、华为等公司开始将目光投向企业市场，即 To B 业务，阿里云、腾讯云、华为云、百度智能云等都是在这个时候出现的。它们不仅卖云化基础设施，还提供上层的一系列解决方案。

当然，整体流量见顶是因为整个行业、市场的容量有限，并不意味着单个创新企业没有机会。即使在互联网行业已经形成垄断的情况下，也出现了像拼多多、字节跳动这样的互联网巨头，只不过竞争非常激烈。我们只看到少数企业的成功，实际上可能有很多企业失败了。

政府也看到了这个趋势，开始引导人们向产业数字化方向发力。2018 年年底中央经济工作会议上首次提出"新型基础设施建设"概念，提出加快 5G 商用步伐，加强人工智能、工业互联网、物联网等新型基础设施建设。2019 年 6 月，工业和信息化部向中国电信、中国移动、中国联通和中国广电发放 5G 商用牌照。5G、大数据、人工智能、物联网、车联网、边缘计算、区块链等各种技术已经发展得相对成熟或者处于从创新研究到规模化应用的阶段，从移动互联时代进入万物互联时代的条件已经具备。

自 2020 年以来，数字经济的发展逐步进入深水区，即传统产业数字化。就具体产业而言，金融、电信等是应用信息技术较早的行业，制造业、建筑业等在应用信息技术方面整体上相对落后。工业和信息化部前些年一直在推进"两化融合"，近几年又在推进智能制造、工业互联网。

产业互联网是产业数字化的重要方式，也是数字化之后的产业形态，是产业进化的新阶段。如果说消费互联网是眼球经济和流量经济，满足的是个体用户在互联网中的消费需求，那么，产业互联网是价值经济，是以生产者为服务对象、以生产活动为应用场景的互联网应用。产业互联网反映在互联网对各产业的生产、交易、融资、流通等各个环节的改造升级、能源节约和效率提升上。产业互联网概念可以将工业互联网、智能制造等包含在内。

与消费互联网 To C 业务的普遍性不同，产业互联网 To B 业务具有完全不同的特点，因为不同产业之间的差异非常大。企业在所属行业形成的产品和解决方案无法满足另一个行业的需求，需要从头开始。在产业数字化过程中，互联网头部企业发现原先的打法不再管用，没有一套产品和解决方案能适用于所有行业，无法快速占领市场。互联网头部企业最有效的打法是从自己熟悉的消费领域出发向上游不断渗透。这样就出现了很多机会。可以说，产业互联网目前仍然是一片蓝海，有大量的机会。一方面，互联网头部企业资源有限，不可能面面俱到，总有产业是真空地带，留给创业公司发力的空间。另一方面，产业知识和经验是很高的壁垒，企业更换合作伙伴的成本也很高。创业公司一旦在一个产业中获得成功，就形成了很高的商业壁垒。

1.2 传统企业的数字化转型

1.2.1 数字化基本概念

1. 什么是数字化

所谓数字化，就是一切业务数据化，一切数据业务化，这是阿里巴巴提出来的。信息化实现了业务数据化，数字化则是围绕数据中台，实现数据从汇聚、集成、分析到服务，再回到业务中，用于业务决策。在数字经济时代，数据作为一种新的生产要素，加入生产过程。所以，发展数字经济就是要构建新的生产力，并建立与之相适应的生产关系。

2. 什么是数字化转型

数字化转型是以价值创新为目的、用数字技术驱动业务变革的企业发展战略。其目标是创造新的价值，手段是数字技术，本质是实现业务变革，定位是企业发展战略。因此，数字化转型有几个关键点。

首先，数字化转型一定是"一把手"工程，需要自上而下制定战略和规划，形成共识，并逐步推行。

其次，数字化转型不只是科技部门的事情，需要业务部门深度参与，实现业务和科技的深度融合。

再次，数字化转型还需要企业从思维认知、工作方法、人才结构等方面进行转变，构建数字化的企业文化，建立数据思维，拥抱变革，这样才有成功的可能。

最后，数字技术是基础，科技应该赋能业务、引领业务，因此，科技能力需要增强，科技人才队伍需要充实，不仅要跟上潮流，还要发挥引领作用。

从另一个角度来看，数字化转型是建立新的生产力和生产关系的过程。数据作为新的生产要素，软件和数据平台作为生产资料，而与数字化转型相适应的组织、流程、文化氛围和人才机制则属于新的生产关系。生产力和生产关系需要相互匹配、相互促进，才能发挥出新的生产力效果。

1.2.2 传统企业数字化转型探索

1. 数字化转型的目标

总体来说，企业数字化转型的目标包括提高运营效率和降低成本，实现产品服务的数字化升级以及商业模式创新。

提高运营效率和降低成本最容易，也是能最快见到效果的，主要着眼于内部改进。

而数字化升级产品服务则直接为客户提供新的价值。在数字经济时代，客户或用户习惯使用数字化产品服务。因此，企业对产品服务进行数字化升级是以客户为中心的经营理念的体现。

商业模式创新是企业利用数字技术实现二次增长，为企业的长期发展开辟一条新路。相比运营效率提高和产品服务升级，商业模式创新的难度更大一些。

2. 数字化转型模式无法照搬

数字化转型有没有确定的模式可以复制？每个企业、每个组织的数字化转型都要走出自己的路，别人的经验可以借鉴，但不能直接照搬，也无法请咨询公司或者科技公司替自己搞定。关键还是自己，自己要明白为什么做。CIO 和 CDO 要做的就是搞明白这些事情，整合内外部资源，形成方法和路径，带领员工一步步实现。

企业数字化转型要遵循"业务导向、应用牵引"的原则，要以数字化业务应用来牵引整个过程，以客户为中心，通过客户体验和员工体验来牵引，为客户生产、生活各场景提供价值，为员工工作提供便利，并以数据中台为基础，以营销、风控、运营、产品服务甚至生态为场景，构建转型运行模式。通过应用牵引，企业可逐步打通各平台、机制，不断完善中台，为更多的数字化业务应用创造条件。

3. 数字化转型不是单打独斗，要构建连接，协同面向数字化未来

国家"十四五"规划提出要建设数字中国，不仅是针对企业，还针对包括政府在内的各行各业。企业做数字化转型并不是单打独斗，而是要与客户、合作伙伴建立尽可能多的连接，让数据流动起来，从产业、行业、区域到国家、全世界，形成数字化的网络，共同迈进数字经济时代。

在这样的图景中，单个企业做数字化转型已经不是一道选择题，而是必答题了，不躬身入局，就有落后于时代的风险，就有被淘汰的风险。企业之间建立数字化连接，建设好数字生态，能够更好地协同互动，也能够解决单个企业难以解决的问题。笔者常说，现在做数字化转型，面临的环境、条件都已经非

常好了，不是某几个头部企业在无人区的艰难探索，合作伙伴之间完全可以互通有无、共同进步。

1.2.3　数字化转型是一项复杂的系统工程

罗马不是一天建成的，数字化转型也需要长期努力。数字化转型是一个复杂的系统工程，不存在固定的方法。每个企业要因地制宜地走出自己的数字化转型之路，转型的过程和实现的方法差异很大，呈现出百花齐放的态势，但大体上呈现出从无到有、从初级到高级、从量变到质变的演进过程。具体来说，企业数字化转型主要经历如下演进过程。

1）从渠道数字化开始到全价值链数字化，从普通的操作到业务决策。数字化转型一开始都是从渠道侧进行数字化，比如建设对客 App、小程序，然后一步步带动业务流程优化、风控运营等核心环节的数字化，接着是管理体系的升级，从而实现整个企业的数字化转型。

2）从 To C 业务到 To B、To G 业务。企业需要统筹考虑多个业务线。每个业务线的业务特点不一样，现状不一样，采取的策略不一样。以证券公司来说，财富管理、机构业务和投行业务的数字化转型迫切性是不一样的。财富管理面向的主要是个人投资者，交易频繁、用户数量多、业务潜力大，是首先需要投入重兵的，机构业务其次，至于投行业务，由于其自身的复杂性、低频性，更加依赖专家，优先级可以低一些。

3）从赋能、优化、再造到整体转型。点状赋能是使用数字技术赋能工具、设备、产品、岗位等，推出数字化产品服务等。优化是指基于数据和数字技术对业务流程进行调整，提升流程响应速度和客户体验。再造是指数字化转型的范围进一步扩大到整个业务线，比如个人零售业务、对公业务。整体转型是基于企业数字化平台，创造新的价值，形成差异化竞争力，最终实现整个组织的数字化转型。

4）从组织内部数字化到打破组织边界的数字化生态构建。企业在内部数字化能力建设基础上，按照数字化方式与合作伙伴更紧密地连接在一起，协同构建产品服务来更好地服务客户，打造新的不断演进的共生生态。这也是数字化转型的终极目标和形态。

以上 4 类演进交织在一起，共同构成企业数字化转型的动人图景。在同一时间某一业务线可能已经开展全流程数字化，另一业务线还在进行渠道数字化，同时开始与某个合作伙伴开展某个场景的初步生态合作。

虽然我们可以提出数字化转型目标，但数字化转型没有完成一说，只有一个阶段一个阶段地持续深化。在新的阶段，我们会面临更大的挑战和更新的前景。未来 10 到 15 年，数字化转型都是我们要面临的任务。

1.3　企业数字化转型案例

1.3.1　招商银行数字化转型

诞生于深圳这块改革开放热土的招商银行一直是中国银行业的改革先锋。在招商银行筹备的时候，招商局集团的袁庚董事长就提出，要"为中国贡献一家真正的商业银行"。自成立以来，招商银行秉持初心，坚持商业化经营方针，一路引领银行业创新。特别是 2014 年提出建设轻型银行以来，招商银行在数字化转型方面成绩突出，谱写了壮丽篇章。

1. 2013 年以前招商银行发展历史回顾

招商银行于 1987 年成立于深圳蛇口工业区，是中国境内第一家完全由企业法人持股的股份制商业银行。20 世纪 90 年代，在各大行都是每个省分行一套系统、以账户为中心进行管理的时候，招商银行率先推出"一卡通"实现通存通兑，并推出"一网通"实现网上交易，用银行卡代替了存折，体现了差异化特色，在众多商业银行中脱颖而出，同时为零售业务开展奠定了基础。

2004 年，在传统银行仍然以规模扩张为主要目标、以对公业务为主的时候，招商银行率先开始零售业务转型，成为国内银行业第一家选择以零售金融为主体业务的银行。到 2008 年，招商银行零售客户数从近 300 万增加到超过 4300 万。招商银行资产规模达到 1.5 万亿元，市值达到 3000 亿元，成为国内市值排名第五的商业银行，在股份制银行中一枝独秀。同年，招商银行以 AUM（客户资产管理规模）作为核心考核指标，为"零售之王"奠定了基础。

2009 年，招商银行开始二次转型，重点发展财富管理、信用卡和小微贷款业务，实行客户为中心、One Bank、交叉销售为核心的运营模式。到 2013 年，招商银行二次转型效果显著，各项核心指标有了较大幅度的改善。截至 2013 年年底，招商银行资产规模达 4 万亿元，实现营业收入 1326 亿元、净利润 517 亿元。

2. 数字化转型第一阶段：2014—2017 年，招商银行实行"移动优先"策略

（1）轻型银行战略目标

招商银行数字化转型是从 2014 年开始的，当时招商银行以及中国银行业都面临两方面的问题：一方面是互联网金融的冲击，在存款、贷款、支付转账等方面都存在挑战，金融脱媒趋势明显，银行有变成通道的危险；另一方面是银行同质化竞争严重，资产不良率上升，利率市场化改革导致净息差收窄，旧有商业模式难以为继。

为此，招商银行在战略层面进行了多番调整。在 2014 年提出建设轻型银行，这是数字化转型的战略目标。所谓轻型银行，是以更少的资本和高效的组织流程创造较高的市场价值。2015 年，招商银行提出"移动优先"策略和"一体两翼"战略。"移动优先"策略是进行互联网金融转型的具体措施；"一体两翼"战略即零售金融为"一体"，公司金融和同业金融为"两翼"。2017 年，招商银行提出"金融科技银行"和"最佳客户体验银行"定位。

（2）"移动优先"策略举措

具体来说，招商银行的"移动优先"策略是确立"外接流量、内建平台、流量经营"的 12 字互联网金融发展方针，打造手机银行 App 及掌上生活 App 等开放式移动金融平台，并进行组织架构转型，为轻型银行运营提供基础。

在外接流量方面，招商银行重点关注年轻用户的消费潮流变化，跟进各行各业的头部品牌，先后与万达、腾讯、百度、网易、京东、滴滴出行、OPPO、途牛等多领域企业合作，最终形成资源互享的共赢格局，将封闭的金融服务体系改造成开放式、场景化的服务生态。比如，2015 年，招商银行信用卡与万达电影签署全面战略合作，双方在会员联合营销、娱乐营销、线下商圈营销等领域全面深度合作。万达影院作为亚洲排名第一的院线，连续 13 年票房收入、观影人次、市场占有率全国第一，并掌握着国内大量优质电影资源，是中国电影行业的"龙头"。招商信用卡持卡人多是高端优质客户，消费能力强，而且主要是年轻客群。双方的客群属性、品牌调性高度契合，与万达电影的合作可以帮助招商银行拓展用户。此外，招商银行通过与主流手机品牌（苹果、华为、三星、小米等）合作，实现从软件到硬件的全渠道合作，双方互相引流，促进用户拓展。

在内建平台方面，招商银行不只是将 App 作为交易工具，而是在战略高度上把 App 作为客户经营服务平台、金融服务生态平台。App 具有自然交互、内容驱动、智能服务、实时互联四大特点。自然交互是指利用用户的指纹、声纹、人脸等生物特征来完成核身流程，一方面大大简化流程，提升用户体验，另一方面防伪性能好、安全性高，为业务办理自主化、线上化提供了技术手段。内容驱动是指根据用户需求提供有价值的、个性化的内容，帮助用户提高信息获取效率，促进金融产品服务交易。在智能服务方面，招商银行提供了智能产品推荐、用户数据产品、智能投顾、智能风控等服务，通过用户画像和数据分析，为用户提供更为精准的金融产品服务。实时互联是指 App 可以支持用户随时随地使用银行服务，脱离了固定网点的限制，而且可以渗透到用户生活场景当中。招商银行的每一个分支机构、线下网点也配合 App 战略进行相应转型，打出线下服务温情牌、人性牌，最终打造出线上线下一体化的"App+ 网点＋场景"的全渠道经营服务体系。

在流量经营方面，招商银行早在 2010 年就未雨绸缪，推出掌上生活 App1.0 进行多元化场景布局。掌上生活 App 侧重打通生活、消费、金融，以"金融为内核，生活为外延"，打造品质生活，布局生活场景（如饭票、影票、商城、旅游等），逐步成长为生活类的超级应用。截至 2017 年年底，通过对 App 客户的经营，招商银行两大 App 月活跃用户数已达 4509 万。在海量用户的基础上，智能技术帮助招商银行建立了强大的流量变现能力。例如云计算、大数据技术的应用使得招商银行营销效率和客户体验都大幅提升，用户转化率提升了 2.5 倍。在 2018 年 3 个月的试点中，招商银行发现复杂理财产品的营销成功率达到 13.47%，是理财经理凭经验营销的 4.7 倍。

组织架构调整是招商银行实现轻型银行转型的基础。招商银行引入数字化 GM 和网络银行事业部推进数字化变革。数字化 GM 承担了招商银行数字化创新和转型的领导职能：参与规划公司数字化战略和创新项目，组织和管控各个数字化团队，从创意到发布管理数字化产品，发起并推进创新项目的跨部门协作和决策。到 2018 年，招商银行仅是 App 的支持团队就达到 3000 人。

（3）"移动优先"策略实施效果

截至 2017 年年底，招商银行资产规模达 6.3 万亿元，实现营业收入 2210 亿元，其中非净息差 1448.5 亿元，利息净收入占比达 65.5%，净利润 701.5 亿元。零售客户数突破 1 亿，公司客户总数超过 157 万；招商银行 App、掌上生活 App 用户数合计过亿，月活跃用户数超过 4500 万。

3. 数字化转型第二阶段：2018—2021 年，招商银行向"零售金融 3.0"转型

（1）战略调整

2018 年，招商银行全面开展数字化转型，提出向"App 时代"和"零售金融 3.0"转型，并以月活跃用户（MAU）作为引领零售金融转型的北极星指标。一是建立新的数字化商业模式，以 App 经营代替卡片经营，打破海量用户、极低成本和优越体验的不可能。二是围绕客户体验，面向金融科技，重新审视银行经营管理的一切，全面开启数字化转型，提出"零售金融 3.0"。三是通过经营流量，以 MAU 作为牵引"零售金融 3.0"转型的北极星指标，以轻交互的用户取代重交易的客户，并大量获取和储备用户，打造私域流量池，在流量经营基础上实现价值变现，即实现管理的资产总额（AUM）的增长。

2019 年，招商银行开启探索"客户＋科技"的 3.0 经营模式，将持续加大金融科技投入写入章程，这是第一家将金融科技投入比例写入章程的商业银行。

2020 年，招商银行提出建立开放融合组织模式，形成与金融科技相一致的组织和文化。

（2）战略举措

招商银行全面开展数字化转型，建设"零售金融 3.0"和 App 经营商业模式，实现了四大转向。

1）从客户转向用户，重新定义银行服务对象和经营思维。招商银行拓展服务边界，跳出以账户为中心的客户体系，延伸到 II、III 类账户，以及没有绑定银行账户的 App 用户，着力构建互联网漏斗形用户体系。招商银行以用户体验为导向，持续强化把 MAU 作为北极星指标的经营理念，牵引整个银行从业务发展到组织体系、管理方式、服务模式，再到思维、理念、文化和价值观的全方位数字化转型。

2）从银行卡转向 App，重新定义银行服务边界。随着客户行为习惯的迁移，App 已经成为银行与客户交互的主阵地。2018 年，招商银行率先实现网点"全面无卡化"，打响"消灭银行卡"战役。招商银行深知，银行卡只是一个

产品，App 却是一个平台，承载了整个生态。目前，招商银行、掌上生活两大 App 分别有 27% 和 44% 的流量来自非金融服务。而且，自建场景和外拓场景初见成效。截至 2018 年年底，两大 App 已有 15 个月活跃用户数超千万的自场景。招商银行还初步搭建了包括地铁、公交、停车场等便民出行类场景的用户生态体系。

3）从交易思维转向客户旅程，重新定义银行服务逻辑和客户体验。交易思维是站在商家立场，服务旅程才是站在客户立场。打造"最佳客户体验银行"必须从客户立场出发，全流程设身处地感知并改变银行的产品逻辑、服务方式和交互设计。为此，招商银行把客户体验工作上升到前所未有的高度，无论零售金融还是公司金融，都建立了用户体验监测体系，实时感知客户的感受，并快速反馈、改进。招商银行搭建了强大的业务中台，力求以智能化方式向线上客户服务平台和一线客户经理赋能，从根本上提升客户体验。

4）从集中转向开放，重新定义银行科技基础和企业文化。科技是商业银行的基础支撑，招商银行对标金融科技公司，建立开放式 IT 架构，全面提升科技基础能力。金融科技的底层是文化，招商银行建立容错机制，支持异想天开的创新，鼓励"小鬼当家"，包容"异端邪说"，力求改变传统银行科层制文化。

（3）"零售金融 3.0"实施业绩

截至 2021 年年底，招商银行资产总额达 92490.21 亿元，较 2020 年年底增长 10.62%；实现营业收入 3312.53 亿元，利润总额 1481.73 亿元。招商银行净利息收入 2039.19 亿元，利息净收入占比达 61.6%，进一步下降。

招商银行零售客户数达 1.73 亿（含借记卡和信用卡客户），承载零售业务运营的两大手机 App 中，招商银行 App 累计用户数达 1.70 亿，掌上生活 App 累计用户数达 1.27 亿，月活跃用户数达 1.11 亿，28 个场景的月活跃用户数超千万。

招商银行零售管理客户总资产突破 10 万亿元，公司客户融资总量接近 5 万亿元。"财富管理—资产管理—投资银行"的价值循环链高效运转，资管规模突破 4 万亿元，托管规模接近 20 万亿元。

4. 数字化转型第三阶段：未完待续

"零售金融 3.0"并不是招商银行数字化转型的结束。2021 年，招商银行提出"大财富管理的业务模式 + 数字化的运营模式 + 开放融合的组织模式"的 3.0 模式，聚焦"财富管理、金融科技、风险管理"能力建设，打造"大客群、大平台、大生态"的大财富管理价值循环链。从零售转型开始，财富管理在整个商业模式中越来越重要，现在成为 3.0 模式的重要支点，这也标志着招商银行数字化转型进入第三阶段。

截至 2022 年年底，招商银行资产总额达 101370.80 亿元，实现营业收入 3447.84 亿元，利润总额为 1650.92 亿元。10 万亿级资产总额的招商银行已经成为中国银行业数字化转型的标杆，3.0 模式的招商银行未来值得期待。

1.3.2　美的集团数字化转型

美的集团是中国制造业数字化转型的标杆企业。作为一家优秀的民营企业，美的集团流淌着创新的血液。在过去的 10 年里，美的集团在数字化转型领域投入 170 多亿元，营业收入增长了 150% 以上，净利润增长了 333%，总资产增长了 319%。通过数字化转型，美的集团实现了由大到强的转变，在洗衣机领域击败海尔，在空调领域击败格力，成为家电领域的"龙头"，也成为无数制造业企业学习的榜样。当前，美的集团已经进入数字化转型的深水区，正在朝着全球化、领先的科技集团奋力迈进。

1. 2012 年美的面临的问题、战略选择和 10 年数字化转型历程

（1）美的面临的内外部问题

美的成立于 1968 年，在 1980 年进入家电领域。到 2012 年，美的集团已经是国内家电三巨头之一，营业收入达到 1025 亿元，但利润仅有 32.5 亿元，净利润率不足 4%，毛利率连年下滑，经营效率低。背后的原因包括国内人口红利消失、劳动力成本上升，供应链链条长、响应慢，资金周转效率低，18 个事业部各自为政，系统竖井林立，数据孤岛现象严重。

同时，外部环境也在发生变化。一方面，电商平台将流量从线下门店抢走；另一方面，消费升级，产品数字化、智能化趋势明显，传统家电产品难以满足消费者需求。

这些问题都是美的集团第二任董事长方洪波刚上任时必须面对和解决的。可谓"内忧外患，形势严峻"。为了解决这些问题，方洪波带领美的集团开启了数字化转型征程。

（2）三大战略主轴

2011 年，美的集团提出"产品领先、效率驱动、全球经营"三大战略主轴。这三个战略主轴是美的集团面对上述问题给出的答案。产品领先是指打造技术更先进、品牌价值更高的产品。效率驱动是指改变以前重要素投入、轻管理效率的理念，提升企业经营效率。全球经营是指改变以国内市场为主的情况，大力向海外市场拓展，在全球产业链中力争上游，实现从 OEM 向 ODM、OBM 的转型升级。

为了配合战略实施，美的集团进行了组织结构调整：将 18 个事业部整合为 9 个，使组织更加精简；将 5 个管理层级调整为 4 个，更加扁平化。

（3）美的集团数字化转型历程

要实现三大战略，美的集团必须改变过去的经营管理方式，而数字化转型升级成为必然的选择。回首过去 10 年，美的集团数字化转型可以分为 4 个阶段，如图 1-4 所示。

图 1-4　美的集团数字化转型历程

数字化转型 1.0 阶段，美的集团通过"632 工程"和"＋互联网"改造，建立全集团统一的信息系统，并引入大数据、移动互联网、人工智能等技术，实现产品和管理数字化。

数字化转型 2.0 阶段，美的集团在 T+3 客户订单制基础上，运用数字化手段实现 C2M 模式，以客户定制驱动制造和供应链的数字化变革，实现柔性制造。

数字化转型 3.0 阶段，美的集团引入工业互联网，实现设备 IoT 化和设备互联，将数字化触角延伸到硬件，建设"软件、硬件和制造业知识"三位一体的工业互联网平台。

数字化转型 4.0 阶段，美的集团提出"全面数字化、全面智能化"的数智驱动战略，以数智驱动作为核心驱动引擎。

2. 数字化转型 1.0 阶段：2012—2015 年，启动"632 工程"和"＋互联网"

（1）"632 工程"

2012 年，美的集团启动了"632 工程"，旨在通过软件驱动的业务和科技一致性变革，实现"一个美的、一个体系、一个标准"，并建立统一的管理制度、流程、工具、经营数据、管理语言、IT 系统，从而构建统一的经营管理体系。

"632 工程"包括 PLM、APS、SRM、ERP、MES、CRM 六个业务系统，BI、FMS、HRMS 三个管理系统，以及 MIP、MDP 两个技术平台。这一套系统支撑了美的集团前台、中台、后台的统一。

为确保"632 工程"顺利实施，美的集团成立了业务小组、流程小组和 IT 小组 3 个小组，分别负责业务标准、管理制度和数据标准建设，流程再造和流程标准化，信息系统建设。这也与企业架构从业务到科技打通并保持一致的思路相符合。

在美的集团数字化转型中，科技部门不再是过去辅助业务部门的角色，而是被定位为承担创新引领职责的角色。美的集团高度重视数字化人才的引进和培养，建立了一支能够应对挑战的科技队伍。

"632 工程"整合了所有信息系统，建设了数字化基础设施，实现了信息共享，为美的集团进一步转型奠定了基础。

（2）"＋互联网"

2015 年，美的集团提出了"双智"战略，即智能家居和智能制造。

在智能家居方面，美的集团主要是将图像识别、语音识别、人脸识别等人工智能技术和移动互联网技术与家电产品融合，实现人、手机与设备的连接，为消费者提供更好的使用体验。

同时，美的集团通过数字化手段驱动效率提升。它建立了智能制造工厂，对生产设备实现自动化、标准化、数字化升级。另外，它建立了大数据平台，将研发、生产、销售、采购等各环节的数据进行汇集，实现全链路数据贯通，将所有系统移动化，让员工、合作伙伴等可以通过 App 访问系统。

3. 数字化转型 2.0 阶段：2016—2017 年，建立 C2M 模式，重构制造过程和供应链，实现柔性制造

（1）"T+3 模式"的滥觞

美的集团对供应链的改造可以追溯到 2002 年。当时，气温变化导致空调销量剧烈变化，空调的生产制造和供应链也受到了剧烈影响。方洪波兼任美的家用空调事业部总经理时，注意到了这一现象。他力主开发一套软件，打通营销系统和生产系统，并与经销商的进存销系统对接，收集各类终端销售数据，以便对未来 15～30 天的销售量和销售结构进行预测，并以此安排备料和生产排程。这项工作取得了良好效果，培养了一批数字化人才。此外，这也成为美的集团 "T+3 模式"的开端。

（2）打造 "T+3"以销定产新模式

制造业原先遵循以产定销模式，即生产多少就销售多少。如图 1-5 所示，"T+3"模式是以客户为中心，根据用户订单来驱动并决定生产制造和供应链的以销定产模式，可快速满足客户需求。"T+3"模式包含接收用户订单、原料备货、工厂生产、物流发运 4 个周期（T），拉通用户订单、生产计划、生产排程，实现产、供、销联动，减少销售环节，优化制造流程，升级制造设备和工艺，进一步压缩供货周期。

图 1-5　"T+3"以销定产新模式

2013—2015 年，"T+3"模式首先在洗衣机事业部应用，把原来 28 天的周期压缩到 7 天，大大提升了全价值链效率，同时将库存面积从 180 万平方米逐步下降到 10 万平方米，大大降低了库存成本，极大提升了生产周转效率。

（3）C2M 模式重塑制造和供应链

2016—2017 年，"T+3"模式又应用在美的空调上，并以此为基础进一步用数字化的方式实现了整个 C2M 模式，即以客户定制来拉动整个研发、生产、销售价值链的变革。为了适应客户定制、单台起订的柔性需求，美的集团首先要实现平台化、模块化，即产品要基于标准化部件来快速构造，大量减少 SKU 数

量，同时要支持多批次、小批量的柔性制造，并与上游供应商紧密集成、灵活协作；基于大数据、云计算、人工智能、5G 等技术，研发智能业务模型，嵌入业务系统中，通过数据收集、分析、利用将资源智能化配置到合适的时间和地点，实现业务数据化、数据业务化的闭环。C2M 模式落地之后，空调的内销交付周期从原先的 20 多天缩短到 3 天。

（4）数字化成果初步显现

2017 年，美的集团首次登上《财富》世界 500 强排行榜，列 481 位，是当年唯一一家上榜的中国家电企业。2017 年，美的集团实现营业收入 2419 亿元，净利润 173 亿元，2017 年年底市值达到 3630 亿元。同一年，美的集团展望未来，制定了新的战略——致力打造"全球领先的消费电器、暖通空调、机器人及自动化系统、智能供应链（物流）的科技集团"，将自身定位从家电集团调整为科技集团，并聚焦四大业务板块。

4. 数字化转型 3.0 阶段：2018—2020 年，引入工业互联网、软硬件一体化

数字化 3.0 阶段，美的集团引入工业互联网，通过设备的 IoT 化完成工业生产设备的互联互通，实现数字化从软件到硬件的延伸和覆盖，拉通从消费端到生产端的业务价值链。

2018 年，美的空调广州南沙智慧工厂率先开始工业互联网建设，通过智能网关技术连接了 41 类 189 台设备，完成了生产主要设备及要素数字化改造，实现生产系统万物互联，形成了工业互联网的硬件能力。这一能力加上前期形成的软件能力和几十年的制造业经验，美的集团形成了"软件、硬件、制造业知识"三位一体的工业互联网平台。

美的集团通过建设工业互联网，使南沙智慧工厂员工工作效率提高了 28%，成本降低了 14%，订单交付周期缩短了 56%。到 2020 年，经过 3 年的磨合改造，南沙智慧工厂被工业和信息化部列入工业互联网国家级试点单位，并被世界经济论坛授予"灯塔工厂"称号。

同时，美的集团在 2016 年成立了美云智数公司，开始对外输出数字化转型成果，核心产品就是 M.IoT（美的工业互联网）平台 1.0——"软件、硬件、制造业知识"三位一体的制造业数字化转型解决方案。

5. 数字化转型 4.0 阶段：2021 年至今，实现全面数字化、全面智能化，打造第二增长曲线

（1）升级为"四大战略"主轴

为了全面应对数字经济时代的挑战，2020 年年底，美的集团将"三大战略"主轴升级为"四大战略"主轴——科技领先、用户直达、数智驱动、全球突破，并将四大业务板块调整为五大业务板块——智能家居事业群、机电事业群、暖通与楼宇事业部、机器人与自动化事业部、数字化创新业务。

从美的集团战略调整来看，"科技领先"取代产品领先以及科技集团的定位，都表明美的决心要以科技为核心竞争力，更加注重建立科技的护城河，提高科技价值。比如，美的集团开辟了芯片生产等新的业务线，为家电行业和汽车行业提供零部件。"用户直达"意味着美的全面从"以产品为中心"向"以用户为中心"的经营思路转变。与用户的连接互动将使得美的集团更加贴近用户需求并随需应变。"数智驱动"取代效率驱动，应和了数字化转型进入深水区的要求。要实现"全面数字化、全面智能化"，数字化、智能化需要成为美的集团的增长引擎。"全球突破"取代全球经营，意味着美的集团在形成全球布局之后，要进一步从挑战者向领导者转变。

（2）美的集团再出发

2021 年，美的集团市值突破 7000 亿元，营业收入达 3412 亿元，净利润达 285 亿元，并连续六年进入《财富》世界 500 强，入选"福布斯中国 2021 年度中国十大工业数字化转型企业"，四家工厂获得世界经济论坛"灯塔工厂"荣誉。经过数字化转型，美的集团已经实现了脱胎换骨的变化。

此时，美的集团站在了新的起点，重新出发。美的集团从满足"家庭消费市场"和"工业商用市场"需求出发，纵向从家电产业深入工业机器人、芯片制造等领域，横向从家居家电进入食品、出行等领域，打造第二增长曲线。

正如美的集团在 2021 年年报中所说：生于变革，死于平庸。所有毁灭的种子都是在企业最繁荣的时候已经种下，所有的优秀、卓越、伟大，正如所有运动员的记录一样，都是用来被打破的。百年变局也是百年机遇，面对未来的宏大叙事架构已经清晰，美的要以行业领先的技术，在最美的时候建立第二增长曲线，构建新的成长赛道，以自我变革与自我否定的基因，推动从全球领先的家电企业向科技驱动与创新驱动的科技集团升级蜕变。

1.4 数字化转型的目标、问题和核心方法

1.4.1 企业数字化转型的目标和面临的难题

1. 企业数字化转型的目标

传统企业数字化转型的目标是转变发展方式，实现转型升级，成为一家数字企业。数字企业需要满足以下 4 个特征。

一是企业的运营是数字化的，能实时观测和调整企业的运行。

二是数据作为生产要素在企业运营（比如营销、制造、风控、供应链等）中发挥极大价值。

三是能使用数字技术更加敏捷地开发新的产品服务，开辟新的渠道，快速响应市场需求。

四是能为客户提供全渠道一致的、极致的体验。

2. 企业数字化转型面临的难题

愿景是美好的，但是要成功完成数字化转型并不容易。根据麦肯锡 Uolocking success in digital transformation 研究报告，各行业数字化转型的成功率非常低，只有 20%～30%。数字化转型看起来更像是海市蜃楼，企业要大展宏图做出业务变革时，却发现长期桎梏发展的一些深层次遗留问题没有得到解决，成为数字化转型的阻碍。传统企业数字化转型往往面临以下难题。

- 企业往往采用业务需求驱动的信息化建设模式，根据业务部门的需求来建设系统，导致竖井式系统林立。
- 业务流程割裂，流程断点多，效率低下。
- 业务标准化程度低，不同渠道、不同业务条线难以形成一致的客户体验。
- 庞大的遗留系统难以快速响应业务创新，IT 项目开发周期长。
- 数据分散，数据缺失，数据标准不一，数据质量低，广泛存在数据孤岛，难以形成数据资产，数据可用性差。数据分析人员花在找数据和清理数据上的时间非常多，数据难以有效利用。
- 数字技术引入存在为了技术而技术的倾向，没有与业务场景深度结合。技术引入后没有发挥应有的作用，使用率很低，成为作秀或者噱头式项目。
- 企业内存在严重的部门墙，壁垒高筑，部门间难以做到高效协同。

- 企业没有统一的数字化转型愿景和目标，各方认识不统一，转型缺乏系统性。
- 系统建设和企业战略"两张皮"，信息化投资效果难以保证。

1.4.2　企业架构：数字化转型底层方法

1. 企业数字化转型急需方法论指导

要想转型成为数字企业，企业需要构建数字化业务平台来形成数字化能力，更加敏捷、灵活地进行业务创新，以应对业务变化。企业无法有效地利用数字技术达成快速业务响应的根本原因在于：没有将业务、应用、数据、技术等紧密关联起来。

这也说明，数字化转型是一项复杂的系统工程。成功不是偶然的，成功实现转型的企业背后都有一整套方法论来指导。若企业有办法将业务、应用、数据、技术等紧密关联，企业内部可形成一个有机整体，快速响应技术进步、战略调整等带来的各种变化，精准协调各部门协作，然后"大象就可以跳舞了"——企业既能拥有大象般的体量和实力，又能具备猎豹般的机警和敏捷。企业架构就是这样的方法论，可使企业各部门形成一个有机整体，是这些部门的黏合剂，具体如图 1-6 所示。

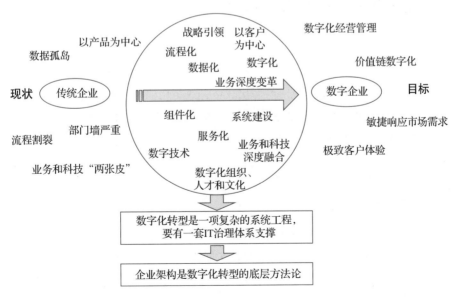

图 1-6　数字化转型需要方法论来指导

2. 企业架构是企业数字化转型的核心方法

企业架构在国内企业中得到了广泛应用。华为、金蝶等在 2010 年以前就在应用企业架构，工商银行、建设银行、中国银行等国有大行在数字化转型中也采用企业架构来指导新一代业务系统建设。国资委在《关于加快推进国有企业数字化转型工作的通知》中明确指出："加快企业数字化治理模式、手段、方法升级，以企业架构为核心构建现代化 IT 治理体系，促进 IT 投资与业务变革发展持续适配。"企业架构在数字化转型中的价值得到了高度肯定。

企业架构能够有效承接战略、对齐业务和科技，能够明确战略实现所需要的业务能力和需要提升的业务能力。企业架构可以指导形成全局的应用架构，有效支撑业务能力，明确系统边界，避免重复建设。企业架构可以帮助厘清数据资产，形成数据标准，打造无边界信息流，释放数据价值。企业架构可以帮助企业打造数字化业务平台，构建灵活、敏捷的业务创新能力，完成数字化转型。可以说，企业架构是企业数字化转型的底层方法论。当然，每个企业的资源禀赋不一样，还是要因地制宜，形成适合自己的企业架构和数字化转型方法论。

1.5 企业数字化转型方法论框架

数字化转型是一项复杂的系统工程，必须统筹规划，紧密结合各方面因素，分阶段落实。本节提出企业数字化转型方法论框架，端到端覆盖了从战略层面到执行层面的转型全生命周期（数字化战略、数字化架构、数字化建设、数字化运营和数字化评估五大环节），关注全局规划、建设运营迭代两大周期，并遵循战略引领、架构为纲、数据驱动、场景牵引、业技融合五大原则，具体如图 1-7 所示。

1.5.1 五大环节

数字化转型五大环节具体说明如下。

1）战略环节。企业"一把手"要高度重视，并规划数字化战略。

首先，企业董事会和管理层要高度重视，"一把手"要亲自抓数字化转型工作。数字化转型本质上是业务变革，是企业的战略行动，必须由高层亲自推动。

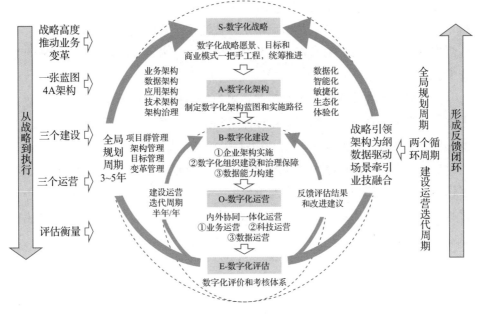

图 1-7　企业数字化转型方法论框架

其次，企业要规划数字化战略，要明确企业的数字化转型使命、愿景和战略目标。清晰的战略目标能让大家有明确的奋斗目标，激励士气，凝聚力量。

2）架构环节。企业要进行架构设计，制定目标蓝图，并形成项目组合和实施路线图。

企业要以企业架构框架为指导形成企业架构方案和目标蓝图，基于目标蓝图和现状的差距分析，形成项目组合，并制定实施路线图。

本书针对数字经济时代企业转型的需要，提出数字化企业架构框架，从数据化、智能化、敏捷化、生态化和体验化 5 个方向对企业架构进行升级。

3）建设环节。企业主要从企业架构实施、数字化组织建设和治理保障、数据能力构建 3 方面着手。

在企业架构实施方面，企业要通过项目群管理的方式推动各个项目实施，要抓住业务、数据和 IT，做好实施工作；要重视变革管理，将项目实施成果真正落实到业务中，做到真试真用。

在数字化组织建设和治理保障方面，企业要建设数字化的组织和人才队伍，实现组织的敏捷转型，在实施过程中锻炼队伍，保证员工具备数字化建设的技能；要重视数字化文化建设，通过调整考核、晋升等机制明确数字化变革方向，培养数字化文化，让大家有热情做事。科技治理是数字化转型的有力保障。科技治理一方面是业务和科技深度融合，形成合力；另一方面是科技组织本身要调整、适应，推进数字化转型。

在数据能力构建方面，企业要首先明确数据战略和建设目标，然后建立技术体系、数据体系、服务体系、治理体系和运营体系五大体系，并以组织、制度、平台、机制、文化作为支撑，遵循数据能力建设方法论。

4）运营环节。通过数字化运营才能产生实际业务价值。企业要高度重视数字化运营，围绕用户旅程构建企业价值链一体化协同、产业生态协同、业务运营和科技运营相协同的数字化运营体系，在运营中不断磨合，迭代提升数字化能力，形成闭环。

5）评估环节。企业要定期对数字化发展情况进行评估，掌握当前所处的位置，明白存在的差距和努力的方向。企业数字化转型是从上到下、从战略到执行的过程，并不能一次性完成，还需要根据实际执行情况进行评估，并有针对性地调整。这样就形成一个闭环，不断推动企业战略、架构和能力的贯彻与调整优化，使业务能力不断提升，最终实现战略目标。数字化成熟度评估模型就像一面镜子、一把尺子，可以帮助企业找到自己的定位，并评估自身的数字化能力，从而有针对性地制定改进方案。

1.5.2　两大周期

推进企业数字化转型工作要关注两大周期：一是全局规划周期，二是建设运营迭代周期。

全局规划周期是数字化战略规划的周期。企业一般会制定 3～5 年的数字化战略规划，并在这个周期内进一步开展架构设计，完成规划的整体落地（建设＋运营）。在周期结束时，企业会进行整体评估，并在评估基础上启动下一轮数字化战略规划。全局规划周期包括上述 5 个环节，以达成数字化战略规划目标。

建设运营迭代周期是数字化战略规划落地的周期。企业在做数字化战略规划时一般要设计实施路线图，将整个实施路径分为多个阶段，一般以一年或半年为一个阶段，对每个阶段都设定目标，并以项目为单位开展数字化建设工作，将项目交付成果融入日常运营，开展数字化运营工作。在半年／年度计划周期结束时，企业一般会进行规模较小的评估工作，比如工作总结和复盘，确定取得的成果，发现存在的问题和差距，对实施路线图进行校准，确定下一步工作思路。建设运营迭代周期包括数字化建设、数字化运营和数字化评估 3 个环节，达成阶段目标。

全局规划周期和建设运营迭代周期要与企业自身的决策周期和预算周期相匹配，是数字化转型中更好地推进企业业务变革的重要举措。

1.5.3　五大原则

企业数字化转型要遵循战略引领、架构为纲、数据驱动、场景牵引、业技融合五大原则。

1）战略引领：明确数字化战略，以战略引领数字化转型工作，保证相关投入满足战略要求，保证工作不偏离方向。

2）架构为纲：围绕数字化战略，依据企业架构框架设计架构蓝图，以架构蓝图为纲领，统筹开展数字化转型的各项工作。

3）数据驱动：数字化转型本质上是引入新的生产力，数据是新的生产要素。企业要充分重视数据资产并在业务中应用，发挥数据驱动业务发展的作用。

4）场景牵引：数字化转型要想落在实处，必须找到有真实需求的业务场景，以场景来牵引数字化工作，通过业务场景明确业务需求、用户需求和数据需求，以业务场景来检验数字化工作成果。

5）业技融合：数字化转型不单单是科技部门的事情，业务部门和科技部门要各自向前走一步，携手推进数字化转型工作。业技是否融合决定了数字化工作的成败，业务、技术"两张皮"的企业做数字化转型一定会失败，而数字化转型成功的企业，其业技融合一定做得非常好。

第 2 章

数字化战略

企业数字化转型工作的复杂性大家已经有了认识,作为企业在数字经济时代转变发展方式、获取新的竞争力的重要战略行动,要求企业必须建立明确的战略。企业提出数字化战略便于各方劲往一处使,形成合力,这对于数字化转型工作的成功必不可少。

本章首先介绍战略和战略管理的基本内容,分析优秀的数字化战略案例并明确其特征,提出"四看三定"数字化战略规划方法;接着介绍商业模式基本内容、数字化商业模式创新、生态型商业模式建设;最后介绍 BLM,该模型有效衔接战略设计和战略执行。

2.1 战略引领数字化转型方向

数字化转型是企业利用数字技术进行业务变革的战略行动。企业数字化转型需要进行全面的战略规划,强化顶层设计和统筹规划,并持续进行战略实施,以实现战略目标。

2.1.1 什么是战略

昔日刘邦和项羽争夺天下,项羽兵多将广,屡战屡胜,最终却落得垓下失败，乌江自刎。而刘备在未得到诸葛亮之前屡战屡败，颠沛流离，得到诸葛亮后，掌握了蜀中，三分天下。这里皆因战略之功。

1. 战略的基本概念

战略，英文为 Strategy，本是纯军事的概念，即军事战略。克劳塞维茨在《战争论》中指出："战术为在战斗中使用军事力量的理论，战略为使用战斗以达成战争目的的理论。"李德·哈特对战略的定义为："战略为分配和使用军事工具以达成政策目标的艺术。"其中，提到的"分配"非常重要，因为战略本身就是一个选择问题。任何国家的资源总是有限的，如何分配资源成为重要的战略选择。

企业经营战略是发展、分配和使用企业各类资源，以达成企业经营目标的总体谋划。从上述定义可以发现，战略的关键在于目标和资源的匹配。一切战略必须考虑资源约束，合理分配和使用资源。如果目标过于高，资源又不匹配，行动必然失败，古今多少败局由此产生。

2. 战略分类

从战略层次划分来看，战略从上到下可以分为总体战略、分类战略和运作战略，它们构成完整的战略体系。例如，国家战略可以分为总体战略、分类（政治、经济、军事、文化、社会等）战略，企业战略可以分为公司战略、业务（事业部）战略和职能（人事、财务、IT 等）战略。

3. 战略分层

如图 2-1 所示，企业战略可以分为 4 个层次。愿景、使命和价值观是关于企业未来会怎样、为什么和怎样做的核心描述，引领企业长期发展。战略目标确定企业在三到五年甚至更长时间内的发展方向。商业模式清晰描绘了企业运作的具体方式，这是企业生存和发展的关键。而具体的经营模式、管理框架和保障模式使得企业战略得到良好实施。

2.1.2　什么是战略管理

战略的重要性毋庸置疑，企业需要对战略进行管理。学界对于战略管理有广义和狭义两种理解。广义的战略管理是指运用战略对整个企业进行管理。狭义的战略管理是指对战略制定、实施、控制和修正进行管理（战略全周期管理）。目前，狭义的战略管理居于主流地位。

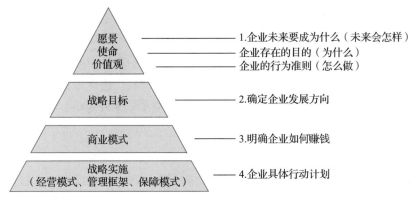

图 2-1　企业战略分层

迈克尔·波特认为，一项有效的战略管理必须具备 5 个特质：独特的价值取向、为客户精心设计的价值链、清晰的取舍、互动性、持久性。

1）独特的价值取向。企业存在就是要创造价值、传递价值和获取价值。企业定位是战略规划时最关心的，它决定了企业为社会提供哪些价值。

2）为客户精心设计的价值链。企业要以用户为中心，围绕客户旅程为客户提供价值。

3）清晰的取舍。企业必须制定合理的目标和资源匹配模式，明确哪些是要做的，哪些是不碰的，聚焦重点，方能有所突破。

4）互动性。战略管理必须实现上下同欲，即企业管理层提出，得到企业全体员工认可，这样才能指引大家朝共同目标努力。

5）持久性。战略要能指导企业中长期发展，要长期坚持实施，避免因人事变动、局部的挫折等而导致中断。

2.1.3　数字化转型必须战略为先

如今，世界正处于百年未有之大变局，大时代洪流滚滚，机会与挑战并存，祸福相生。企业如何自处？

企业数字化转型不是哪一个部门的事情，也不是单纯使用一些新技术就能实现的，必须坚持业务导向，运用数字技术驱动业务变革，进行全面的战略规划和战略实施。企业数字化转型需要加强顶层设计和统筹规划，并持续进行战略实施，以实现战略目标。也就是说，企业要实行战略管理。

企业架构以数字化战略为输入，对企业进行顶层设计，明确企业需要的业务能力和科技能力，形成企业架构蓝图和实施路径，为战略实施提供可行方案。

2.2　优秀数字化战略案例分析

近年来，业界领先企业无不制定数字化战略，指导自身数字化转型实践。这里选取金融行业和制造行业部分优秀的数字化战略案例进行分析，看看它们具有哪些特征。

2.2.1　案例：金融行业数字化战略

金融业是运用信息技术的领先者，经历了金融电子化、信息化、流程化阶段。在数字经济、数字化转型尚未提出的时候，面对互联网的跨界冲击和颠覆，领先的金融机构就已经敏锐地认识到数字化的价值和作用，鲜明地提出并践行数字化转型战略。

1. 建设银行

建设银行在 2011 年推出金融科技战略"TOP+"，并建设新一代核心系统。

- T 代表科技驱动，以技术和数据作为双要素，实现双轮驱动。建设银行将金融科技技术聚焦于 ABCDMIX，其中 A 代表人工智能，B 代表区块链，C 代表云计算，D 代表大数据，M 代表移动互联，I 代表物联网，X 代表当时还没有商用的一些技术，如 5G 和量子计算等。这些技术是建设银行实施金融科技战略主要依赖的技术。在坚持金融科技的本质是金融的前提下，建设银行在各业务场景中积极应用或尝试这些技术。

- O 代表能力开放，践行开放共享的理念。建设银行将包括传统商业银行业务、租赁、保险、基金等集团业务的功能和数据能力以服务的方式，向全社会开放。

- P 代表平台生态。关于客户营销，建设银行主要的经营理念是建生态、建平台，再让平台连平台，共同构建用户生态。

- +代表培育鼓励创新和支持创新的文化，支持集团不断创新，实现面向未来的可持续发展。

2. 平安集团

2013 年，平安集团提出了"科技引领金融"战略，以生物识别、大数据、人工智能、区块链和云平台五大核心技术为基础，赋能金融服务、医疗健康、汽车服务和房地产服务四大生态圈。

2019 年，平安集团将企业标志中的"保险、银行、投资"改为"金融·科技"。这可以说是平安集团转型的关键一年。现在，平安集团的新战略是"科技赋能生态，生态赋能金融"，核心含义是利用科技手段打造医疗健康、汽车服务、房地产服务、金融服务、智慧城市五大生态圈，通过生态协同赋能金融主业。

3. 太平洋保险

太平洋保险于 2017 年提出"数字太保"战略，旨在推动以客户需求为导向的战略转型升级。具体来看，太平洋保险希望从数字供给、数字体验、数字生态 3 方面入手完成转型：在数字供给方面，从产品需求延伸到销售服务的数字化前端，实现前台、后台的融合和端到端交互；在数字体验方面，以直达和简单为主旨；在数字生态方面，培养数字化思维并加强数字化决策。

4. 中国人保

2018 年，中国人保提出"智·惠人保"数字化战略，利用数字化技术，赋能运营转型与商业模式创新。"智"就是要以数字技术为核心支撑手段，充分了解与深入洞察客户，为客户提供优质的产品服务；"惠"就是要以人民为本，融合多元业务，整合线下和线上资源，普惠大众，满足人民日益增长的美好生活保险需求。中国人保从客户体验、业务运营及商业模式 3 方面全面实施数字化战略，加速推动客户洞察、运营模式、平台生态等九大数字化转型。

5. 中国人寿

2019 年，在深入实施"科技国寿"战略中，中国人寿提出了"一转六化三协同"的总目标，即全面推进数字化转型，全力构建数字化服务、数字化销售、数字化产品、数字化管理、数字化风控和数字化生态体系，全力建设客户、服务、销售三大协同平台，打造"任意一点接入、各业务间无缝连接、一站式综合服务"综合化经营模式，实现"一个客户、一个国寿"。

2.2.2 案例：制造行业数字化战略

制造业是国民经济的主体和支柱，也是第四次工业革命的主要参与者。制造业的数字化转型代表着数字经济已经在向纵深发展。当前，随着中国人口红利消失、劳动力成本上升，制造业企业有两条路可走：一条是向海外进行产业转移，比如到东南亚、非洲等地设厂，利用当地低廉的劳动力资源；另一条是走数字化转型之路，通过产业智能升级，实现降本增效。华为、美的集团和三一集团是中国制造业的标杆企业，其数字化转型战略对我们具有借鉴意义。

1. 华为

2016 年，华为制定了数字化转型愿景："把数字世界带入华为，实现与客户做生意简单高效，内部运营敏捷，率先实现 ROADS 体验，成为行业标杆。"华为将实现 ROADS 体验作为数字化转型驱动力，为客户、员工、合作伙伴提供全新数字化体验。

ROADS 体验具有五大特征。

1）实时（Real-time）：表示华为对用户需求进行快速、实时响应，要求内部流程快速运转，为此提供支撑。

2）按需（On-demand）：表示用户可以按照自己的实际需求来定制各类产品服务。

3）全在线（All-online）：表示用户所有业务操作都是在线的。

4）自助（DIY）：表示用户可以通过自助方式完成业务操作，服务更简捷、易操作、体验更好。

5）社交（Social）：表示用户可以分享自己对产品服务的经验和使用心得，形成情感联结。

2. 美的集团

美的集团的数字化转型分为 3 个阶段，并提出了相应的数字化转型战略。

2013 年，美的集团开启了数字化转型 1.0 阶段，提出了"632"战略，旨在在集团层面打造六大运营系统、三大管理平台、两大技术平台，实现业务、流程及信息系统的一致性，目标为"一个美的、一个体系、一个标准"。

2016 年，美的集团进入数字化转型 2.0 阶段，推行"双智"战略（即"智慧家电 + 智慧制造"），实现产品和制造数字化。同时，美的集团建设了"T+3"卓越运营模式，并实现了数据驱动的 C2M 模式，即以客户为中心，牵引下单、备料、生产和发货 4 个环节，实现全价值链数字化运营，大大提升了运营效率，降低了各环节成本。

2020 年，美的集团在数字化转型 3.0 阶段提出"全面数字化、全面智能化"战略，旨在实现 100% 业务运行数字化和 70% 决策行为数字化。

3. 三一集团

三一集团是著名的工程机械企业，实施了"1+5"数字化转型战略。其中，"1"代表"一把手"亲自参与；"5"代表数字化转型的 5 个方面——电动化智能化、流程四化、八大软件应用、数据采集应用、灯塔工厂。

电动化智能化主要指产品的自动化、智能化升级。流程四化是指聚焦概念到产品、线索到回款、订单到交付、问题到解决四大流程，推动流程标准化、在线化、自动化、智能化建设。八大软件应用是指智能制造技术的八项突破。数据采集应用是指建设数据中台，挖掘数据价值，以数据来驱动业务发展。灯塔工厂是指符合第四次工业革命特征的智能工厂。

2.2.3 优秀数字化战略具备的特征

对以上数字化战略案例进行分析，我们发现优秀的数字化战略具备以下 5 个特征。

1）以客户为中心。企业应该连接客户，洞察客户需求，并提供简单、便捷的客户体验。例如，中国人寿、太平洋保险和华为等数字化战略注重客户体验。

2）聚焦业务价值。企业应该加强业务和技术的融合，使用数据和数字技术推动业务的数字化变革。例如，建设银行、平安集团和三一集团的数字化战略都强调了数字技术和业务的结合。

3）构建平台生态。企业应该将业务、科技和生态建设结合起来，通过科技输出赋能生态建设，在生产和生活场景中满足用户需求。例如，建设银行、平安集团和中国人保等数字化战略都关注平台生态的建设。

4）分阶段动态演进。根据企业自身所处阶段，企业应该制定符合当前情况的数字化战略，并根据内外部环境变化调整数字化战略，分阶段提升数字化水平。例如，平安集团数字化战略从"金融＋科技"向"金融＋科技＋生态"演进；美的集团数字化战略从"632"战略、"双智"战略到"全面数字化、全面智能化"战略，层层递进，数字化转型不断深化，不断构建新的能力，拓展新的领域。

5）提升科技定位。在数字化战略中，企业将科技定位从支撑业务发展，提升到赋能、驱动甚至引领业务发展的高度。通过科技赋能业务、赋能生态，科技不再只是成本中心，而成为新的利润中心。

2.3　数字化战略设计

数字化战略设计是企业数字化转型的开端，为企业数字化转型明确目标和方向，意义重大。企业开展数字化战略设计，需要遵循数字化战略设计方法。本书提出"四看三定"的数字化战略设计方法，帮助企业思考如何开展数字化战略设计，如图 2-2 所示。

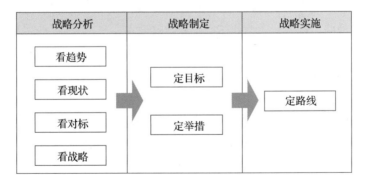

图 2-2　"四看三定"数字化战略设计方法

2.3.1　战略分析

数字化战略规划第一阶段需要进行调研分析，主要从趋势、现状、对标和战略 4 个方面（即"四看"）研究和掌握情况，为下一阶段工作做好准备。

（1）看趋势

关注数字技术发展趋势，分析哪些数字技术可以为企业所用，不盲目跟风。通过趋势分析，企业可以形成趋势分析报告，明确可以使用的数字技术和可能的应用场景。

（2）看现状

关注企业当前处于哪个阶段，存在哪些问题和不足。数字化转型是一项长期工作，每个阶段的工作重点和要解决的问题是不一样的。企业可以采用数字化评估方法进行现状分析。

（3）看对标

与行业领先企业进行对标，借鉴其先进经验做法。对标要找同行业发展比较靠前，数字化转型比较深入，业绩比较领先的一些企业。对标有整体对标和分段对标两种方式。整体对标是从各个方面找一家对标企业进行对标。分段对标是将企业分为多个领域，针对每个领域找不同的企业进行对标。由于很难找到一家企业在所有方面都做得非常好，我们可以在每个领域都找在该领域做得不错的企业进行分段对标。

（4）看战略

看企业是否已经有明确的整体战略。数字化战略是企业战略规划的子战略，需要以企业战略为输入，遵循和落实企业战略要求。

通过开展"四看"工作，企业可以分析得到价值点和机会点，将其作为下一步制定数字化战略目标和策略的输入。

2.3.2　战略制定和实施

"三定"是"定目标、定举措、定路线"，即制定数字化战略目标，明确数字化战略举措，规划数字化转型演进路线，这是数字化战略规划工作的主体部分。

（1）定目标

定目标主要是制定数字化战略目标。企业希望通过数字化转型来实现战略目标。根据企业所处行业特性、业务痛点和数字化成熟度，企业可以制定符合自身发展需要的数字化战略目标。提升运营效率、降低运营成本、改善客户体验、增加企业收入、打造第二曲线等都可以作为企业的数字化战略目标。

企业可以根据这些目标进一步提出北极星指标，作为牵引数字化转型的指路明灯。例如，招商银行以 MAU 作为引领零售金融转型的北极星指标，太平洋保险将"80502"作为实现"数字太保"战略的重要指标。

（2）定举措

定举措主要是分解战略目标并明确采取哪些数字化战略举措来实现数字化战略目标。企业可以从多个领域、多个方向，包括商业模式、产品服务、市场营销、业务运营、生产制造以及经营管理等方面来明确战略举措。价值点和机会点分析结果可以应用在战略举措制定中。

战略举措的一个重要方面是设计企业的数字化商业模式，明确企业在数字经济时代采取什么样的商业模式。商业模式创新是数字化转型的高级形式，也代表着企业数字化转型进入深水区。

战略举措的另一个重要方面是设计数字化转型的组织、机制和投入等保障措施。企业董事会、管理层要高度重视数字化转型工作，建立企业级数字化战略委员会或领导小组，指定专职部门或牵头部门统筹推进数字化转型工作。企业要建立数字化转型工作的考核机制（与绩效、晋升等挂钩），激励员工投身数字化转型工作。数字化转型需要大量资源投入，保证人力、财务等的投入。

（3）定路线

定路线主要是规划数字化转型演进路线。企业首先要开展差距分析，分析战略目标、战略举措和企业现状之间的差距，然后基于差距形成工作事项清单，进一步分析其依赖性和优先级，最后明确时间计划和资源匹配。

在演进路线设计中，企业还要明确落地的重点场景。针对重点场景先开展试点，试点突破之后再全面推广，保证转型过程平稳，提高成功率。

2.4　数字化转型与商业模式创新

2.4.1　什么是商业模式

随着数字经济的崛起，创业者需要编写商业计划书，说服风险投资者投资自己的商业计划。商业计划书的主体就是要说清楚自己的商业模式。有一个好的商业模式，创业成功就有了一半保障。

商业模式主要是说明公司的业务是怎么运行的，包括三方面内容和九个要素。

商业模式三方面内容：一是公司的各种资源及其运作方式，也就是公司具备的能力；二是公司能为客户提供哪些价值，输出哪些产品服务，也就是公司的定位；三是公司是怎么赚钱的，即盈利模式。

商业模式的九要素包括价值主张、目标客户群体（又称为客户细分）、渠道、客户关系、关键业务、合作伙伴、关键资源、收入结构、成本结构，具体如图 2-3 所示。

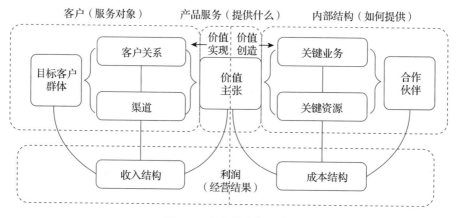

图 2-3　商业模式九要素

- 价值主张：指公司通过其产品服务向客户提供的价值。
- 目标客户群体：指公司所要为之服务的特定客户群体。这类客户群体具有某类需求，公司可通过向其提供产品服务而创造和实现价值。
- 渠道：指公司用来接触客户、完成交易的各种途径。
- 客户关系：指公司与客户群体之间所建立的联系。
- 关键业务：指为了向客户提供产品服务所要做的事情。
- 合作伙伴：公司建立的供应商和合作网络。
- 关键资源：指公司执行其商业模式所需的资源和能力。
- 收入结构：公司通过各种收入流来创造财富的途径。
- 成本结构：运行商业模式所需的各种成本。

其中，价值主张明确了公司向客户提供的产品服务，是商业模式的核心；

关键业务、关键资源和合作伙伴负责产出产品服务，属于价值创造活动；目标客户群体、渠道和客户关系将产品服务交付给客户，属于价值实现活动；收入结构和成本结构相减得出企业的经营结果（即利润）。

商业模式画布是用来描述商业模式的工具，包含上述九个元素，用于对商业模式进行快速分析。

2.4.2　商业模式与战略的关系

战略和商业模式都是着眼于企业全局看业务。战略是面向全局、未来的思考、计划和行动，调动企业各种资源，达成目标，是动态的。商业模式主要阐述商业交易结构和不同商业要素之间的关联关系，是静态的。

战略分为战略思想、战略计划和战略行动，商业模式是已实施的战略措施的描述。商业模式可以作为现状（AS-IS）战略描述和目标（TO-BE）战略描述。商业模式侧重于"是什么"（What）的描述，战略则包括"为什么"（Why）、"是什么"（What）和"如何做到"（How）。商业模式是战略的起点和结果。

商业模式是价值创造导向，战略是建立竞争优势导向。价值创造导向强调所创造的价值必须具有独特性、不可模仿性、不可替代性。缺乏这三个特点的商业模式是不可持续的，无法持久，是不值得研究的。

可见，商业模式在企业战略设计和实施中扮演了承上启下的重要作用，将宏观的愿景和战略目标更加具象化，提升了可理解性，为战略进一步执行落地奠定了良好基础。

2.4.3　数字化商业模式创新

1. 商业模式创新是数字化转型的高级价值体现形式

企业数字化转型的价值体现可以分为 3 类：降本增效、极致体验、融合创新。

- 降本增效是指对现有运营流程进行数字化改造，实现效率提升。
- 极致体验是指以客户为中心，为客户提供更好的产品服务，提升客户体验。
- 融合创新是指结合新技术、新趋势创造新的业务模式或商业模式，打造第二增长曲线。融合创新也就是商业模式创新。

数字经济时代已经到来，社会经济环境、新技术趋势发生了巨大变化，为商业模式创新创造了有利条件。商业模式创新的意义在于突破现有业务范围，形成新的商业模式，构建企业第二增长曲线，为企业中长期发展打开空间。可以说，商业模式创新是数字化转型的高级价值体现形式，也是数字化转型的必然结果。

2. 数字化商业模式创新案例

（1）C2M 模式

传统制造业通常按照以产定销模式运作，即企业生产多少就销售多少。这种模式在短缺经济和卖方市场中运作良好。但随着经济发展到较高阶段和消费升级，企业必须从以产品为中心向以客户为中心转变，关注客户需求，按照以销定产模式运作，以客户需求为引导，推动企业各项活动。C2M（Customer-to-Manufactory）模式是以客户订单为引导，推动企业产品设计、备料、生产、物流交付等活动，实现柔性制造，灵活、快速地满足客户个性化需求。

2014 年，青岛红领在服装行业开启了 C2M 模式先河。传统服装企业通常大批量生产几个标准号码的服装。青岛红领通过 C2M 模式，可以为客户量身定制服装，同时客户可以根据自己的量体数据在互联网上下订单。青岛红领收到订单后，用自己改造的大规模定制生产线在 7 天内完成生产，然后由 UPS 发往全球，在两周内交付给客户。

2016 年，美的集团也引入了 C2M 模式，建立了"T+3"全价值链数字化运营体系，对下单、备料、生产和发货 4 个环节进行优化，将每个周期由 7 天压缩到 3 天甚至更短，整体交付周期缩短到 12 天以内；同时，由订单驱动工厂生产，实现柔性制造，有效降低了库存成本。

（2）网约车模式

在网约车模式出现之前，出租车在出行领域占据了绝对优势，乘客经常遇到打车难问题。随着共享经济和平台经济的出现，美国优步（Uber）公司于2010 年 10 月在旧金山推出 Uber Black，最早推出了网约车模式。随后，滴滴在2012 年 9 月推出了"滴滴打车"App，将网约车模式引入中国。截至 2021 年，优步在全球 71 个国家开展业务，在全球范围内连接了约 1 亿活跃用户、500 万个司机和 60 万个餐厅。滴滴也拥有近 5 亿活跃用户，提供各类出行服务。

网约车模式是一种平台经济模式。符合条件的车辆和司机接入出行服务平台，成为出行服务供应商，乘客通过出行服务平台预约出行服务。出行服务平台基于地理位置定位服务，基于算法模型和大数据分析对供给方和需求方进行匹配，派单给司机，司机前往接 / 送乘客完成交易。在服务过程中，出行服务平台还通过地图提供导航服务。在服务结束时，乘客付费给出行服务平台，平台从中抽成作为收入，再向司机分配收入。网约车模式颠覆了出租车市场，还设立了专车、快车、顺风车等网约车类型，基于大数据和智能算法优化提升了整体出行效率。乘客享受到了更好的出行服务体验，司机的接单效率也得到了提高。

（3）开放银行模式

在金融行业，百信银行建立了开放银行。开放银行本质上是一种平台化商业模式。银行通过 API 与金融生态系统参与者共享数据、算法和流程，为生态系统中的客户、员工、第三方开发者、金融科技公司和其他合作伙伴提供服务，创造新的价值。在技术上，银行通过开放银行的 API 等开放数据和能力，与合作伙伴共同构建开放共赢的生态圈。基于开放银行 API，百信银行进一步发展为银行即服务（Bank-as-a-Service，BaaS）或者银行即平台（Banking-as-a-Platform，BaaP）。基于开放银行，百信银行的服务被隐藏在人们的生活生产场景之中，演变为按需分配的金融服务基础设施。

在国外，欧盟和英国推进开放银行最为有力。2017 年，英国成为第一个落地开放银行理念的国家。国内也快速跟进开放银行理念，百信银行在 2019 年建设了开放银行平台"智融 Inside"。截至 2022 年末，百信银行与 350 多个合作伙伴构建协同共建的开放生态，共开放近 3500 个 API，将金融服务嵌入各类场景。

2.4.4　构建生态型商业模式

1. 什么是生态型商业模式

企业商业模式不断发展，经历了垄断型商业模式、集群型商业模式，目前发展到生态型商业模式。这些商业模式是从低到高依次演进的，越向高级发展就越复杂，创造的价值也越大。

垄断型商业模式是指企业与其他企业完全是竞争关系，企业倾向于尽可能占据更大的市场份额，并设置进入壁垒，将竞争对手屏蔽在外，实现价值独占。

集群型商业模式是企业与其他企业形成一定合作关系，领先企业通过复制和标准化经营，将企业规模尽可能扩大，比如采取加盟、分销等方式，从而获得更大的市场份额，形成竞争优势。

生态型商业模式中，企业秉持以客户为中心的经营理念，更加关注客户价值的创造。在数字经济时代，客户需求是丰富多变的，企业要想满足客户需求，只有围绕客户需求，不断创新求变，为客户提供集成式价值服务。因此，生态型商业模式要求企业与更多的合作伙伴构成同一条价值链甚至价值网络，建立起自己的生态圈，通过生态合作不断推动创新发展，融入客户生产生活各种场景，实现人、产品、场景的紧密结合。典型的生态型商业模式就是互联网平台，比如京东、天猫等形成电商生态，抖音、爱奇艺、腾讯视频等形成内容娱乐生态。前面介绍的网约车模式和开放银行模式都是典型的生态型商业模式。

在商业模式演进过程中，企业逐步从封闭走向开放。在生态型商业模式中，只有开放的企业才能生存下来甚至活得更好。

2. 如何构建生态型商业模式

在数字经济时代，企业构建生态型商业模式有4种选择——自建、合作、联盟和投资。

目前，合作是最常用的方式。企业可以与互联网平台合作：互联网平台提供场景和流量，企业通过互联网平台向客户提供产品服务。然而，在这种方式下，企业对互联网平台的流量形成了严重依赖，流量成本也越来越高。联盟方式很少有成功案例。

自建方式是传统企业自己成立互联网平台来开展业务，即自建场景。传统企业进入自己不熟悉的领域，导致自建场景效果参差不一，失败案例层出不穷。而投资方式是传统企业通过投资互联网公司获得场景，更有可能帮助企业获得成功。

自建和投资让传统企业获得场景的主导权，是大型企业发展生态型商业模式的主要方式。

2.5 从战略到执行——BLM

战略是不可被授权的。企业经营战略明确了企业发展方向，关系到企业中长期发展，必须得到企业管理层的高度重视。好的战略可以达到"上下同欲、左右协同、力出一孔、使命必达"的效果。然而，在战略管理中，企业常常面临以下问题：一是盲目依赖咨询顾问来制定战略，无法形成真正适合企业的战略规划；二是战略规划形成后被束之高阁；三是战略规划与日常运营脱节，无法有效落地。这些问题主要是企业缺乏战略管理能力、从战略制定到战略执行的有效方法论和流程机制所致。

本节介绍的 BLM 是连接战略设计和战略执行的完整方法论。引入 BLM 可以有效构建企业的战略管理能力，帮助企业实现稳步发展。除了华为之外，国内企业如顺丰、TCL、用友等也在不同程度上使用 BLM。

2.5.1 什么是 BLM

BLM 由 IBM 和哈佛商学院于 2003 年共同研发，于 2009 年被华为引入作为战略规划方法。该模型主要应用于公司战略规划和年度经营计划的制定与活动执行。

如图 2-4 所示，BLM 分为领导力、战略设计、战略执行和价值观 4 部分。领导力位于最上方，是企业转型和发展的根本驱动力。BLM 可以帮助企业创造快速、持续的适应变化的业务。管理层应亲自领导公司战略设计和计划执行，确保战略可行。战略设计和战略执行位于中间。企业不仅要有好的战略设计能力，还要有非常强的执行能力，以确保战略实施效果。企业价值观位于最下方，是企业决策和行动的基本准则。在战略中考虑价值观是战略顺利落地的重要支撑。

企业战略设计和战略执行包含 8 个要素，战略设计部分包含战略意图、市场洞察、创新焦点、业务设计，战略执行部分包含关键任务、氛围与文化、人才、正式组织，它们共同构成了完整的战略管理。

此外，市场结果即差距，所谓双差分析，即业绩差距和机会差距的分析。企业从业绩差距和机会差距分析开始，进行战略设计和战略执行，并以市场结果来检验战略执行效果，如果达成战略目标就可以关闭差距。

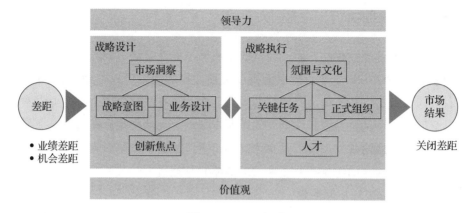

图 2-4　BLM 组成

2.5.2　BLM 八大要素解析

以下对 BLM 的八大要素进行解释分析。其中，前四个要素属于战略设计，后四个要素属于战略执行。

1）战略意图。战略意图对应使命、愿景、目标，描述企业想成为什么样的企业、朝哪个方向走，这是整个战略规划的起点。除了长期的愿景，企业还必须设定近期的战略目标。

2）市场洞察。市场洞察是对企业所处环境的全面深入分析，包括对整个市场的发展前景、客户需求变化、竞争对手动态、技术发展趋势进行分析。这些洞察点是企业在市场中发展所面临的机遇和挑战，会对战略意图的设定和实现产生重大影响。

3）创新焦点。创新是战略规划的焦点，现在市场同质化竞争越来越严重，企业如果想在红海中杀出重围，必须形成差异化的竞争优势，这就必须有创新、有突破。企业创新不能闭门造车，而是要摸清市场的脉搏，与用户和合作伙伴一起探索和发现，小步快跑、迭代验证。拼多多的异军突起是一个很好的例子，彼时阿里巴巴和京东已经形成电商市场的双峰对峙，电商市场已经成为一片红海，拼多多找到了市场中那个可以生存的夹缝，主打"拼团购物"营销理念，其购物形式是用户和亲人、朋友、邻居一起拼团来购买商品，目标客群是三、四、五、六线的城市及农村地区人口。

4）业务设计。经过对市场的深入了解和对未来业务创新的探索，企业现在需要做的是完成整个商业模式的设计，也就是完成业务设计。BLM 中的业务设计涉及六要素：客户选择、价值主张、价值获取、活动范围、持续价值和风险管理。业务设计必须明确企业需要有哪些业务能力支撑，其中哪些是已有的业务能力，哪些是需要获得的新能力。

5）关键任务。关键任务是衔接战略设计和战略执行的桥梁，是战略执行的基础。关键任务设定非常关键，有目标而不明确实施方案，是永远也到达不了彼岸的。企业要根据战略设计方案确定关键任务，明确时间计划和依赖关系。关键任务主要是各种战略举措，包括业务增长举措和能力建设举措，涉及业务流程改造和信息系统的建设等任务。为了保证关键任务被有效执行，企业应设计可以定期跟踪和度量的指标。

6）氛围与文化。比起组织和人才，氛围与文化更为软性，代表人们的习惯和做事方式。在数字经济时代，企业要形成更加开放、敏捷、数据驱动的氛围和文化。

7）正式组织。正式组织是战略执行的重要保障。完成关键任务需要投入充足的人力和财力资源，还要有相应的组织结构、管理制度、信息系统支撑，并明确考核激励机制。

8）人才。企业最终要靠人才来完成战略执行，人才也是战略执行的重要要素。人才是否具备执行战略所需的岗位技能，如何进行人才引进、培养、激励和保留，这些都必须认真考虑。

2.5.3　利用 BLM 设计战略

企业战略金字塔从上到下分为公司战略、业务战略和职能战略 3 个层次。业务战略是针对业务单元（各产品线、事业部、子公司）这一层面的。BLM 可以应用于公司战略和业务战略设计，而且是从业务战略设计开始使用的。

从时间轴来看，BLM 可应用于企业中长期战略规划和年度经营计划制定工作。中长期战略规划着重于战略设计，年度经营计划着重于战略执行。

下面以业务战略为例说明利用 BLM 进行战略设计，主要分为 7 个步骤，具体如图 2-5 所示。

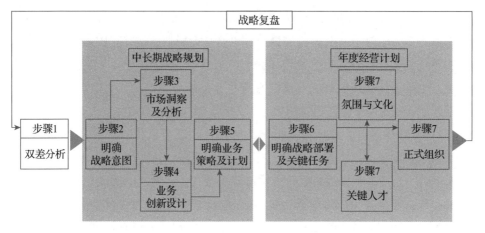

图 2-5　BLM 战略设计流程

步骤 1：双差分析。首先分析现状与目标存在的业绩差距和机会差距。

步骤 2：明确战略意图。形成企业愿景、使命与战略目标。业务战略目标来自战略目标的分解。

步骤 3：市场洞察及分析。在细分市场中发现能够达成战略目标的机会。

步骤 4：业务创新设计。要想抓住机会，必须聚焦创新，形成新的业务设计，包括新的产品、商业模式和竞争策略等。

步骤 5：明确业务策略及计划。进一步明确业务策略、业务计划和资源需求等。

前 5 步完成了中长期业务战略设计。第 6 步和第 7 步属于战略执行。

步骤 6：明确战略部署及关键任务。制订年度经营计划时，要将业务设计和业务计划具体落地，明确战略部署和关键任务，针对关键任务还要分配配套的资源、预算并制定考核激励机制。

步骤 7：构建组织能力支撑。组织能力包括正式组织、氛围与文化、关键人才。规划部门要统筹考虑相关要求，并推动相关部门落实。

在此基础上，企业每季度或半年定期进行战略复盘，对市场结果进行评估，并对战略进行重新审视和迭代改进，使得战略管理成为一个动态过程。

| 第二篇 |

数字化企业架构设计

作为信息化规划方法论，企业架构的价值在于从企业全局对齐业务和科技，保证科技投资能够有效促进业务发展。经过几十年的发展，企业架构设计形成了不少经典的框架，比如 Zachman、DoDAF、FEA、TOGAF 等，并在国内外企业得到广泛应用。随着数字经济的发展，企业架构不断演进和发展，更加适应新时期要求。

本篇主要介绍数字化企业架构框架，包括 6 章。第 3 章首先介绍经典企业架构框架及企业架构在新时期的发展，然后正式提出数字化企业架构框架，包括架构内容模型和架构过程模型。该框架具有数据化、智能化、敏捷化、生态化和体验化特点，是适应数字化时代需要的企业架构设计方法。第 4～7 章按照业务架构、应用架构、数据架构和技术架构的顺序依次介绍各领域架构设计。第 8 章介绍企业架构建模语言和工具，读者可以使用这些工具进行实际操作。

数字化企业架构框架

自 1987 年 Zachman 发表论文以来,企业架构作为一个专业领域已经出现了 30 多年。经过企业界、学界和咨询公司的共同努力,企业架构理论不断完善,出现了像 DoDAF、FEA、TOGAF 等经典企业架构框架,并在不同领域得到广泛应用。数字经济的蓬勃发展对企业架构提出了进一步要求,同时企业架构框架也不断发展,适应新的需求。

本章首先介绍企业架构的起源、基本概念、作用和设计原则,接着回顾 4 种经典企业架构框架,然后对企业架构现代化趋势进行分析,并介绍相关案例,最后提出数字化企业架构框架。该框架针对数字经济时代的要求对企业架构理论进行了升级,为企业数字化转型提供架构设计指导。

3.1 全面了解企业架构

3.1.1 企业架构的起源

从起源上看,企业架构是一种企业信息化规划方法,从企业全局关注科技如何与战略保持一致,如何为业务发展赋能。企业架构并不是凭空出现的,它是在应对信息化建设中出现的各种问题的过程中发展起来的。企业架构的发展经历了两次重大跃迁：第一次是从系统级架构到企业级 IT 架构跃迁，第二次是从 IT 架构到企业架构跃迁。

1. 从系统级架构到企业级 IT 架构跃迁

信息化架构原先特指 IT 架构，甚至特指系统架构。我们通常说的架构师一般是软件架构师或者系统架构师，他们能够完成单个系统的设计。组织的系统数量越来越多，系统建设和管理的复杂性也随之上升。IT 部门根据各部门需求建设信息系统，导致出现了许多竖井式系统。系统之间相互割裂，操作无法衔接。同时，系统重复建设的问题也很突出，比如客户信息是分条线管理的，每个条线都在系统里建设了客户信息模块，但客户信息字段不统一，同一个企业或个人在不同条线里是两个客户。

此时，管理者发现必须从企业级视角对整个组织的所有系统进行整体梳理，明确要建设哪些系统、系统的定位和系统之间的交互关系，哪些数据是企业共用的。这样就出现了组织级或者企业级 IT 架构。

2. 从 IT 架构到企业架构跃迁

IT 架构帮助企业构建全局的信息化建设蓝图。但紧接着我们发现一个问题。在需求驱动的信息化建设模式下，业务部门提出的需求更多着眼于业务流程线上化和日常操作，是偏现状和操作的。按照这种方式构建出来的系统只是把业务操作从线下搬到了线上，管理方式没有变化，其实并没有充分发挥 IT 的威力。事实上，IT 架构是管理的映射，管理是粗放的、混沌的，系统当然也是粗放的、混沌的。

同时，需求驱动的信息化建设模式容易陷入业务部门和科技部门对立的困境，科技部门认为业务部门提不出好的需求，业务部门认为 IT 系统不好用、拖业务人员后腿，指责和质疑科技部门。科技部门痛定思痛，努力改进提升，但发现业务部门并不买账。后来，人们才认识到解决 IT 架构问题不能就技术论技术，否则就是技术上不断打磨精进，但在赋能业务上仍然无法让大家满意，怪圈仍然无法打破。

要解决 IT 架构问题，业务部门和科技部门必须携手从公司战略和业务发展出发进行考虑。首先，企业要有明确的战略，将业务和科技统一到一起，有明确的方向。其次，企业要形成业务的全景认识，针对业务和管理明确提升目标，建立面向战略目标的业务架构。业务架构搭建了业务和科技的桥梁，让业务部门和科技部门能用同一种语言沟通。最后，以业务架构指导 IT 架构设计，建立全局的信息化建设综合蓝图。这样，就形成了"业务架构 +IT 架构"的企业架构全景。

IT 可以将管理手段固化到系统中，从而推动管理的落地。以华为为例，引入 IBM 的业务流程管理体系之后，华为建立了六级流程架构，并在各个业务部门设置流程 Owner，负责流程管理和优化。同时，华为建立了流程与 IT 部，将流程管理和信息化放在一个部门，明确信息系统建设必须以流程再造和流程优化为前提。通过采取以上措施，华为充分发挥了 IT 对管理的支撑和强化作用。

在日常的系统建设过程中，企业架构可以进一步指导具体的信息系统建设，业务架构可以指导业务需求提出，IT 架构可以指导系统方案设计，从而保证系统的落地。

企业架构的出现提供了从企业全局看信息化建设的视角，帮助将企业战略落实到日常运营当中，填补了业务和科技的鸿沟，使得科技能更好地与战略保持一致、支持业务发展。这也是企业架构理论能够在国内外各类组织中得到广泛应用的原因。

3.1.2　企业架构的基本概念

企业架构是指一个组织单元的业务、应用、数据及技术基础设施等之间的关系，包括基线的、目标的及过渡的动态描述。这里的企业架构是泛指的，不只是适用于企业的架构，还包括适用于政府、军队、学校等组织的架构。打个比方，企业架构可以比作城市规划，具体系统建设可以比作一幢大楼的建设。企业架构是一个涵盖业务和科技的全面的企业蓝图设计工具，可以帮助企业管理者了解企业的构成和运营模式，发现问题并不断解决。

企业架构由业务架构、IT 架构、实施路径和架构治理机制 4 部分组成，具体如图 3-1 所示。

业务架构（Business Architecture，BA）是企业业务全景的结构化描述，包括企业的业务组件和分布、业务流程、业务对象、组织架构等内容。业务战略决定业务架构。业务架构是把企业的业务战略转化为日常运作的方法。

图 3-1 企业架构

IT 架构是指导科技投资和决策制定的 IT 框架，是建立企业信息系统的综合蓝图，包括应用架构、数据架构和技术架构 3 部分。应用架构（Application Architecture，AA）是一个覆盖整个企业的单一视图，规划和定义 IT 系统、系统之间的接口以及集成方式。数据架构（Data Architecture，DA）主要规划和定义数据结构和流转方式，包括数据模型、数据分布、数据流向、数据集成与共享、数据标准 5 部分。技术架构（Technology Architecture，TA）是 IT 架构中较低层的架构，定义如何建立 IT 运行环境来支持数据架构和应用架构，以保证业务的正常开展。技术架构包括集成平台、公共服务平台、基础平台和安全平台等。基础平台包括数据中心、灾备体系等。

企业架构落地需要明确实施路径。实施路径包括实现目标架构所需的行动步骤、时间计划和资源安排。

此外，企业架构的建立和管理需要架构治理机制。架构治理机制也是 IT 治理的一部分，保证企业架构得到有效运行，并不断更新以适应内外部变化。

3.1.3　企业架构的作用

企业架构是业务部门与科技部门之间的沟通桥梁与标准"接口"，是企业信息化规划的核心，是 IT 战略规划的最佳实践指引。企业架构是指导大型复杂应用系统建设的重要工具。与传统的信息化规划方法相比，企业架构中主要增加了业务架构。企业架构强调业务与科技的统一，注重全局化、统一化、标准化、可持续发展，强调信息化顶层设计。

企业架构的重要作用如下。

（1）开展数字化转型顶层设计

企业架构可以帮助企业进行数字化转型顶层设计，形成转型实施路线图，让企业内不同的人对企业现状和企业数字化愿景达成一致的理解，建立业务、数据、技术人员的共同愿景，形成相互理解、沟通的基础和共同奋斗的目标，从而保证做出正确的信息化决策和建设符合业务需求的信息系统。

（2）让战略真正落地

企业架构向上承接企业战略，向下指导架构项目的实施和企业的日常运营，很好地衔接了战略和执行，让战略能够真正落地。

（3）让科技与业务对齐

企业架构打通了业务部门和科技部门，建立起业务部门和科技部门之间的沟通、管理机制，使得科技部门为业务部门提供有效支持。企业架构将高层的业务战略、IT战略、架构原则与指导转换成单个系统设计和实现的需求，将单个科技需求与高层的驱动力和约束相匹配。

（4）打造无边界信息流

企业内外部要想有效做到信息共享、业务协作，必须形成无边界信息流，即通过安全、可靠和及时的相关方互操作达成企业内外部信息集成与有效访问，充分发挥数据要素在企业活动中的作用，支持业务流程的改善，释放数据价值。企业架构可以帮助企业全面规划、规范企业的组织和内外部业务流程，建立统一的标准体系。在统一的标准体系下，信息可跨组织边界实现有序、高效、可控的穿透，从而实现无边界信息流。

（5）提升企业的敏捷性，适应业务变化

企业架构帮助企业基于自身能力进行规划，实现能力的组件化和服务化，敏捷应对业务需求的快速变化，提高企业应对不断变化的外部挑战的能力。

（6）有效管理复杂问题

一方面，企业架构将问题分解，使复杂的问题简单化，也就是将复杂问题划分成一个个小的逻辑块来处理。另一方面，企业架构通过推行标准化和与标准兼容来降低 IT 架构的复杂度，可以管理在信息化建设过程中具体项目对标准的偏离。

（7）降低 IT 投资失败风险

企业架构可以有效指导 IT 投资，高效分配资源，减少不必要的、没有回报的项目，降低 IT 建设和运营成本，提高 IT 投资回报率。

3.1.4　企业架构设计原则

很多企业在战略确定之后往往盲目地建设信息系统，或者是没有战略，根据业务部门需求建设信息系统，花了很多钱却收效甚微。实际上，在大规模建设信息系统之前，许多企业忽略了一个十分重要的问题：建立清晰的业务模型，梳理、规划、优化关键业务流程，协调关键资源。这也就是企业级业务架构要做的事情。而要想设计好企业级业务架构，企业必须做到"以流程为重心，以客户为中心"。

以流程为重心也称为面向流程。自迈克尔·哈默教授在 20 世纪 90 年代提出业务流程再造以来，许多企业进行了实践。卓越的企业提倡先以流程为重心，在流程管理思想的指导下完成从职能型组织向流程型组织的转变，再重新设计企业的经营、管理及运作方式，优化、改造业务流程，上线必要的信息系统，打造端到端业务流程，最大限度地满足客户需求，真正提升企业运营效率，使企业能够适应未来的生存发展。

以客户为中心是明确业务流程的目标和要实现的价值。以客户为中心是以流程为重心的目标和方向，以流程为重心是以客户为中心的前提和基础。要实现"以流程为重心、以客户为中心"，企业必须建立流程管理组织，使战略能够通过价值链层层分解成具体流程和操作规程。整个价值链能够端到端顺畅运行，其他各种管理和控制手段能够"基于流程、落地于流程"。企业能够将业务、应用、数据、技术等融为一体，各部分通过协作来实现"以流程为重心，以客户为中心"，且各部分尽量松耦合以增强企业应对变化的灵活性。这些恰恰是企业架构能够帮助企业做到的事情。

3.2　经典企业架构框架

从 1987 年第一个企业架构框架 Zachman 出现到现在，企业架构已经发展了 30 多年，出现了许多经典框架理论，并在国内外各行业广泛应用。经典企业架构框架包括 Zachman 框架、美国国防部架构框架 DoDAF、美国联邦企业架构框架 FEA 和 Open Group 企业架构框架 TOGAF。

3.2.1　Zachman 框架

提到企业架构，就不能不提到 Zachman 框架[⊖]。约翰·扎克曼（John Zachman）先生在 1987 年发表了一篇具有划时代意义的的论文，题目为"A framework for information systems architecture"，提出了 Zachman 框架。

Zachman 框架是全球第一个企业架构理论，是其他企业架构框架的源泉。它全称为企业架构和企业信息系统架构。约翰·扎克曼指出："为了避免企业分崩离析，信息系统架构已经不再是一个可有可无的选择，而是企业的必需。"约翰·扎克曼最早是从建筑、飞机等复杂业务中形成对这一框架的认识的。Zachman 框架的核心理念是同一个事物可以用不同的方式、基于不同的目的、从不同维度进行描述。当一个事物足够复杂时，这种描述框架就有了更大的价值。

Zachman 框架是描述企业的元模型，是由两种分类法构成的矩阵，具体如图 3-2 所示。

矩阵横向是沟通的基础要素，即我们熟悉的 5W1H 方法：什么（What）、如何（How）、何地（Where）、何人（Who）、何时（When）以及为何（Why），用于全面、综合地描述复杂事物。矩阵纵向是企业不同利益相关者（包括管理层、业务管理者、架构师、工程师、建造者和用户）的不同视角。不同视角有着不同的关注点，具体关注程度也不一样，但每一行代表了某一类利益相关者对企业的完整理解。用户视图已经关注到具体的系统功能层面。

尽管 Zachman 框架给出了帮助组织梳理架构内容的方法，但是 Zachman 框架本身并不是一个完整的企业架构设计解决方案。比如，Zachman 框架没有给出架构开发的流程步骤，偏于静态描述而无法对持续演进的企业架构进行动态描述，也没有给出评价架构成熟度的方法。

⊖　Zachman 官方网站：https://www.zachman.com。

分类名称 / 读者视角	是什么	怎么做	在哪做	谁来做	何时做	为何做	分类名称 / 模型名称
管理层视角	清单识别	流程识别	分布识别	责任识别	时间识别	动机识别	范围上下文
业务管理者视角	清单定义	流程定义	分布定义	责任定义	时间定义	动机定义	业务概念
架构师视角	清单表示	流程表示	分布表示	责任表示	时间表示	动机表示	系统逻辑
工程师视角	清单规格	流程规格	分布规格	责任规格	时间规格	动机规格	技术特性
建造者视角	清单配置	流程配置	分布配置	责任配置	时间配置	动机配置	工具组件
用户视角	清单实例	流程实例	分布实例	责任实例	时间实例	动机实例	运行实例
读者视角 / 公司名称	清单集合	流程	分布网络	责任安排	时间周期	动机意图	

图 3-2　Zachman 框架

3.2.2　美国国防部架构框架 DoDAF

美国国防部架构框架（Department of Defense Architecture Framework，DoDAF）[⊖]是由美国国防部制定的。DoDAF 前身是 1996 年推出的指挥控制通信计算机情报监视和侦查架构框架。DoDAF 1.0 版本于 2003 年发布，DoDAF 2.0 版本于 2009 年发布。如图 3-3 所示，DoDAF 2.0 版本以支持核心决策过程、提供决策数据为主要目标，包括全景视图、数据与信息视图、标准视图、能力视图、作战视图、服务视图、系统视图和项目视图八大视图。

此外，DoDAF 提出了实施方法论，包括确定架构用途、确定架构应用范围、确定数据需求、开展架构设计、对架构进行分析和生成架构成果文件 6 个步骤。

由于来自军方，DoDAF 对企业架构的影响没有 Zachman 框架或者 TOGAF 那么大，知名度也没有 TOGAF 那么高。但随着 DoDAF 2.0 版本的发布，DoDAF 框架不断完善，现在已经不再只适用于军方系统建设，也适用于企业系统建设。

⊖　DoDAF 官方网站：https://dodcio.defense.gov/Library/DoD-Architecture-Freamwork/。

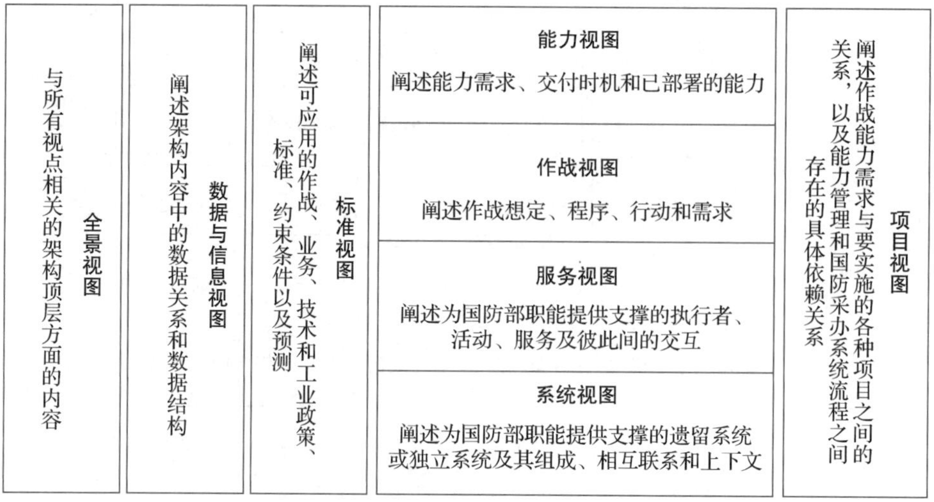

全景视图	数据与信息视图	标准视图	能力视图	项目视图
与所有视点相关的架构顶层方面的内容	阐述架构内容中的数据关系和数据结构	阐述可应用的作战、业务、标准、约束条件以及技术和工业政策、预测	**能力视图** 阐述能力需求、交付时机和已部署的能力 **作战视图** 阐述作战想定、程序、行动和需求 **服务视图** 阐述为国防部职能提供支撑的执行者、活动、服务及彼此间的交互 **系统视图** 阐述为国防部职能提供支撑的遗留系统或独立系统及其组成、相互联系和上下文	阐述作战能力需求与要实施的各种项目之间的关系，以及能力管理和国防采办系统流程之间存在的具体依赖关系

图 3-3　DoDAF 2.0 八大视图

3.2.3　美国联邦企业架构框架 FEA

FEA 严格意义上并不是一个企业架构框架，而是以美国联邦政府为客观对象的企业架构具体实例。在它之前诞生的 FEAF（联邦企业架构框架）才算得上一个真正意义的企业架构框架。不过，由于 FEA 在政府方面的示范作用，其各种参考模型和治理方法比方法论级别的 FEAF 更加容易让人接受，所以在很多情况下，FEA 被看作是一种企业架构框架。

FEA 1.0 版于 2002 年 2 月发布，目前最新的大版本是 2013 年 1 月发布的 FEA 2.0 版。

FEA 2.0 提供了一系列架构规划工具，核心是综合参考模型 CRM 和协同规划方法 CPM。

如图 3-4 所示，综合参考模型（Consolidated Reference Model，CRM）包括绩效参考模型（PRM）、业务参考模型（BRM）、数据参考模型（DRM）、应用参考模型（ARM）、基础设施参考模型（IRM）和安全参考模型（SRM）等，覆盖了战略、业务、数据、应用、基础设施和安全 6 个子架构领域，为总体规划提供了统一语言和框架。其中，绩效参考模型（PRM）是 FEA 特有的模型，综合考虑了机构的战略、业务和投资，用于衡量企业架构带来的价值。综合参考模型可以用于跨机构分析和识别重复投资、差距和机会，加强整个联邦政府内部机构间的协同。

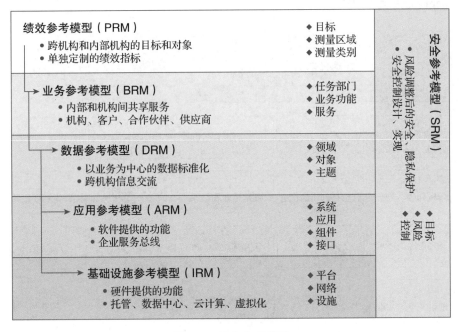

图 3-4　综合参考模型

如图 3-5 所示，协同规划方法（Collaborative Planning Methodology，CPM）为规划者提供了使用规划流程来制定从当前状态到未来状态的迁移策略的步骤，形成企业路线图。企业路线图将战略和项目、预算映射起来，帮助识别投资和执行之间的差距，以及项目之间的依赖性和风险。CPM 具体分为组织和计划、实施和度量两个阶段、5 个步骤。尽管两个阶段看上去是按顺序执行的，事实上在不同阶段的内部和之间会有许多迭代。

3.2.4　Open Group 发布的企业架构框架 TOGAF

国际标准组织 Open Group 于 1995 年正式发布企业架构框架（The Open Group Architecture Framework，TOGAF），并持续迭代升级。TOGAF 9.0 于 2009 年发布，TOGAF 9.2 于 2018 年发布，TOGAF 10.0 于 2022 年 4 月发布。TOGAF 10.0 是目前最新的版本。TOGAF 是一种协助开发、验收、运行、使用

和维护企业架构的工具。它基于一个可迭代的架构过程模型，支持架构最佳实践，并提供一套可重用的架构资产，核心是架构开发方法 (Architecture Development Method，ADM)。

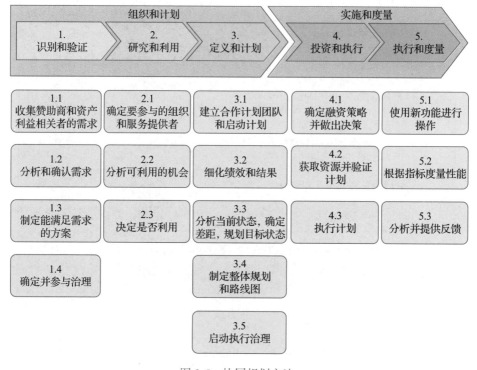

图 3-5　协同规划方法

TOGAF 最重要的意义在于它是基于业务战略分解的业务能力进行规划，实现了业务和 IT 的一致性，使得 IT 架构支持灵活变化的业务需求，满足组织的业务需求。

TOGAF 10.0 共包含 6 部分内容，分别是简介、架构开发方法、ADM 指南和技术、架构内容框架、企业连续体和工具、架构能力框架，如图 3-6 所示。

第一部分简介主要介绍了 TOGAF 参考资料。第二部分架构开发方法（ADM）是 TOGAF 的核心，介绍了企业架构开发的完整路径。第三部分 ADM 指南和技术是对 ADM 应用和若干架构技术的进一步介绍。第四部分架构内容框架介绍了架构内容元模型、架构构建块、架构制品和交付物等。第五部分企业连续体和工具介绍了企业架构产出的分类方法、存储以及架构开发工具。第六部分架构能力框架介绍了企业内建立和运行架构所需的组织、流程、技能、角色和职能。其中，架构开发方法和架构内容元模型是 TOGAF 最为精华的部分，后面会进一步详细介绍。

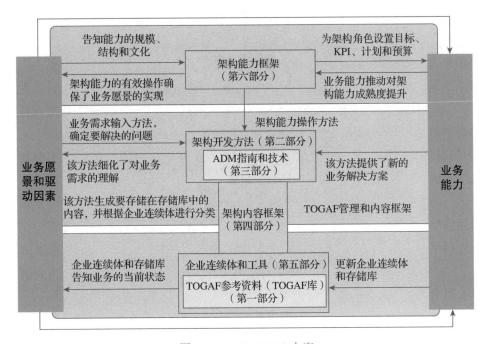

图 3-6　TOGAF 10.0 内容

1. TOGAF 架构开发方法（ADM）

（1）TOGAF ADM 基本内容

ADM 描述了一种开发和管理企业架构生命周期的方法，用于开发满足组织业务和 IT 需求的企业架构。

如图 3-7 所示，TOGAF ADM 共分为 1 个预备、8 个步骤和 1 个需求管理，形似葫芦。

1）"1 个预备"是指预备阶段，主要完成架构开发准备工作。

预备阶段工作包括建立架构开发组织，确定架构开发方法、工具，明确架构开发原则等，为组织架构项目成功开展做好准备。

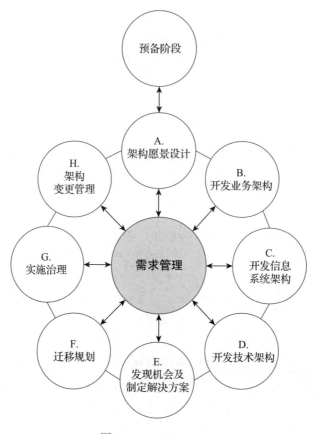

图 3-7　TOGAF ADM

2）"8 个步骤"涵盖架构开发、管理、维护的生命周期，包括如下 8 个阶段。

● 阶段 A：架构愿景设计。

阶段 A 主要是设置项目的范围、约束和期望，形成大家一致认可的架构愿景和架构工作声明。

● 阶段 B、C、D：开发架构蓝图，输出架构定义文件。

阶段 B 开发业务架构，针对现状（AS-IS）和目标（TO-BE）业务架构，初步进行差距分析。

阶段 C 开发信息系统架构（即应用架构和数据架构），针对现状（AS-IS）和目标（TO-BE）应用架构、数据架构，初步进行差距分析。关于应用架构和数据架构设计的先后顺序有 3 种，包括先开发应用架构后开发数据架构，先开发数据架构后开发应用架构，并行开发。

阶段 D 开发技术架构，针对现状（AS-IS）和目标（TO-BE）技术架构，初步进行差距分析。

- 阶段 E 和 F：制定架构实施路径，输出架构路线图。

阶段 E 发现机会及制定解决方案主要是进行现状架构和目标架构之间的差距分析，形成工作包和项目。

阶段 F 迁移规划主要是进行成本收益分析和风险评估，明确过渡架构和里程碑，制定详细的架构实施与迁移计划。

- 阶段 G：在架构实施过程中开展架构治理和管控。

阶段 G 实施治理是开展架构合规性审查，及时发现和纠正偏差，保证架构实施中的各个项目遵从架构蓝图，做到一张蓝图绘到底。

- 阶段 H：架构变更管理，对架构进行变更以响应企业的需求。

阶段 H 是对架构变更进行分类管理。如果是小的变更，企业可以对现有架构进行调整维护。如果是大的变更，企业需要判断是否需要启动新一轮架构设计周期，重新制定架构蓝图。

3）"1 个需求管理"是指架构开发、管理、维护都要围绕架构需求管理开展，以需求为架构开发的基础，用需求来验证架构方案，并通过架构实施来满足需求。

（2）TOGAF ADM 支持三重迭代

TOGAF ADM 通过葫芦图简单清晰地说明了架构开发的生命周期，但实际项目中 8 个步骤虽然有先后关系，但并不是像流水一样持续向前、完全按照线性顺序执行，不同的步骤有时是同步进行的，而且在不同层级上有一些往复迭代。

ADM 支持 3 个级别的迭代：多个 ADM 周期的迭代，ADM 周期内、阶段之间的迭代以及单个阶段内的迭代。

1）多个 ADM 周期的迭代：ADM 以循环方式呈现，表明一个架构周期结束会进入下一个架构周期，也有可能较高层级的架构项目触发低级架构项目，启动新的架构周期。

2）ADM 周期内、阶段之间的迭代：TOGAF 描述了 4 类跨阶段迭代：

预备阶段和阶段 A 之间的架构能力迭代，阶段 B、E、F 之间的架构开发迭代，阶段 E、F 的过渡规划迭代，以及阶段 G、H 和预备阶段之间的架构治理迭代。

3）单个阶段内的迭代：TOGAF 支持在单个 ADM 阶段内重复执行活动，直至完成本阶段工作。

（3）TOGAF ADM 与其他部分的关系

为什么说 ADM 是 TOGAF 的核心？这是因为 ADM 搭建了 TOGAF 的整体结构，是树干和树枝，其他各部分内容都可以通过 ADM 串接，从而构成完整的架构框架，成为一棵枝繁叶茂的大树。第三部分包含 ADM 中使用到的指南和各种关键技术。第四部分包含架构构建块、制品和交付物，这些都是 ADM 各阶段的输入和输出，是架构开发工作成果。第五部分包含对存储库中各类架构资产的分类方法。第六部分包含成功执行 ADM 所需的各种架构能力建设。

2. TOGAF 内容元模型介绍

元模型主要定义某个特定领域的概念并提供构建该领域架构模型的元素。TOGAF 也有自己的元模型，将体系中的各种概念融为一体。

TOGAF 的工作成果中最小粒度的产出就是构建块。构建块代表了业务能力、IT 能力或架构能力的一个组件。构建块又分为架构构建块（Architecture Building Block，ABB）和解决方案构建块（Solution Building Block，SBB），架构构建块说明所需能力，解决方案构建块是构建所需能力的组件。

TOGAF 内容元模型提供了对架构中可能存在的所有构建块类型的定义，描述存在的构建块以及相互间的关系。TOGAF 内容元模型如图 3-8 所示。

TOGAF 内容元模型分为三大部分，分别是架构原则、愿景和需求，架构定义和架构实现。其中，架构原则、愿景和需求是架构设计的输入，用于明确架构设计要遵循哪些原则，满足哪些架构需求，以及各利益方达成一致的架构愿景。架构定义包括定义动机、业务架构、信息系统架构、技术架构等。架构实现是关于架构迁移和架构治理的内容，保障架构落地。

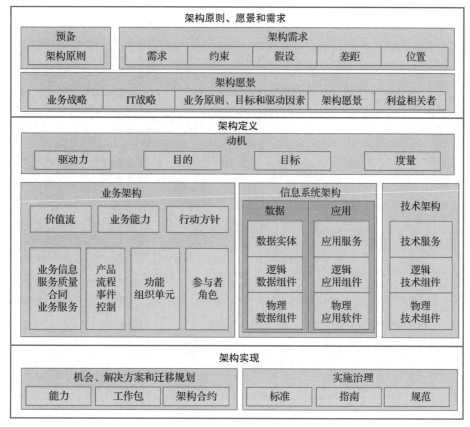

图 3-8　TOGAF 内容元模型

　　TOGAF 内容元模型内实体之间的关系如图 3-9 所示。TOGAF 9.2 内容元模型区分核心内容和扩充内容，扩充内容使用不同的颜色表示。TOGAF 10 不再像原先区分核心内容和扩充内容，所有内容均为白框，这样简化了内容元模型的使用。

　　业务架构部分包括组织单元、施动者、角色、功能、流程、业务能力、价值流、业务信息、业务服务、行动方针、产品、事件、控制、服务质量、合约、驱动力、目的、目标和度量 19 个概念，是其中最为复杂的部分。

　　其中，组织单元、施动者和角色都与组织相关。施动者属于组织单元，在业务流程中扮演某种角色。功能、流程、业务能力、价值流、行动方针和业务服务都与行为相关。组织单元拥有功能，功能提供业务能力，业务能力使能价值流、功能、业务能力和价值流影响行动方针，流程由多个功能编排、分解而成，业务服务由流程实现。业务信息是新加入的构建块，表明数据的作用受到高度重视。

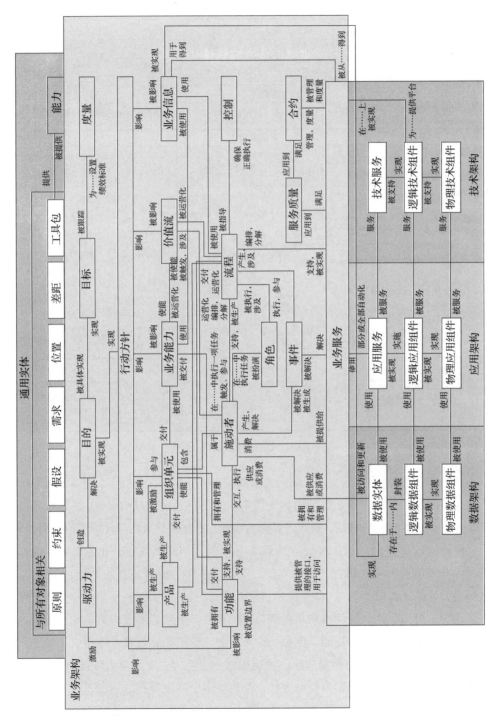

图 3-9 TOGAF 内容元模型内实体之间的关系

数据架构包括数据实体、逻辑数据组件和物理数据组件 3 个构建块。数据实体由施动者提供或使用。数据实体被逻辑数据组件封装,施动者通过业务服务访问和更新数据实体,物理数据组件是逻辑数据组件的实现。

应用架构包括应用服务、逻辑应用组件和物理应用组件 3 个构建块。应用服务使用数据实体,将业务服务全部或部分自动化。逻辑应用组件实现和提供应用服务,物理应用组件实现逻辑应用组件。

技术架构包括技术服务、逻辑技术组件和物理技术组件 3 个构建块。逻辑技术组件为业务服务提供平台,支持技术服务,并被物理技术组件实现。

3.3　现代化的企业架构理论

作为业界知名的企业架构理论,TOGAF 的知识体系非常庞大和完整。但是,在实际工程操作中,TOGAF 仍需要与其他理论方法融合。业界在多年实践中,逐渐发展出现代化的企业架构理论。这些企业架构现代化主要体现在以下 3 方面。

1)在业务架构方面,增加了业务建模环节,融合了业务流程建模、数据建模、领域驱动设计等方法。这样可以更加精细地刻画业务,更好地衔接 IT 架构设计,降低工程实操难度。

2)在 IT 架构方面,引入了业务中台建设理念,提倡建立组件化、服务化的 IT 架构,在公共能力复用基础上支持各类业务。

3)在方法框架方面,提倡轻量化和敏捷,以满足数字经济时代发展需求。

聚合架构和现代企业架构框架是现代化企业架构理论的两个案例。

3.3.1　聚合架构

国内大型银行、保险公司应用企业架构开展相关信息化建设工作较早,工商银行在第四代 ECOS 系统建设中就采用企业架构方法,以"企业架构设计 + 项目实施"方式推进相关工作。建设银行在新一代核心系统建设中,更是采用了企业架构方法贯穿从战略设计、业务建模到系统实施全过程。新一代核心业务系统建设奠定了建设银行在金融科技方面的行业龙头地位。

行业知名架构师付晓岩在《企业级业务架构设计》一书中详细介绍了建设银行新一代核心系统建设中使用的业务架构方法,进一步在《聚合架构》一书中提出了聚合架构方法,具体如图 3-10 所示。

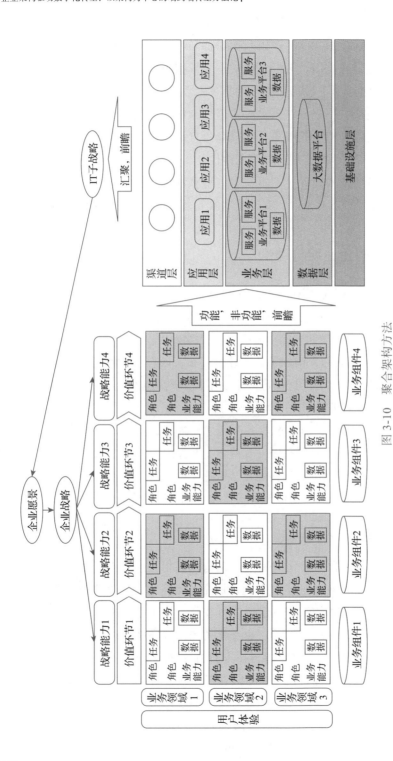

图 3-10　聚合架构方法

3.3.2　现代企业架构框架

ThoughtWorks 是一家著名的软件及咨询公司。马丁·福勒（Martin Fowler）是该公司的首席科学家，他最早提出了敏捷开发，并于 2014 年提出了微服务架构。

ThoughtWorks 的业务已经扩展到企业架构领域。在经典企业架构框架基础上，面对以业务平台化为代表的企业现代化转型新问题，该公司发布了现代企业架构框架（Modern Enterprise Architecture Framework，MEAF）。MEAF 的特点是轻量、敏捷、可落地，较好地满足了企业架构工程落地需求。

MEAF 继承了企业架构经典理论中业务架构、应用架构、数据架构和技术架构的视图分类，在此基础上对内容元模型进行了扩展，主要参考了建设银行企业架构实践方法、领域驱动设计（DDD）方法和阿里巴巴业务中台建设方法。MEAF 内容元模型如图 3-11 所示。

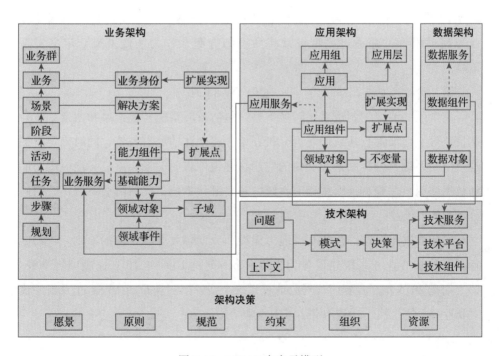

图 3-11　MEAF 内容元模型

来源：ThoughtWorks MEAF 白皮书

3.4 案例：建设银行新一代核心业务系统建设

建设银行新一代核心业务系统建设从 2011 年开始，历时 6 年，到 2017 年全面完成。建设银行新一代核心业务系统建设是应用企业架构方法进行规划设计并实施的典型案例。其主要特点是完全重新设计和自主研发，按照结构化方法进行全行范围业务再造，实现了组件化、服务化。

3.4.1 系统建设过程

建设银行新一代核心业务系统建设分为两个阶段：规划和实施，具体如图 3-12 所示。

第一阶段：规划，2011 年 4 月—2013 年 3 月

建设银行同时启动企业架构技术能力建设和业务模型能力建设，定义架构设计、应用平台设计、核心功能设计、项目、实施路线图以及 5 级业务建模目标，并通过原型设计将两者结合起来作为实施基础，定义实施策略。

第二阶段：实施，2013 年 4 月—2017 年 11 月

该阶段的关键是制定系统转换策略，包括新旧系统替换策略和遗留系统封装策略等。建设银行从应用组合分析开始，逐个评估已有系统，同时确定新的逻辑应用系统，分析旧系统和新的应用物理组件映射关系，重点关注应用功能和数据映射，明确替换哪些已有系统，新建哪些系统，保留哪些系统，并明确分步骤的系统并行切换计划。

实施演进路线遵循强化基础能力建设和分期释放业务价值的原则。建设银行新一代核心业务系统建设分为 3 期：第一期是 2013 年 10 月速赢项目上线，第二期是 2015 年 9 月新一代对公业务系统上线，第三期是 2016 年 11 月新一代对私业务系统上线，2017 年陆续完成切换。

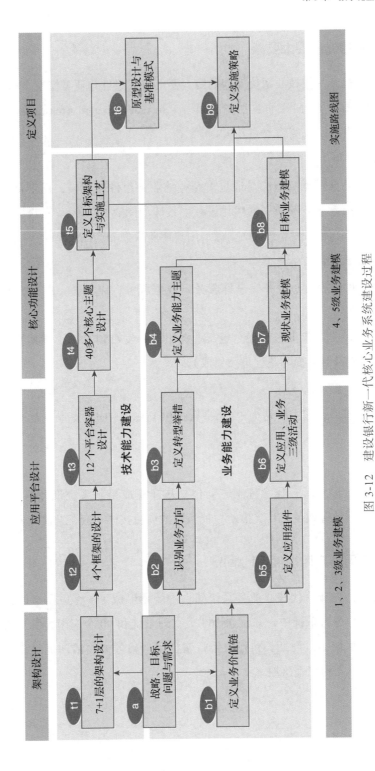

图 3-12　建设银行新一代核心业务系统建设过程

3.4.2　架构建设四大要素

建设银行新一代核心系统架构的四大要素包括组件化业务模型（Component Business Model，CBM）、面向服务的架构（Service Oriented Architecture，SOA）、云计算基础设施以及实施工艺方法。

（1）组件化业务模型

组件化业务模型的核心是通过对企业的业务组件化建模，提供企业级业务架构视图，指导业务和应用的优化设计，具体如图 3-13 所示。建设银行建立了 4 个业务模型：流程模型、数据模型、用户体验模型和产品模型。

（2）面向服务的架构

SOA 2.0 包括交易服务、事件服务、数据服务，以及 7+1 层 12P 的应用容器设计。

SOA 主要是承接业务建模，定义业务服务并发布到 ESB，与其他应用进行集成（应用内部对界面和流程进行集成）。

（3）云计算基础设施

云计算基础设施主要是为 12 个平台提供 IaaS 和 PaaS 支撑以及开发测试云平台。

（4）实施工艺方法

建设银行形成新一代实施工艺，包括从建模成果到系统设计的过程管理、文档管理、质量管理及工具支撑，保证不同的项目按同一套工艺实施。

3.4.3　应用与应用组件落地情况

建设银行在新一代核心业务系统建设中规划形成 115 个应用组件，将它们分解到 115 个逻辑系统中，并建立 260 个物理系统和 90 个应用。由于整个新一代核心业务系统建设周期长，建设银行建立了严格的架构治理机制和稳定的组织机构来保障规划完整落地。

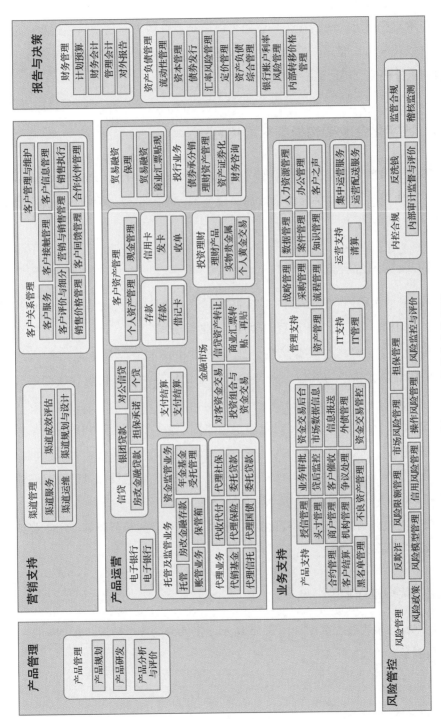

图 3-13　组件化业务模型

应用与应用组件区别在于，应用可以满足业务请求，是端到端过程；应用组件可以被复用，但无法单独满足业务需求。建设银行可以根据业务需求、基于应用组件快速、灵活地搭建应用。

3.5 数字化企业架构框架核心内容

本书提出数字化企业架构框架（Digital Enterprise Architecture Framework，DEAF），作为本书企业架构的设计和实施框架，该框架分为架构内容模型和架构过程模型两部分。

3.5.1 架构内容模型

DEAF 的架构内容模型如图 3-14 所示，分为业务架构、数据架构、应用架构和技术架构、数字化工艺流程和项目实施 6 部分。

其中，业务架构、数据架构、应用架构和技术架构是企业架构设计应包含的构建块元素，为具体企业架构设计提供指导，是架构内容模型的核心部分。

数字化工艺流程包括架构愿景、架构原则、架构标准、架构约束、架构组织和架构需求，是架构工作长期开展所需要建立的架构治理要素，按照同一套工艺流程生产出来的产物可以保持前后一致性，避免架构设计资产在日常维护中走样。

项目实施包括路线图、项目组合、项目、业务用例和资源等，用于将架构设计成果具体落地实现。

3.5.2 架构过程模型

DEAF 的架构过程模型如图 3-15 所示，主要分为 3 个阶段：规划阶段、实施阶段和运营阶段。

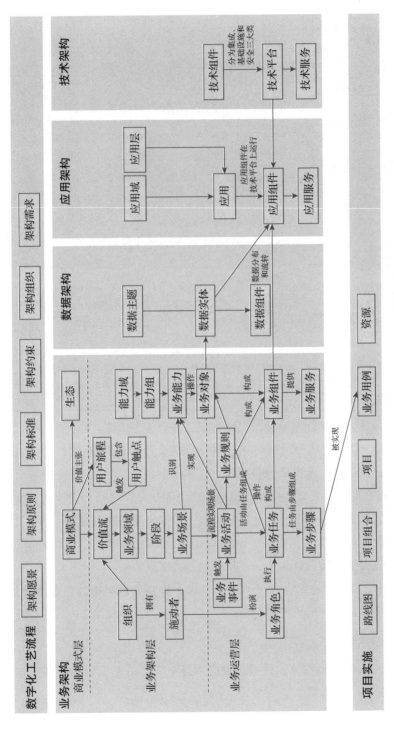

图 3-14　DEAF 的架构内容模型

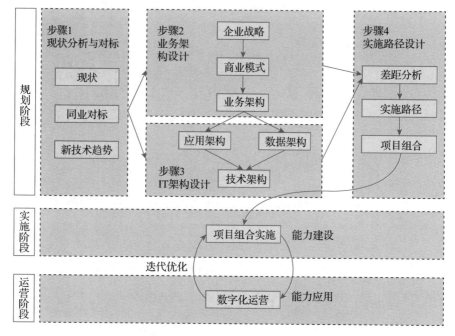

图 3-15 DEAF 的架构过程模型

1. 规划阶段

该阶段主要是规划企业架构设计方案，分为 4 个步骤。

1）第一步是现状分析与对标，即分析企业业务和 IT 现状，对标同业先进经验做法，跟踪新技术发展趋势。

2）第二步是业务架构设计，包括解读企业战略，分析商业模式，设计业务架构蓝图，开展业务建模，建立流程模型、数据模型和规则模型。

3）第三步是 IT 架构设计，包括应用架构、数据架构以及技术架构设计。架构设计以目标架构设计为主，现状架构基线梳理为辅。

4）第四步是实施路径设计，即在现状架构和目标架构的差距分析基础上，设计架构实施路径，形成项目组合。

2. 实施阶段

该阶段主要是根据实施路径，进行项目组合，需要项目群管理、架构管理和变革管理等手段支持。

3. 运营阶段

该阶段主要是将项目组合实施得到的业务能力在企业业务实际中应用，取得业务效果，完成业务目标。企业要根据运营阶段发现的问题提出改进建议，通过项目实施方式对业务能力进行迭代优化。

3.5.3　DEAF 的 5 个特点

DEAF 主要从数据化、智能化、敏捷化、生态化和体验化 5 个方向对企业架构进行升级。

1. 数据化

数据是数字经济时代新的生产要素，企业架构应高度重视数据。DEAF 在业务架构设计中关注业务对象识别，并开展企业级数据建模，努力实现数据在企业内外无边界流动。

2. 智能化

在数字经济时代，企业业务都在向线上化、数字化、智能化方向发展。企业架构需要支持智能化设计，其中核心是提炼业务规则，形成量化的业务规则模型，甚至采用机器学习、深度学习等技术生成人工智能模型，实现企业业务智能化。DEAF 将业务规则建模纳入业务架构方法中，为智能化提供了良好支持。

3. 敏捷化

传统企业架构框架较为厚重，更适合于大型企业按照较长周期进行设计。在数字经济时代，不同规模的企业都有进行数字化转型的需要，企业需要更加敏捷才能快速响应市场需求变化。因此，企业架构必须向敏捷化方向发展。DEAF 在多个方面支持敏捷化，比如将业务用例（用户故事）引入业务架构设计，这样企业可以按照敏捷开发方式进行用户故事级别的快速升级。

4. 生态化

传统企业架构框架注重企业内部的架构设计。在数字经济时代，企业必须全方位与生态融合，才能更好地进入用户生产生活场景，为用户提供产品服务。因此，企业架构需要向生态化方向发展。DEAF 高度重视生态化发展，在业务架构设计中明确企业的生态模式，并进一步通过生态中的场景来牵引更具体的业务建模。

5.体验化

传统企业架构重视业务流程。在数字经济时代，企业必须从以产品为中心向以客户为中心转变，将为用户提供极致体验作为目标。DEAF 将用户旅程引入业务架构设计，实现整个业务架构设计围绕用户旅程开展，通过用户体验来牵动企业数字化转型，为用户提供价值。

|第 4 章|_____

业务架构设计

企业架构的一个重要作用是业务和 IT 沟通的桥梁。业务架构以业务人员和 IT 人员都能理解的语言对企业业务和未来愿景进行结构化描述，以便相关方目标达成一致。可以说，业务架构是企业架构中最有魅力的组成部分，向上承接企业战略和商业模式，向下为进一步开展 IT 架构设计奠定基础。

本章首先介绍了业务架构基本概念，然后介绍了 DEAF 业务架构设计方法，接着介绍架构层的 5 个核心元素（包括用户旅程、价值流、业务能力、组织和业务对象），最后阐明运营层的 4 个核心元素（包括业务流程管理、业务数据建模、业务规则和业务组件设计）。

4.1　业务架构概念和作用

4.1.1　业务架构基本概念

《企业级业务架构设计》中对业务架构这样定义：业务架构是基于架构愿景，以实现企业战略为目标，构建企业整体业务能力规划并将其传导给技术实现端的结构化企业能力分析方法。

国外将业务架构称为 Operation Model，即运营模式，是对企业运营模式的整体描述。这种认识偏向于业务视角，与管理学语言对齐，便于业务人员理解。

本书认为，业务架构是对战略、流程、组织、信息、考核等业务要素全面、结构化的描述。业务架构打通了业务与IT，可以作为业务和IT之间有效沟通的统一语言，实现从业务需求到IT的顺利传导，从而降低信息化投资的失误风险。

业务架构可以用于单个产品线或业务领域的领域级分析，也可以用于跨产品线、业务领域的企业级分析，后者也被称为企业级业务架构。

4.1.2　业务架构的组成

业务架构在企业从战略到执行体系中所处的位置如图 4-1 所示。在纵轴上，向上为战略端，向下为执行端，业务架构位于战略规划和需求分析之间，与双方都有一些重合；在横轴上，向左为业务侧，向右为技术侧，业务架构位于业务蓝图和技术架构之间，数据架构部分带有业务属性，更接近业务架构。

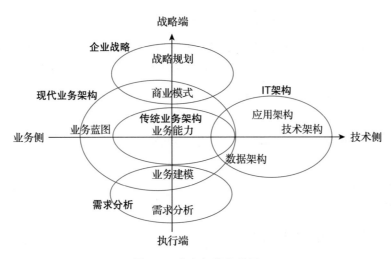

图 4-1　业务架构的位置

传统业务架构主要用于进行企业的业务能力分析，建立业务能力框架。所有和业务能力相关的内容，包括业务能力、组织结构、业务流程、业务对象、地理分布等都属于传统业务架构范畴。

战略不是业务架构的内容，而是业务架构的输入。启动业务架构项目前，企业应该已经有明确的战略规划。企业没有战略规划，直接启动业务架构项目，就需要明确描述当前战略。

商业模式说明了企业如何开展经营。从战略角度看，商业模式是战略的进一步细化，可以作为战略规划的内容。从业务架构角度看，商业模式是业务运营模式，也可以作为业务架构的内容。商业模式处于战略和业务架构两者边界重合的部分。如果前序战略规划项目中没有设计商业模式，企业可以在业务架构项目中进行商业模式设计。

传统业务架构方法主要聚焦于业务能力，不会具体到流程建模、数据建模等内容。业务流程、业务数据、业务规则等的描述一般属于需求分析范畴。但现代化的企业架构都将业务建模纳入业务架构范畴，提倡开展企业级的整体业务建模，使得业务架构更加具体化、运营化、可操作，从而能够更好地将业务需求传递给技术侧，与 IT 架构更好地衔接。

业务蓝图是完全从业务视角的规划，描述未来业务如何开展。现代化的业务架构逐步纳入业务蓝图，与业务能力分析紧密衔接。

因此，从现代化的业务架构视角来看，业务架构包含商业模式、业务蓝图、业务能力、业务建模（业务流程建模 + 数据建模等），其内涵和范围已经较传统业务架构扩大不少。

4.1.3　业务架构的作用

业务架构是 4A 企业架构中的第一个架构，可以说是企业架构的灵魂。具体来说，业务架构发挥了以下 3 方面作用。

首先，业务架构是 IT 架构设计的输入。业务架构作为业务人员和 IT 人员的共同语言，可以作为业务人员和 IT 人员的沟通桥梁，帮助业务人员和 IT 人员深度融合，让双方在企业业务愿景方面达成共识，实现从业务到 IT 的紧密衔接。

其次，业务架构可用于业务规划蓝图设计。业务架构对企业业务整体进行了结构化描述，形成企业业务全景。我们可以将业务架构作为开展企业业务规划和变革方案设计的工具，设计企业业务发展蓝图。也就是说，业务架构可以独立使用，不一定和 IT 架构一起使用。

最后，业务架构可用于需求管理。业务架构对企业业务进行了全面描述。

各单位提出的业务需求可以通过业务架构明确其所属的位置，确定涉及哪些业务组件，以便与业务架构蓝图保持一致，避免需求碎片化、离散化，更加聚焦业务能力建设和业务价值创造。

4.2 基于 DEAF 的业务架构设计

4.2.1 基于 DEAF 的业务架构设计原则

业务架构设计应遵循四项原则，具体如图 4-2 所示。

图 4-2　业务架构设计原则

1. 企业级原则

业务架构设计要遵循企业级原则，全面覆盖企业各类业务，横向到边，纵向到底，建立端到端业务流程和无边界信息流。端到端业务流程围绕用户请求创造完整的用户价值，从而打破部门墙，消除流程断点。

2. 战略引领原则

业务架构设计要遵循战略引领原则。企业战略是业务架构设计的输入，为业务架构设计提供了愿景和方向，也提供了检验业务架构设计成果的重要依据。业务架构设计不能单纯以业务部门需求为输入，否则容易被短期业绩压力影响的部门级诉求遮蔽双眼、迷失方向。

3. 以能力为中心原则

业务架构设计要以业务能力为中心。业务能力是企业战略的拆解和提炼，较战略更为具体，为企业建设提供了明确的指导。同时，业务能力有一定抽象性，可以适应业务上一定程度的变化，较具体的业务流程和需求更加稳定，避免频繁变更和碎片化需求带来的影响。如果以业务能力为中心，企业可以形成合力，长期持续聚焦业务能力建设，实现业务能力不断增长。

4. 组件化原则

业务能力由同一个业务组件来提供，不重复建设，可提高架构资产可复用性。企业进一步通过业务组件组合，可灵活支持各种类型的业务。

4.2.2　基于 DEAF 的业务架构元模型

如图 4-3 所示，基于 DEAF 的架构元模型中，业务架构分为 3 个层次：战略层、架构层和运营层。战略层主要包含商业模式和生态设计，架构层是传统的业务架构设计，战略层是从企业战略向架构设计的分解转化。运营层是架构设计向日常运营的转化和衔接。

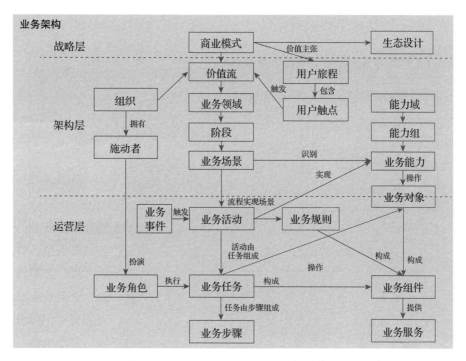

图 4-3　基于 DEAF 的业务架构元模型

架构层的核心要素包括用户旅程、价值流、业务能力、业务对象和组织。用户旅程由价值流支撑，价值流由多个价值阶段组成，每个价值阶段由若干业务能力支撑。组织拥有业务能力，业务能力使用业务对象。

运营层的核心要素包括业务流程、业务数据、业务规则和业务组件。业务流程、业务数据和业务规则偏向业务架构运营化，更为具体和可落地。业务组件是对业务流程、业务数据和业务规则的封装，负责执行业务流程、业务规则和处理业务数据，并对外提供业务服务。

企业数字化转型的目的是实现企业的业务变革。业务架构设计不仅要梳理业务现状，更重要的是描绘业务蓝图。为保证业务蓝图设计的前瞻性和先进性，企业要结合行业发展趋势、企业本身的战略、数字技术开展业务蓝图设计。

4.2.3　基于 DEAF 的业务架构设计流程

在 DEAF 中，业务架构设计流程分为业务架构能力分析、业务蓝图规划和业务建模 3 个阶段，如图 4-4 所示。

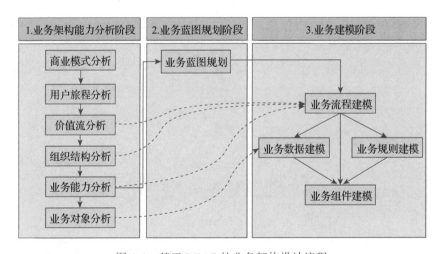

图 4-4　基于 DEAF 的业务架构设计流程

1. 业务架构能力分析阶段

该阶段是企业从企业战略出发，与先进同业对标，基于业务场景，开展商业模式分析、用户旅程分析、价值流分析、组织结构分析、业务能力分析和业务对象分析多项活动,重点是明确对未来业务能力的要求。图 4-5 所示是业务架构能力分析阶段的分析路径。

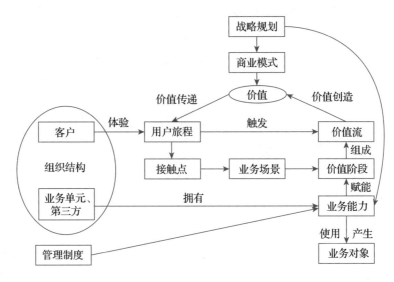

图 4-5　业务架构能力分析阶段的分析路径

1)商业模式分析。该活动主要分析企业的价值定位、运作模式和盈利模式,核心是确定企业的价值定位,即为客户提供哪些产品服务。

2)用户旅程分析。用户旅程由多个接触点组成。企业主要分析用户与企业之间按时间序列发生的各种交互,核心是在用户旅程中向用户传递价值。每一次与用户发生接触的触点都是一个业务场景,都应该向用户传递价值。

3)价值流分析。该活动主要分析企业有多少条价值流。价值流的核心是为客户创造和交付价值。每一个价值阶段都应带来价值的增长,否则就应被撤除。通过业务场景,我们可以识别价值阶段。

4)组织结构分析。该活动主要为价值流和业务能力提供组织上下文。业务架构中的组织结构涉及业务的各类参与方,包括客户、企业的业务单元、第三方合作伙伴以及各参与方构成的非正式组织。

5)业务能力分析。该活动主要分析企业业务运行所需的全部业务能力,并按照分层分级方式形成企业业务能力模型。战略规划、组织结构和管理制度等是业务能力分析的输入。业务能力为价值阶段赋能。通过价值阶段与业务能力相互关系的分析，我们可以保证业务能力的完整性。企业的业务单元和第三方合作伙伴拥有和使用业务能力。

价值流、组织结构和业务能力分析成果作为业务建模的输入。

6）业务对象分析。该活动主要分析企业业务。业务对象是企业业务的客体，业务能力会使用业务对象或产生业务对象。企业可采用信息地图对业务对象及其关系进行建模，产出业务词汇表、业务术语手册。业务对象分析成果作为业务建模的输入。

商业模式分析具体见 2.3 节。用户旅程分析、价值流分析、组织结构分析、业务能力分析和业务对象分析见 4.3 节。

该阶段的产出是用户旅程模型、价值流模型、组织结构模型（组织地图）、业务能力模型和业务对象模型（信息地图）。

2. 业务蓝图规划阶段

在该阶段，企业需要根据业务能力规划未来业务蓝图，重点是设计数字化、智能化的业务运营模式。在数字化专家的支持下，各业务条线开展业务蓝图设计工作，业务人员是该阶段工作的主体。

企业可以结合自身的业务特点和需求，合理运用数字化技术，开展业务蓝图设计，并将业务与 IT 技术紧密结合。

下面是具体的案例。

案例 1：企业原先由专家进行业务审核，依赖专家经验，业务流程效率低。在数字化转型中，企业可以建立机器自动审核为主、专家人工审核为辅的数字化业务审核机制。

案例 2：企业原先有大量的单证录入工作，都是由人工处理，不仅耗时耗力，还容易出错。在数字化转型中，企业可以引入 OCR、RPA 等技术，由机器自动完成单证录入和校对等工作，为后续业务处理做好准备。

该阶段的产出是业务变革方案。

3. 业务建模阶段

在该阶段，企业根据未来业务蓝图、业务变革方案，按照企业级、端到端原则，开展企业级业务建模，包括业务流程建模、业务数据建模、业务规则建模、业务组件建模，并在此基础上形成业务组件模型和业务服务，将业务蓝图模型化、组件化、服务化。企业的业务能力必须落实到业务建模中。

业务流程建模工作主要包括业务流程架构建立和业务流程设计。首先，在全企业范围内，企业基于价值流和业务领域划分，建立业务流程架构，形成业务活动清单。然后，企业对于每个业务活动开展业务流程设计，绘制流程图，细化分解到业务活动、业务任务和业务步骤，并形成流程描述文件。

业务数据建模工作主要包括主题域模型设计、概念数据模型设计和逻辑数据模型设计。首先，企业以业务对象建模建立的业务词汇表、业务术语手册为基础，在全企业范围内划分 10～20 个主题域。然后，企业在各领域识别重要的业务对象及其相互关系，建立实体关系模型。最后，企业为数据实体增加关键业务属性，建立逻辑数据模型。

业务规则建模工作主要是识别重要的业务决策规则并将其模型化，通过规则库进行管理，形成业务规则清单及业务规则模型。

业务组件建模工作主要是在业务流程建模、业务数据建模和业务规则建模基础上，识别业务组件，形成业务组件清单和业务组件模型。

该阶段的产出是业务流程模型、逻辑数据模型、业务规则模型和业务组件模型。

4.2.4　基于 DEAF 的业务架构设计产出

经过上述过程，业务架构设计可形成 5 类重要产出。

1）企业级业务能力模型。企业级业务能力模型是架构层的核心产出，是企业运行所需全部业务能力的集合，覆盖了企业的全部业务和组织，一般分为 3 到 6 个层次。

2）企业级业务流程模型。企业级业务流程模型是对企业全部业务流程的结构化描述，从企业级视角建立的业务流程分级模型，包括业务领域、业务环节、流程 / 子流程、活动、任务、步骤等层次。业务流程模型通过流程图和流程描述文件来表示。

3）企业级数据模型。企业级数据模型是对企业全部数据的结构化逻辑描述，与具体实现无关。企业级数据模型分为主题域模型、概念数据模型和逻辑数据模型 3 层，对业务系统数据库设计和数据仓库设计都有重要意义。

4）企业级业务规则模型。企业级业务规则模型包括企业重要的业务规则、策略、算法、模型，是对企业业务运行逻辑的描述，指导企业做决策，对实现企业自动化和智能化有重要意义。

5）企业级业务组件模型。企业在业务建模基础上分析形成业务组件。业务组件包括业务行为、数据和规则，是业务能力的实现。业务组件模型由企业所有的业务组件共同组成，为应用架构设计提供输入。

4.3　架构层设计

用户旅程、价值流、业务能力、组织和业务对象是业务架构的 5 个支柱，共同构成对企业业务架构的完整描述，为后续的由流程、角色、技术（应用、基础设施）和数据模型构成的解决方案提供蓝图指导。

其中，价值流、业务能力、组织和业务对象是 TOGAF 中的重要概念。TOGAF 中的业务信息即 DEAF 中的业务对象，在 TOGAF 中使用信息地图描述业务信息，在 DEAF 中将信息地图称为业务对象模型。

4.3.1　用户旅程

企业数字化转型必须以客户为中心，为客户提供极致的体验。若想提升客户体验，企业必须重视用户旅程。用户旅程是以客户为中心理解用户与企业的各种交互。企业在用户旅程分析基础上可以进一步提升和优化客户体验。

企业关心业务流程再造，需建立端到端业务流程，而这个"端"是指用户。端到端业务流程是从用户请求提出到用户请求被满足的全过程，用户请求触发了业务流程。可以说，用户旅程是企业向用户传递价值的核心链条，用户旅程牵引企业的数字化转型。

1. 用户旅程和用户旅程地图

用户旅程是将用户行为按时间顺序进行排序，描述了产品、企业、品牌与用户之间的各种交互。用户旅程地图按时间顺序记录了用户和产品、企业、品牌之间的所有接触点，包括发生接触的渠道。这些渠道包括线上、线下的各种渠道，用户可能使用多种渠道与企业接触。用户旅程让企业摆脱以产品为中心的模式，从用户角度来理解用户接触企业产品、品牌的动机、目的、印象和感受。理解用户并做到与用户共情是产品成功的关键。

用户旅程地图的五大要素如下。

1）用户角色。用户角色是用户在场景中扮演的角色，比如购物者、旅行者等。

2）场景和期望。这是指用户使用产品的目标、需求和期望，比如购物和旅行等场景，还涉及接触的渠道。

3）用户与产品交互的阶段划分。比如线上购物场景可以分为发现、比较、购买、使用产品以及寻求技术支持等几个阶段。

4）行为、想法和情感。行为表示用户接触产品的行为和步骤，想法是用户使用产品过程中的想法，情感是用户使用产品过程中的情绪和感受，包括喜欢、无所谓、厌恶、不满等，可以用来进一步绘制情感曲线。

5）收获。这是指产品团队从用户旅程中分析获得的认识和见解，明确了用户的痛点和改进的机会点，可以帮助进一步提升用户体验。

2. 用户旅程地图制作步骤

架构设计人员负责制作用户旅程地图，步骤如下。

第一步：实地调研，了解用户信息。

架构设计人员采用文献收集、在线调研问卷、用户访谈、用户行为分析、用户意见反馈等方法收集和评估所有的用户信息，明确哪些是还不知道或者不确定的事情，将所有分析结果补充到对用户的理解中，为下一步用户角色模型创建打基础。

第二步：创建用户角色模型。

架构设计人员对产品的主要目标用户进行分类，并为每个用户创建角色模型（包含基本信息、诉求、期望、痛点）。每一个用户角色模型应当完整地描述用户使用产品的目标和行为，每类用户角色对应不同的用户旅程地图。

第三步：绘制用户旅程地图。

在用户旅程地图中，架构设计人员要明确用户达成目标需要经历的阶段，以及映射到该阶段的用户行为。有时，用户旅程会有分支，架构设计人员需要将分支也绘制出来。在用户旅程中，架构设计人员还要描述触点及渠道并映射用户感受。

图 4-6 是一张用户旅程地图，横轴是各个阶段，纵轴是各类渠道，图中的圆

点是用户与产品的触点，不同触点串联起来表示一个用户旅程。

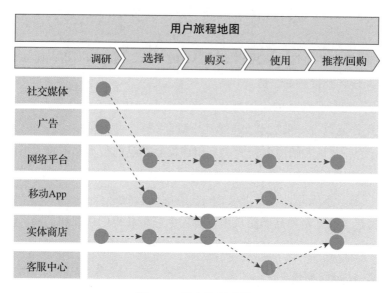

图 4-6　用户旅程地图

对于每一类用户角色，架构设计人员要单独绘制用户旅程地图，这样可以单独分析各类用户群体需求。

3. 绘制情感曲线

情感曲线也是客户体验管理的有用且形象的工具，可用于表示用户情绪的变化趋势。情感体现了用户的体验和期望的差距，体验高出期望则情绪高涨，体验低于期望则情绪低落。图 4-7 是一条情感曲线。

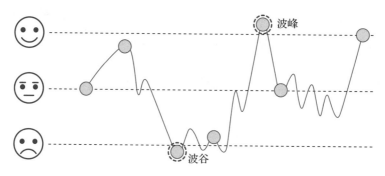

图 4-7　情感曲线

架构设计人员可以在情感曲线的波谷详细描述用户痛点，在情感曲线的波峰记录用户的爽点、惊喜点。在分析用户旅程时，架构设计人员可以考虑选取情感曲线波谷位置进行改进，以提高波谷体验、均衡情感，也可以选取在情感曲线的波峰位置进行改进，将波峰体验推向极致，让用户更加喜爱该产品，迫不及待想推荐给自己的朋友。

用户旅程将用户、场景和产品服务联系起来，体现了企业的核心价值，也有助于我们发现用户的痛点和改进机会点，进一步发现业务流程中的问题。用户旅程是业务架构的重要组成部分。企业要重视用户旅程，通过用户旅程有效牵引数字化转型工作。

4.3.2　价值流

价值流是业务架构的核心概念之一。用户旅程是向用户传递价值，价值流则体现了为用户创造价值。用户旅程依赖价值流，价值流为一个或多个用户旅程提供支持。

1. 业务架构中的价值

我们首先要理解业务架构中价值的含义。经济学中的价值是指某物的货币价值，而业务架构中价值的概念是非常宽泛的，是指某物是有用的、能带来利益的、能满足诉求的。

商业模式描述了企业为客户提供的价值是什么，即其价值主张和价值定位。企业通过为客户提供价值来赚取利润，这也是企业的生存之道。

2. 业务架构中价值流的定义

价值流是对企业创造价值方式的描述，是业务架构的价值分析方法。业务架构价值流是一个端到端增值活动集合，为客户、利益相关者或最终用户创造和交付一定的价值。这些增值活动由价值阶段表示，每个价值阶段都会为利益相关者创造和增加价值。定义价值流需要明确 4 个要素：名称、描述、利益相关者和价值，即要说明为谁创造了什么价值。

图 4-8 是一个价值流示例——消费者购买服务价值流。

图 4-8　消费者购买服务价值流示例

该价值流分为服务广告、服务选择、确定购买、使用服务和付款 5 个价值阶段。每个价值阶段都提供一定的增值。例如，服务广告阶段是告诉客户有这样的服务，服务选择阶段是促使客户选择该服务，但对客户来说都不是提供了完整的价值。只有完成了整个价值流的所有阶段，客户才会享受到服务，从而满足需求。

3. 业务架构中价值流与其他工具的比较

业务架构中的价值流不同于价值链、价值网络和精益价值流等类似提法的工具。业务架构中的价值流主要是借鉴了价值链的思路，并在两个方面进行了调整：一方面是不只是关注经济价值的增加，而是关注特定利益相关者（比如客户）需求的满足，关注价值的创造、获取和交付，是一个端到端视角；另一方面是只关注主价值链，舍弃了支持活动。

价值流是一个较为宏观视角的工具，便于审视企业为特定利益相关者创造价值的一系列活动。相比于价值流，业务流程更加细致，偏重于对运营模式的描述。运营模式描述的是企业怎么运作，是企业运用人力、财力、技术各种资源完成营销、销售、生产、交付等各种经营活动的过程。

4. 业务架构中价值流与业务能力、业务流程的关系

（1）价值流与业务能力

业务能力为价值流提供支撑，每个价值阶段由一个或多个业务能力支持。价值流和业务能力是业务架构最重要的两个产出。

图 4-9 是价值流和业务能力映射关系示例。以服务选择价值阶段为例，该阶段涉及运营管理和财务管理相关的业务能力，比如开展运营活动帮助客户下定决心。

我们可以进一步通过热力图分析业务能力现状与价值流对业务能力要求之间的差距。

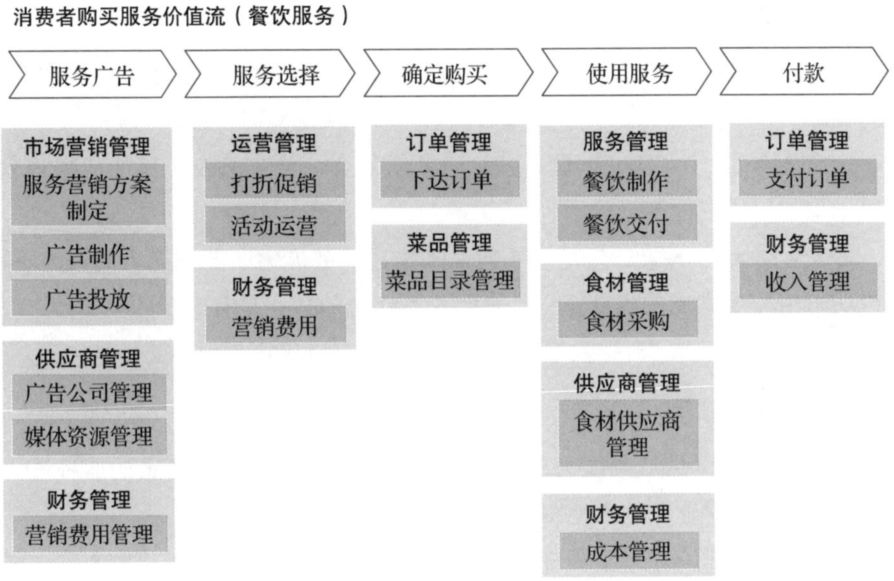

消费者购买服务价值流（餐饮服务）

图 4-9　价值流和业务能力映射关系示例

（2）价值流与业务流程

价值流进一步落实到运营层面，就细化为业务流程。一个价值阶段可以对应一个或多个业务流程。

价值流相当于企业的业务用例，聚焦于价值创造、获取和交付，屏蔽了实现细节，因而更加稳定。如果企业的商业模式不发生变化，价值流也不会发生变化。

业务流程是价值流在运营层面的具体实现方式。业务流程每三到五年需要根据组织架构的调整、技术的革新变化等进行再造和优化。

从业务建模角度看，价值流、价值阶段可用于构建业务流程架构框架，具体见 4.4.1 节。

4.3.3　业务能力

业务能力是业务架构的核心概念之一。现在，管理界动辄谈能力，基于能力进行规划。究竟什么是业务能力？为什么要使用业务能力？如何梳理、形成业务能力？

1. 业务能力定义

业务能力表示业务人员执行某些操作的能力。业务能力构建主要关注业务的行为。

定义业务能力的第一步是命名，通常用复合名词来表示，比如战略规划、保单承保、信贷审批等。

定义业务能力的第二步是用一句话来描述业务能力。业务能力的描述不需要说明事情需要完成的程度，只是表明业务能力的存在是有需要的。比如，"信贷审批"可以描述为"对贷款申请进行风险判断，以决定是否接受贷款的能力"。

2. 业务能力模型

业务能力模型是业务能力的集合，用于描绘一组完整、稳定的业务能力。建模最终产出物是业务能力地图。

一个组织通常有很多业务能力，对业务能力划分层次、颗粒度都不太一样。为了便于整体审视业务能力，并针对不同的利益相关者呈现，架构设计人员可以将业务能力分层分级。

按照 IBM CBM 组件化业务模型方法，业务能力可以分为战略、核心和支持三层。表 4-1 为业务能力分层示例。顶层通常是与战略执行相关的业务能力，比如战略规划、业务规划、资本管理、政策管理等。中间层是核心业务操作、与面向客户提供服务直接相关的能力，比如客户管理、产品管理、生产管理等。底层是为中间层提供支撑、但不直接参与对客服务的能力，比如人力资源管理、财务管理、行政管理、IT 管理等。IT 也是一种业务能力，需要放到业务能力地图中。

表 4-1　业务能力分层示例

业务能力分层	业务能力 1	业务能力 2	业务能力 3
战略层	战略规划	业务规划	合作伙伴管理
	资本管理	政策管理	品牌公关管理
核心层	客户管理	产品管理	生产管理
	销售管理	渠道管理	供应链管理
支持层	人力资源管理	财务管理	行政管理
	IT 管理	采购管理	运营管理

在分级方面，架构设计人员可以将一级能力向下持续分解到 3～6 级，具体根据组织的业务复杂程度来确定。架构设计人员可以在适当的分解级别上提供所有业务能力的可视化描述。不同的利益相关者对业务能力的关注粒度是不一样的，高层管理者关注 1～2 级能力，中层管理者关注到 3～4 级能力，具体执行人员需要关注 5～6 级能力。

3. 业务能力的作用

价值流描述了组织是如何创造价值的。业务能力关注价值流是如何实现的，为价值流提供支撑。

业务能力模型描述了组织到底需要具备哪些业务能力才能支撑价值流、实现组织的价值主张，从而实现战略目标。可以说，业务能力地图是一张蓝图，指引着具体的项目实施和日常运营，有效衔接了从战略到落地全过程。

4. 业务能力模型构建方法

第一步，梳理一共有哪些业务能力。

业务能力梳理有自上而下和自下而上两种方法。自上而下方法需要组织高层参与，先确定一级业务能力，再进一步向下分解到更细的级别。自下而上方法则可以以战略规划、商业模式、组织架构、管理制度等作为输入，进行结构化拆解分析业务能力。业务能力梳理的关键是要做到能力相互独立、不重不漏。

第二步，对业务能力进行分层分级建模。

在业务能力分级方面，我们可以参照如下原则进行分级，如企业级、跨部门的能力可以作为 1、2 级业务能力，部门级活动可以作为 3、4 级业务能力，具体的业务执行操作可以作为 5、6 级业务能力。

在业务能力分层方面，每一项业务能力要区分出是属于战略层、核心层，还是支持层。

5. 业务能力模型的应用

业务能力模型描述了一家企业拥有的业务能力，有助于进一步确定企业在哪些业务能力方面存在差距和冗余。我们可以使用热力图来表示业务能力成熟度。如表 4-2 所示，白色表示已经满足业务需要，浅灰色表示存在一定差距，灰色表示存在很大差距，深灰色表示当前不存在该能力。

表 4-2 业务能力热力图

业务能力分类	业务能力 1	业务能力 2	业务能力 3
战略	战略规划	业务规划	合作伙伴管理
	资本管理	政策管理	品牌公关管理
核心	客户管理	产品管理	生产管理
	销售管理	渠道管理	供应链管理
支持	人力资源管理	财务管理	行政管理
	IT 管理	采购管理	运营管理

我们可在热力图基础上继续进行差距分析，形成实施路径和项目组合，通过具体项目的实施来增强和补齐业务能力。

4.3.4 组织

组织结构是业务架构的核心概念之一，为企业架构提供了组织上下文。业务能力说明了业务怎么做，价值流说明了业务如何交付价值给特定的利益相关者，组织地图则识别了那些拥有或使用业务能力、参与价值流的组织单元或第三方，对于企业架构和战略落地都非常重要。

1. 组织地图

TOGAF 提出组织地图用于对组织结构进行描述。组织地图说明构成一个组织的生态系统的主要组织单元、参与方和利益相关方，以及这些实体之间的正式或非正式工作关系。

组织地图不同于传统的组织架构图。我们常见的组织架构图是把部门、委员会等组织单元罗列出来，并明确相互之间归属关系、汇报关系。传统组织架构如图 4-10 所示。传统组织架构是传统科层组织的反映，主要使用对象是组织的高级管理者和人力资源部门。

不同于传统科层组织架构的刻板僵化、反应缓慢，企业组织架构正在向液态组织转变。液态组织是一种全新的分工和协同模式，与数字化和智能化技术相配合，可以轻松突破组织边界束缚，根据工作任务的变化自我组织、自我适应。

组织地图与数字化时代的组织结构转变趋势相适应。我们可采用流动、网络的方式来描述组织结构。组织地图有两个主要特征：一是关注各个业务实体之间的关系和交互，二是这些业务实体可以超出组织的法律意义上的边界，将与组织有关系的各类第三方机构（包括供应商、经销商、合作伙伴、股东、监管机构等）纳入，形成一个更大的生态系统。这样就绘制出网络状组织地图，如图 4-11 所示。

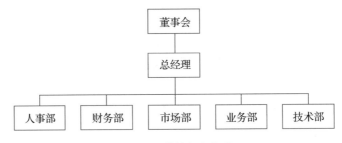

图 4-10　传统组织架构

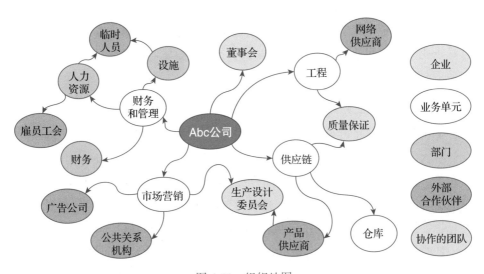

图 4-11　组织地图

来源：TOGAF 组织地图白皮书

　　组织地图的每个节点表示一个组织单元。一个组织单元可以是一个业务单元或一条业务线，也可以是在业务单元、第三方合作伙伴或供应商内部运作的功能区、部门，甚至是非正式工作组。工作组通常跨多个业务单元、相对临时。组织地图用于描述组织更丰富的结构和生动的交互协作，主要使用对象是分析师、规划者和架构师。

2. 组织地图的作用

组织地图纳入了所有受影响的业务单元，形成完整的组织视图，并描述了相关业务实体之间各种正式和非正式的业务关系和交互。组织地图可以促进各方对组织的理解。

组织地图中的业务单元或第三方可以拥有和使用业务能力，参与价值流，并且和业务对象有关系。组织地图为业务能力、价值流和业务对象提供了组织上下文。

组织地图提供业务角色目录、活动者、角色矩阵等制品，可以进一步作为业务建模的输入。

4.3.5 业务对象

信息在企业业务开展中发挥的作用越来越重要。准确、及时、一致的信息对于业务决策和业务创新非常关键。业务架构要求明确关键的业务信息及其关系。

1. 业务对象和业务对象模型

企业在业务运作过程中会获取、使用、存储和处理许多信息。现实世界中存在事物的概念表达被称为业务对象。业务对象反映了企业的业务词汇表，比如客户、保单、产品等。必须注意的是，这里的"业务对象"用于为业务建模而不是为信息系统建模。业务对象通常可以等同于概念数据模型中的数据实体，但有些业务对象是不会出现在信息系统中的，比如"客户动机"。

TOGAF 使用信息地图来表示业务对象的集合以及它们之间的关系。DEAF将信息地图称为业务对象模型。构建业务对象模型首先要列出业务对象。而识别业务对象的重要方法是从业务语言中挑选出那些名词，比如可以从管理制度等文件中获得。这些名词都是备选的业务对象，通过进一步识别可以得到业务对象。通过这种方法，我们可以找到业务中需要的业务对象。

图 4-12 是业务对象模型示例，表示一家保险公司的几个核心业务对象及其相互关系，具体为保险公司与客户签订保单，客户支付保险费给保险公司，保险公司应客户请求提供赔款，保险公司的客户经理为客户提供服务。

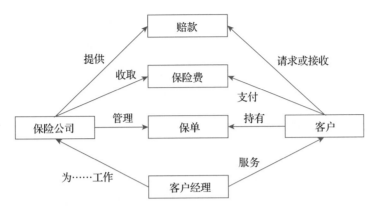

图 4-12　保险公司核心业务对象及其相互关系

2. 业务对象模型的价值

业务对象模型在业务架构中可以发挥重要的作用。业务对象模型建立了业务词汇表，可以帮助企业业务和科技人员对业务对象达成共识。

业务对象模型可以启发生成业务能力和价值流等其他业务架构制品。业务对象模型可以在业务能力和业务对象之间建立关系。价值流不会输出信息，但通过业务能力可以和业务对象建立关系。组织地图可以帮助我们在业务对象模型中定义业务对象，并通过业务能力可以和组织单元、业务对象建立关系。

业务对象模型可以有力地表达业务，并可作为数据建模的关键输入。

4.4　运营层设计：业务流程管理

业务流程管理是将企业做事的方式进行规范化，形成规范和制度，并强制执行。企业要对业务流程进行管理，首先要明确有哪些业务流程并对业务流程进行描述，其次要监控业务流程运行情况，最后要对业务流程进行治理，不断优化业务流程、提升流程效率，从而实现业务流程从设计、实施、监控到治理优化的闭环管理。

4.4.1　业务流程架构

流程管理理念已经深入人心，建设流程银行、流程企业是提升业务效率、达成业务目标的重要手段。但流程管理并不只是画流程图，一个企业往往有上百个业务流程，要实现企业级流程管理，必须有流程架构作为作战地图。本节结合华为、IBM、APQC 的流程管理方法来讨论流程架构。

1. 流程架构定义

流程架构是对企业所有业务流程分层分类，构成企业业务流程的总体视图。设计流程架构需要以公司业务战略、业界先进实践为输入，采用合理的方法体系，对业务流程进行分层分类，并明确业务流程之间的关系。流程架构通常是企业管理体系的基础。从企业架构方法来看，流程架构是业务架构的重要组成部分。流程架构必须能够落实战略要求和管理思想，同时保证先进性和前瞻性。

2. 流程分级

业务流程一般可以分为五级或六级。五级流程的划分是流程分类 L1、流程组 L2、流程 L3、活动 L4、任务 L5。六级流程的划分是流程分类 L1、流程组 L2、主流程 L3、子流程 L4、活动 L5、任务 L6。中小企业业务较为简单，可以选择五级流程划分；华为等大型企业业务较为复杂，可以选用六级流程划分。五级流程划分中的 L1～L3 以及六级流程划分中的 L1～L4 构成了流程架构。

（1）华为流程分级方法

下面介绍华为流程分级中每一级的具体含义。华为将业务流程分为 6 个层级，具体如图 4-13 所示。

第一级是流程分类，是从公司战略层面考虑总体流程，为客户创造价值，并能实现企业愿景，要求流程分类能覆盖全部业务。第二级是流程组，是从战略设计层面确定主要业务流程。第一级和第二级不涉及可执行的具体业务流程。

第三级是具体的业务流程。对于复杂的业务流程，我们需要进一步明确子流程（即第四级）。业务流程通常需要跨部门或跨团队完成。所有业务流程和子流程构成业务流程清单。

第五级和第六级是对业务流程的具体描述，包括完成业务目标所需要的具体活动和任务，任务和具体的岗位角色有对应关系。活动和任务体现业务的多样性和灵活性，是变动较多的部分。

（2）IBM 流程分级方法

业界通用的另一种业务流程分级方法是 IBM 提出的。IBM 将业务流程分为

5 个层级，具体如图 4-14 所示。这里价值链作为五级业务流程的输入，但不作为五级中的一级。

图 4-13　华为流程分级方法

图 4-14　IBM 流程分级方法

第一级是业务领域。业务领域是公司价值链环节与不同客户群体和业务线的交集。对于银行来说，客户管理、存款、贷款等都是业务领域。业务领域要能够覆盖企业全部业务。

第二级是业务阶段。一个业务领域可以划分为多个业务阶段，比如贷款业务领域可以划分为贷前、贷中、贷后等业务阶段。前两级都不涉及可执行的具体流程。

第三级是业务活动。业务活动对应端到端业务流程，响应具体的客户请求。比如从贷款申请到发放是一个 3 级业务活动，从保险申请到保单生效也是一个 3 级业务活动。

第四级是业务任务。业务任务对应一类业务角色完成的工作事项。比如，在从贷款申请到发放业务活动中，人工信审是信贷员完成的工作事项，是一个 4 级工作任务。

第五级是步骤。步骤是完成一个工作任务的多个操作，具体到某类角色如何操作，对应需求分析中的用例层次。

3. 流程分类

（1）华为流程分类方法

华为作为业界的流程管理标杆企业，很早就建立了自己的流程架构，并从集成产品研发（Integrated Product Development，IPD）流程开始逐步落实流程管理。

华为流程架构使用 OES 分类法进行分类，其一级流程分类如图 4-15 所示，共有 16 个一级流程，分类三大类：执行类（Operating）、使能类（Enabling）和支撑类（Supporting）。

华为将业务变革和信息技术放在一个一级流程中管理。业务变革和信息技术紧密关联，信息技术作为业务变革的有力手段，帮助固化流程，实现业务变革。

（2）APQC 推出的流程分类框架

流程分类框架（Process Classification Framework，PCF）是由 APQC（美国生产力与质量中心）推出的通用业务流程模型，适用于各种行业、规模和不同国家、地区的企业。

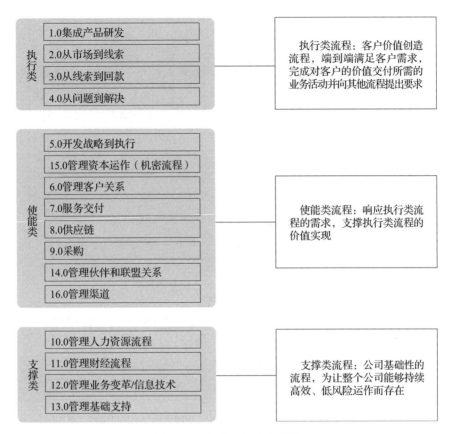

图 4-15　华为一级流程分类

　　如图 4-16 所示，PCF 将各种经营、管理和支持流程整理成 13 项企业级流程类别，每个流程类别项下包含若干流程组，并进一步分解为超过 1500 个作业流程与相关作业活动。由于其融合了多个行业的丰富实践，PCF 可以从更为宏观的视角来审视企业的业务活动，而不是从部门视角来看待业务活动。为了方便不同行业使用，PCF 还提供了不同行业（包括制造与服务、健康医疗、政府、教育、汽车、保险等）和部门业务流程的通用视图。

4. 流程架构设计示例

　　一级流程可以按照业务价值链进行划分，或者参考 PCF 来确定。图 4-17 是银行流程架构示意图。

103

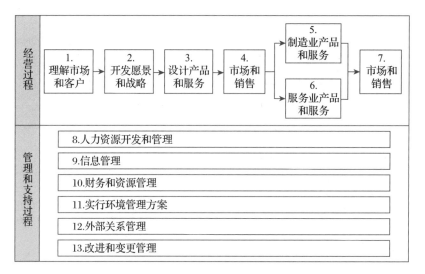

图 4-16　APQC 推出的流程分类框架

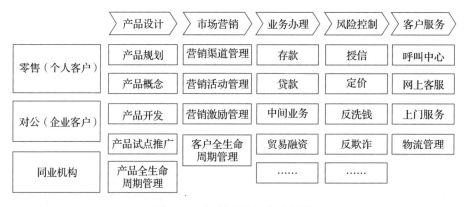

图 4-17　银行流程架构示意图

　　银行一级流程可按照业务价值链划分为产品设计、市场营销、业务办理、风险控制、客户服务以及其他支持性活动（管理、支持保障和监督评价）。二、三级流程可以按照客户、产品、渠道等进行划分。比如，银行业务从客户角度可以划分为零售（个人客户）、对公（企业客户）、同业机构 3 类，从产品角度可以划分为存款类、贷款类、中间业务类、贸易融资类，从渠道角度可以划分为网点（线下）、网络（线上）、第三方渠道 3 类。价值链各环节与客户、产品、渠道的交集构成一家银行的流程架构。

4.4.2　业务流程设计

战略让企业做正确的事，流程则让企业正确地做事。流程是企业做事的方法，由多年经验沉淀形成，是企业重要的资产。在数字经济时代，流程同样非常重要，但需要使用数字化手段进行设计，实现合规、高效地运行。

1. 流程定义

迈克尔·哈默（Michael Hammer）与詹姆斯·钱皮（James A. Champy）对业务流程有一个非常经典的定义：某一组活动为一个业务流程，这组活动有一个或多个输入，输出一个或多个结果，这些结果对客户来说是一种增值。简言之，业务流程是企业中一系列创造价值的活动的组合。

而按照 SIPOC 系统模型，流程是一组共同给客户创造价值的相互关联的业务活动，包括 5 个关键要素：供给者（Supplier）、输入（Input）、流程（Process）、输出（Output）、客户（Customer）。

流程可以被重复执行，将明确的输入转化为输出，从而为客户创造和交付价值。这也是业务目的。

流程是公司业务运营的重要载体，不仅需要快速、高质量地完成业务处理，还要遵守各种法律、政策、管理制度和内控要求。

2. 流程建模方法

业务流程需要有一套业务流程文件进行定义，流程图是描述业务流程的重要工具。基本流程图的符号和含义说明如表 4-3 所示。

表 4-3　基本流程图的符号和含义说明

符号	名称	含义
	开始或结束	表示流程的开始或结束
	流程	表示具体某一个步骤或者操作
	判定	表示条件标准，用于决策、审核、判断
	文档	表述输入或者输出的文件
	数据	表示文件的存储
	子流程	表示决定下一个步骤的子流程

业界在业务流程建模上并没有统一方法，这里介绍两个流行的流程建模方法 BPMN 和 EPC。

（1）BPMN 方法

业务流程模型与符号（Business Process Model and Notation，BPMN）是一种对业务人员友好的图形化业务流程建模标准。BPMN 提供了清晰而精准的执行语义来描述元素的操作，支持通过 XML 语言进行描述，以保证业务流程的可执行性。

最初由业务流程管理计划组织（Business Process Management Initiative，BPMI）制定和发展的 BPMN 标准，目前由对象管理组织（Object Management Group，OMG）负责维护和管理。OMG 于 2011 年推出 BPMN 2.0。由于 IBM、Oracle、SAP 等业界主流厂商参与制定，BPMN 标准已经被全球广泛接受。

BPMN 2.0 包含流程视图、协作视图和编排视图 3 种视图。流程视图由活动、事件、网关和顺序流等元素组成，每个元素都定义了有限的执行语义。协作视图通常包含两个或多个池，代表相互协作的两方或多方参与者。参与者通过消息流完成相互之间的协作交互。编排视图是一种流程类型，它更关注参与者的消息交互，而不是业务参与者执行工作的编排。

BPMN 2.0 包含 5 类元素：流对象、连接对象、数据、泳道和描述对象。

- 流对象：组成业务流程的元素，包括事件、活动和网关等对象。事件是启动、更改或完成流程的触发器。活动是由个人或机器执行的任务。网关是决策点。
- 连接对象：说明流程元素之间如何相互关联，包括顺序流、消息流、关联等对象。顺序流表示活动执行的顺序。消息流表示参与者之间的通信。关联表示工件与事件、活动或网关之间的关系。
- 数据：表示业务活动输入、输出、处理或存储的各类数据。
- 泳道：一个泳道代表流程中一个参与者的所有活动。
- 描述对象：包括组和注释，组表示活动的逻辑分组，注释用于对图表进行解释。

图 4-18 是基于 BPMN 2.0 绘制的电商流程。

（2）EPC 方法

事件驱动流程链（Event-driven Process Chain，EPC）是一种流程建模方法。

EPC 方法在 20 世纪 90 年代初期由 Keller 等人提出。企业架构工具 ARIS、SAP R3
等都是使用 EPC 进行流程建模的。

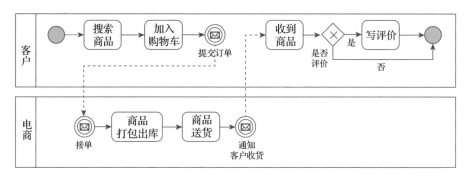

图 4-18　基于 BPMN 2.0 绘制的电商流程

EPC 方法包括 5 个主要元素：事件、功能（Function，即活动）、组织单元、
信息和规则。事件和规则在 EPC 方法中发挥着重要作用。

事件是环境的一种特定状态。当环境变化到这种状态时，就认为事件已经
发生，比如订单到达等。在 EPC 方法中，每个模型必须至少包含一个开始事件
和一个结束事件，以及零个或多个中间事件。功能和事件总是交替出现的。开
始事件会触发流程启动，中间事件会触发下一个业务活动，而结束事件是流程
的输出，并且可能触发下一个业务流程。

规则用于判断，特别是对流程分支和合并的处理以及流程的多事件触发。
判断有 3 种规则符号表示：XOR、OR 和 AND。

图 4-19 是基于 EPC 绘制的流程示例。

在本示例中，货物到达事件触发由货物接收员处理的接收货物处理流程，
订购单和提货单是输入，检验结果是输出，根据检验结果生成不会同时发生
（XOR 规则）的 3 种结束事件：交付货物事件（触发生产流程）、阻塞货物事件
（触发检验流程）、拒绝货物事件。

3. 流程设计方法

（1）传统流程设计方法

业务流程都是有目标的。业务流程设计工作应按照"目标导向、以终为始"
的思路开展，以实现流程的客户价值为目标，去倒推流程具体该如何设计和优

化。该思路可认为是第一性思维，在流程设计时帮助设计者摆脱现有流程的束缚。

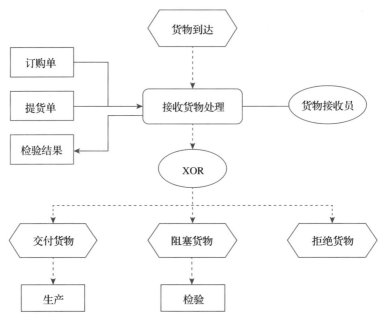

图 4-19　基于 EPC 绘制的流程示例

流程设计的原则是为客户创造更多价值或以最少的流程创造同样的价值，降低成本，缩短业务时间。

流程优化常用方法包括：减少流程环节、减少接触界面、清除闭环、明确流程支配者的职责 / 能力、改善个别步骤的效率、清除瓶颈、用并行流程取缔串行流程和分级授权等。

（2）数字化流程设计方法

数字化流程设计方法并不是对传统流程设计方法的替代，而是进一步丰富。在数字经济时代，流程再造是通过数字化、智能化的手段对流程进行再造。随着数据和数字技术的应用，很多之前必须人工处理的任务现在可以通过机器自动完成，业务线上化、自动化、智能化程度越来越高。直通式流程、直通式服务在业务场景中的应用越来越多，大幅提升端到端流程效果，提升客户服务水平，为客户提供极致体验。

以信贷业务为例，过去到银行申请贷款是一件很复杂的事情，用户需要填很多报表、交很多材料，还需要等十天半个月。现在，消费信贷已经实现了秒批、秒贷，用户登录银行 App，可以即时获得信贷额度并马上支用。这背后是基于大数据征信和自动授信模型，全程无需人工介入，用户体验很好，同时风险也得到了有效控制。

再以企业工作人员操作为例，由于遗留系统较多，某企业操作员 A 完成某项业务之前需要登录多个系统、重复录入信息，操作非常烦琐。在修改系统成本极高的情况下，企业可以引入 RPA（机器人流程自动化）技术，模拟操作员 A 的操作，让数字员工帮助操作员完成简单重复的操作，将员工解放出来投入到更加专业、更体现价值的工作中。

以保险业为例，现在很多保险公司在承保流程中实现了由承保引擎支持的保单自动承保，对于标准化保单实现了秒批；在理赔流程中，支持车主在发生事故时自己拍照上传 App，保险公司远程通过机器学习模型进行图像识别和定损，实现了极速理赔，极大地提高了理赔效率，也减掉了查勘人员现场查勘的成本。对于电话报案要求现场查勘的情况，平安保险有一项"极速查勘"服务，具体为查勘人员和车辆部署在城市的不同位置，一旦发生车辆事故，系统就根据距离、路况等因素自动判断调度哪个查勘人员到现场查勘、定损，在城市一般交通状态中可以做到 5 分钟内完成查勘，早晚高峰时 10 分钟内完成查勘。

有的保险公司将某些流程环节外包，比如将车险定损交给合作的修理厂来做，让修理厂负责修理并向保险公司报送修理费作为定损金额。保险公司不定期对合作的修理厂进行抽查，或者通过理赔大数据系统监控，如果发现有修理厂虚报修理费，则采取惩罚措施，直到将该修理厂取消合作资格来保证合作修理厂遵守规则，这样能极大降低人工成本，提高理赔效率。以上案例都是运用科技手段开展流程再造的很好的例子。

4.4.3　业务流程监控

业务流程代表了企业的生产能力，那么如何确定流程绩效或者衡量流程再造效果呢？企业需要构建和提升流程监控、分析能力，通过各项指标衡量运营流程绩效。指标可以分为结果性指标和过程性指标，帮助我们确定流程改进效果。以下举例说明。

（1）吞吐量

吞吐量是某个组织、某类业务的最大处理能力。比如，某保险公司一天可以处理 100 万张保单，这是从处理能力上讲的，可能实际一天只有 50 万张或者 80 万张保单需要处理。如果实际业务量长期超过最大业务处理能力，企业就需要考虑提升业务处理能力了。在人力成本居高不下、人力资源紧张、扩编受限的情况下，企业从数据、科技等方面要效率、提升业务处理能力成为一种必然选择。

（2）件均处理成本

件均处理成本是企业处理每一件业务的平均成本，比如保单成本、案件成本。企业通过业务流程无纸化、自动化以及建立集中运营中心来大幅降低件均处理成本。但要得到该指标，要求企业具备精细化的业务核算能力，能够按照作业成本法进行核算。

（3）处理时长

处理时长是最常用的流程指标，也是客户感受最为明显的部分。处理时长一般采用端到端流程平均处理时长，比如案件平均处理时长。但有时候平均值会掩盖一些特征，比如案件平均处理时长看上去正常，但实际业务中有不少案件处理时长大大超出平均值，也会影响客户满意度。所以，笔者在这里推荐一个以客户服务水平为依据的衡量指标——承诺处理时长。99.9%（按照六西格玛的质量控制要求，要达到 6 个 9）的业务可以在一定时间内完成，就可以对外承诺该时间为处理时长，也就是客户能感知、能信任的处理时长。比如，A 保险公司一年要处理 10 万件理赔案件，其中 99990 件都可以在 10 天内处理完毕，只有 10 件疑难杂症会超出这个时间，那么就可以对外承诺 10 天为理赔案件处理时长。

（4）单人处理件数

单人处理件数是单个员工单位时间内处理业务的数量，用于衡量个人业绩，也可用于衡量数字化赋能水平。比如，一个员工在流程再造之前一天处理 10 个案件，在流程再造之后可以处理 30 个案件，说明流程再造成效显著。

（5）线上化率

线上化率是线上处理业务占全部业务的比率，属于过程性指标。企业通过提高线上化率可以有效提升（1）～（4）各项指标。

（6）自动化率

自动化率是自动化处理业务占全部业务的比率，属于过程性指标。企业通过提高自动化率可以有效提升（1）～（4）各项指标。

4.4.4　业务流程治理

传统企业数字化转型的一个重要方面是运营模式的转型，其中关键在于降本增效，即降低运营成本并提高运营效率。

端到端流程指从客户需求提出到满足客户需求的全过程，通常描述为"从……到……"，是从客户角度看的。以保险业务为例，新签保单的端到端流程是从客户销售线索到保单出单，理赔的端到端流程是从客户提出索赔申请到客户收到赔款。

端到端流程是相对于部门职能流程而言的，企业的端到端流程通常由多个部门职能流程组成，以从线索到保单出单流程为例，前期是销售流程，然后是承保方案制作、保单审批、保单收费、保单出单等，涉及前台销售、中台承保、后台单证、财务等部门的职能流程。

过去企业开展流程优化工作时，各部门往往从本部门职能出发考虑问题，对某个点或某些片段进行局部优化。然而，部门级职能流程的局部最优并不代表企业全局最优。

企业首先需要建立流程架构和流程治理机制，明确企业到底有哪些端到端流程，指定流程负责人（流程 Owner）和控制人（负责流程优化的组织角色），并持续开展流程再造工作。企业流程再造工作往往要围绕一条端到端流程开展，以客户为中心、从客户服务水平角度来衡量流程绩效。

4.4.5　流程管理与架构管理的关系

流程管理和架构管理之间存在非常紧密的关系，如图 4-20 所示。企业通过持续开展流程再造工作，达到落实业务架构蓝图的目标。

业务架构实施落地中要加强目标管理。我们可以挑选 4.4.3 节介绍的指标来明确业务上要达到的目标，在流程架构中明确流程治理的对象，然后开展流程再造工作进行改进，通过流程监测评估改进效果、分析下一步改进方向，再进一步开展流程再造工作……如此持续迭代，直到达到业务架构实施的目标。架构治理机制和流程治理机制为上述过程提供保障。

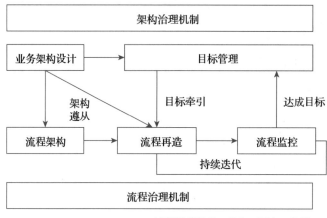

图 4-20　流程管理和架构管理的关系

4.5　运营层设计：业务数据建模

数据模型本来是数据架构的重要组成部分。但在现代化企业架构实践中，我们常常将数据建模与流程建模并列，作为业务架构设计阶段的工作，而数据建模和流程建模的成果则作为业务组件设计的输入。这也可见在数字经济时代，数据的重要性已经得到高度重视。只有在前期识别重要的数据，我们才能够构建完整的业务架构。

4.5.1　企业级数据模型设计方法

1. 为什么需要企业级数据模型

当前企业纷纷数字化转型，但在使用时发现存在数据定义不一致、数据分散、数据重复、数据质量差等问题，导致数据治理难度很大。企业即使制定了数据标准，也往往只在 OLAP 系统（ODS、数据仓库等）中应用，而很难在 OLTP 类系统（应用系统）中应用，存在落实难问题。这主要是各个应用系统在建设时都是基于部门需求自行开发或由外部厂商开发的，导致大量数据孤岛出现，给系统间数据调用和后期数据整合都带来很大困难。在系统间调用服务和数据时，开发团队需要进行两个系统间的数据转换。数据仓库在采集各个源系统数据时，也需要通过大量数据转换、映射的方式将数据与数据标准对齐，数据转换规则的维护复杂度和难度极大，数据很难在企业范围内得到一致理解。

要解决这些问题，企业需要建立企业级数据模型，从整体角度来审视数据问题，进行全局规划和落实。企业级数据模型不仅将数据标准纳入其中，还能指导各个应用系统中的数据模型设计，保证各个系统间的数据一致性和互通性。

2. 什么是企业级数据模型

当前对于数据建模，我们大多关注数据仓库的建模。企业级数据模型不同于数据仓库模型，是从全局视角对企业全部数据完整的结构化描述。企业级数据模型在企业范围内共享，可以作为企业业务人员和 IT 人员沟通的桥梁。同时，企业级数据模型还可以作为与外部合作伙伴交流的基础。

企业级数据模型是逻辑上对企业数据的描述，与具体系统的物理实现无关，与具体使用哪些数据库也没有关系。企业级数据模型可以作为 OLTP 系统（应用系统）、OLAP 系统（ODS、数据仓库等）中数据模型设计的基础和出发点。

3. 企业级数据模型的层次

参考 IBM FSDM 模型，企业级数据模型可以分为 A 模型、B 模型、C 模型、C′ 模型和 D 模型。其中，A 模型、B 模型、C 模型属于企业级数据模型，C′ 模型和 D 模型属于应用级数据模型。企业级数据模型如图 4-21 所示，A 模型是主题域模型，B 模型是概念数据模型，C 模型是逻辑数据模型，三个模型从上到下依次更加丰富。

（1）主题域模型

主题是对企业数据进行归纳、分类形成的抽象概念，一个主题对应的数据域称为主题域。一个企业的主题域数量一般在 10～20 之间，典型的主题域包括参与方、产品、合约、事件等。

主题域模型需要在企业高管层和各部门层面达成一致，以便作为进一步形成概念数据模型的基础。

（2）概念数据模型

每个主题可以进一步细分为很多业务对象，一般每个主题域包括 10～20 个业务对象。概念数据模型描述的是业务对象及其之间的关系，可以使用实体关系模型（E-R图）来表示。关系可以是一对多、多对多等。概念数据模型主要是由业务专家参与形成的。

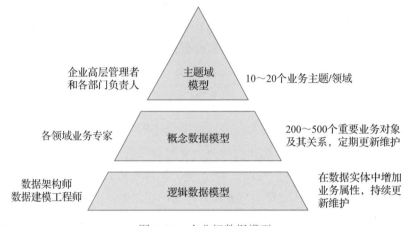

图 4-21 企业级数据模型

（3）逻辑数据模型

企业级逻辑数据模型是企业级数据模型最重要的组成部分。逻辑数据模型主要是对业务对象进行细化，增加了关键数据属性、主外键等细节，设计时一般要求遵从第三范式（3NF）。逻辑数据模型仍然是与具体技术无关的。逻辑数据模型需要业务专家、架构设计人员、数据模型工程师共同参与构建。

4. 企业级数据模型的重要价值

企业级数据模型是企业内部所有应用系统中数据模型设计的起点。在构建具体的应用级数据模型（ODS、数据仓库、数据集市和应用系统）时，首先要基于企业级逻辑数据模型按照应用覆盖数据范围切分和创建出一个应用级逻辑数据模型。应用级逻辑模型是企业级逻辑数据模型的一部分。

企业级数据模型的价值如下。

1）企业级数据模型可以实现企业内部应用间数据共享。企业级数据模型帮助企业内部各应用系统实现互联互通、数据共享。

2）企业级数据模型可以有效提升数据质量。企业级数据模型将数据标准集成在模型内部，保证了应用系统数据库表设计对于企业数据标准的贯彻执行，而且在数据模型中某类数据是全局唯一的，能够避免数据重复冗余。

3）基于企业级数据模型可以有效划分业务领域和应用边界。比如，网商银行基于 FSDM、FS-LDM，结合阿里巴巴实践，提出了互联网金融信息基础服务模型——飞马模型，基于飞马模型对应用架构进行合理设计和划分，进一步建设信息系统。

4）企业级数据模型可以整合利用外部数据。在设计企业级数据标准过程中，企业吸收外部行业数据标准，提升了共享、使用行业公共数据（比如客户数据、行政区域数据等基础数据）的能力。

5）企业级数据模型可以整合外购系统。对于外购系统，企业可以基于企业级逻辑模型封装一层数据映射，保证外购系统与企业内系统的交互都是基于数据标准的。这样就保证外购系统也能和其他应用系统进行符合企业数据标准的交互。

5. 企业级数据模型设计步骤

企业级数据模型设计可采用自顶向下和自底向上相结合的方式。首先，按照自顶向下的方式，架构设计人员站在企业整体视角，从企业战略和高层出发，结合行业参考数据模型、最佳实践等构建企业级数据模型的整体框架。然后，架构设计人员采取自底向上的方式，通过现状调研获取企业内部管理制度、业务流程、系统设计文档、物理模型、接口定义等信息，为数据模型增加各类细节信息。

如图 4-22 所示，企业级数据模型设计以架构层的业务对象建模结果——业务对象模型作为输入，分为 3 个主要步骤：主题域模型设计、概念数据模型设计、逻辑数据模型设计。

图 4-22　企业级数据模型设计步骤

前序步骤：业务对象建模

企业内部多个业务部门对于同一个业务概念会有不同的认识。为了保证在企业级层面对业务概念形成统一认识，企业有必要梳理内部所有的核心术语定义以及术语的关系，形成统一的、各部门共同认可的业务术语手册或业务词汇表，即建立业务对象模型，具体见 4.3.5 节。

步骤 1：主题域模型设计

主题域模型设计是搭建企业级数据模型的顶层框架，需要企业内各部门广泛参与，经过充分讨论后达成共识，并得到企业高级管理层的认可。主题域模型要能够覆盖企业重要的业务主题，避免重大遗漏。

步骤 2：概念数据模型设计

概念数据模型设计要从企业角度出发，不局限于某个特定业务领域或系统。概念数据模型设计首先要识别各主题域下的具体业务对象，再对业务对象进行抽象和分类，最后识别业务对象及其分类之间的关系。

步骤 3：逻辑数据模型设计

逻辑数据模型是在概念数据模型上补充细节，包括增加逻辑数据实体、补充主外键、关键数据属性、业务规则、取值范围等。企业要在逻辑数据模型中将数据标准落实，并遵循第三范式要求。

4.5.2　FSDM 介绍

基于多年来各行业丰富的数据模型设计实践，业界诞生了不少行业参考数据模型，为我们学习和开展数据模型设计提供了借鉴。比如，IBM 总结了银行业、电信业、保险业、零售业、医疗业的行业数据模型。

金融数据服务模型（Financial Service Data Model，FSDM）由 IBM 开发并在 20 世纪 90 年代初推出，是专门用于金融行业构建核心应用系统或者数据仓库的数据模型，在全球银行业得到广泛应用。

FSDM 是一个企业级数据模型，包括 5000 多个数据项，覆盖了银行业约80% 的业务数据。FSDM 以数据为中心，从企业视角提供了自顶向下建立数据蓝图的方法。

1. FSDM 的分层框架

如图 4-23 所示，FSDM 自上而下从概念层到物理层逐渐细化，分为 A 模型、B 模型、C 模型、C′ 模型和 D 模型。

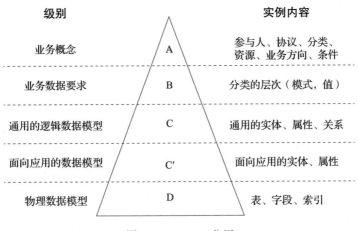

图 4-23　FSDM 分层

A、B 模型为概念数据模型，A 模型包含九大业务概念，B 模型是在 A 模型基础上进一步细分。概念数据模型对于数据仓库主题域划分有重要意义。

C 模型是逻辑数据模型，提供特定业务范围内的完整属性视图，包括实体、属性和实体之间的关系，是基于目标能力需求及现状构建的数据库表结构。

C′ 模型在 C 模型基础上按应用进行划分，并增加派生数据以及可控的冗余数据。

D 模型是物理数据模型，与具体使用的数据库有关，包含索引等信息。

2. FSDM 九大概念定义

FSDM 提出的九大概念——参与者、地点、事件、资源项、产品、条件、合约、业务方向、分类，可作为不同业务领域金融模型的通用性描述。IBM 在其他行业的数据模型中也提出同样的九大概念，同样具有一定的行业通用性。

1）参与者（Involved Party，IP）：和金融机构相关的个人或组织的数据，具体包括银行内部的组织机构、员工和外部的个人客户、公司客户、同业客户、合作伙伴等。

2）地点（Location，LO）：和位置、地址和地理区域有关的数据，具体包括电话号码、邮件寄送地址、电子邮件、行政区域等。

3）事件（Event，EV）：关系到金融机构所发生的事情的数据，例如交易、政治事件、沟通等。

4）资源项（Resource Item，RI）：对金融机构有价值的事物的数据，金融机构可以拥有、管理和使用这些事物，或借助这些事物来开展和完成业务。例如现金、建筑、客户抵质押资产、金融市场信息、办公设备、交付系统或重要空白凭证等。

5）产品（Product，PD）：金融机构或其他组织提供的产品服务，以及产品服务的结构和生命周期中的数据。我们可以把产品理解为银行生产出来的可销售的金融样品或模板，产品还是未经客户购买或使用的（未实例化）。只有当客户购买并使用产品时，产品概念才得以实例化。实例化是将产品关联"加载"到合约后，再向客户提供服务来实现的。

6）条件（Condition，CD）：描述银行对运营方式的需求，包括这些需求的先决条件或资格标准以及约束和限制。条件用于描述金融产品、合约的相关条款以及业务运营中的一些业务规则等，例如利率、费率、期限、限定条件、规则条件、定价结构等。

7）合约（Arrangement，AR）：参与者之间的安排、协议或者合同的数据。合约涵盖了账户概念，包含客户与银行签订的约束双方权利与义务的协议条款，以据此出售、交换或提供产品服务或资源项。合约主题包括协议、账户、借据、介质等主要实体。

8）业务方向（Business Direction，BD）：记录参与者执行业务的意图，表明了业务运营的方向、计划、目标等，包括营销计划、财务计划、日程表、目标定义等。

9）分类（Classification，CL）：其他 8 个概念中多于一个实例的数据组或集合，例如币种、语言、客户分群、资源项分群、总账结构、渠道分类等。

3. FSDM 九大概念之间的关系

图 4-24 展示了九大概念之间的关系。

1）参与者、产品和合约之间的关系。银行和客户建立合约关系，客户拥有产品，产品实例化为合约。

2）产品、合约和条件之间的关系。条件定义产品价格、周期，合约是产品的实例化，包括多个条件。

3）参与者、资源项、位置之间的关系。银行管理、使用和拥有资源，资源位于某个地点,银行在某个地点开办网点。资源项还可以是抵/质押合约的担保物。合约有对账单地址。

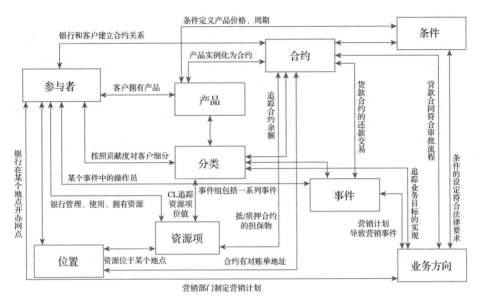

图 4-24　FSDM 九大概念之间的关系

4)事件与其他概念的关系。合约规定各类交易为事件,事件由参与者(客户或柜员)来操作。业务方向引发事件,比如营销计划引发营销事件。

5)分类与其他概念的关系。分类有利于追踪合约余额、资源项、业务目标的实现。产品有很多分类,相关的事件可以组成事件组。

6)业务方向与其他概念的关系。营销部门制定营销计划,营销计划导致营销事件,贷款合约要符合审批流程,条件的设定要符合法律要求等。

4.5.3　网商银行金融信息模型——飞马模型

随着支付宝、余额宝的崛起,互联网金融拉开大幕。互联网金融依托大数据、人工智能等技术,可以低成本为长尾用户提供金融服务,践行普惠金融。互联网金融、数字金融虽然看起来使用的技术更加先进,但并没有脱离金融本质。网商银行在总结其互联网金融实践基础上,融合 IBM 金融服务数据模型 FSDM,形成了更符合互联网金融特色的金融信息基础服务模型——飞马模型。

1. 飞马模型的由来

飞马模型并不是凭空想象出来的，它是网商银行在构建能力打通、组件化、服务化、共享化的敏捷服务中心过程中逐步摸索出来的。

网商银行经过多年实践，通过对应用系统拆分、微服务化、单元化等改造，逐渐实现从单体架构向微服务架构迁移，形成了一整套组件化、可重用的金融能力。在这个过程中，网商银行经过大量论证和实践，明确哪些业务、哪些系统先拆，哪些后拆，上下的层次关系或者左右调用关系是怎么样的，服务粒度怎么确定。在实践过程中，网商银行采用了多级多域架构划分方式，每个架构域都是闭环领域，其中又包含很多系统和组件，各自以服务的形式进行交互、管理数据和分工协作。这样最终形成了全局的互联网金融基础信息模型——飞马模型。

2. 飞马模型介绍

飞马模型的全称是"互联网金融信息模型"。飞马模型可以覆盖银行、证券和保险业务场景，有利于全局最优的金融信息互通集成标准的建立。

如图 4-25 所示，飞马模型包括九大主题：产品、合约、条件、参与者、账户、事件、渠道、资源项、位置。与 FSDM 的 9 大概念（参与者、合约、条件、产品、位置、分类、业务方向、事件、资源项）相比，飞马模型少了分类和业务方向，增加了账户和渠道两个主题，更加贴合金融业务特点。

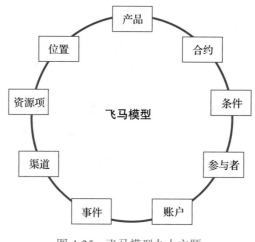

图 4-25 飞马模型九大主题

账户概念来源于会计核算中的会计账户。银行账户是客户在银行开立的存款账户、贷款账户、往来账户的总称。银行业务是在账户体系基础上为个人和公司客户提供各种金融服务。账户体系定义所有的操作均以交易的形式发生，也就是信息模型中的事件。

渠道是银行为客户提供金融产品服务的场所。渠道的作用在于触达客户、传递产品服务、达成交易。传统金融机构同时拥有线下渠道和线上渠道。互联网金融使用全线上渠道。这决定了互联网金融的业务模式与传统金融机构的业务模式有较大差异。渠道对于互联网金融来说意义更大。互联网渠道不仅能完成触达客户、传递产品服务、达成交易的基本作用，还能带来全新、优质的服务体验，通过客户黏性优势，进而衍生出新的金融产品服务，创造了渠道的第四种功能。

飞马模型不仅突出了新的概念，还对已有的概念做了新的诠释，比如产品和事件。产品是银行基于具体需求，向客户提供的一组业务服务组合。事件是银行根据客户、内部人员的指令或协议约定，通过具体的业务服务即时或定时执行的业务操作行为。

3. 飞马模型指导业务中台建设

（1）业务中台建设的方法论

网商银行以飞马模型为指导，通过业务抽象、领域建模，建立了自身领域的业务模型、领域模型等，并以服务为中心对外提供统一的、标准的数据和服务。业务中台解决了主要的共性问题，通过配置等方式支持不同业务的个性化内容。

（2）业务中台建设的标准和机制

网商银行通过建立业务身份、能力、扩展点等业务领域的概念标准，能力管控、流程编排等系统运行时标准，使各团队能互联互通、共享共建，以统一的标准进行需求分析、技术开发和复用。

4.6　运营层设计：业务规则

在数字经济时代，业务规则已经与数据信息一样成为企业的重要资产。企业可以开展业务规则建模将业务规则梳理出来，并通过规则库和规则引擎对业务规则进行管理和使用，提升业务流程自动化和智能化水平。

4.6.1 业务规则基本概念

1.业务规则的定义

业务规则是指对业务定义和约束的描述，用于保持业务的结构或限定和控制业务的某些行为。业务规则本质是一种业务逻辑。与业务相关的操作规范、管理章程、规章制度、行业标准等都可以被称为业务规则。业务规则可以理解为：设置一个条件集合，当满足这个条件集合的时候，触发一个或者多个动作。

业务规则采用类自然语言描述，并存储在规则库中。这种语言便于业务人员理解，实时创建、更新和调试业务规则。通过建设规则库，企业可以不断积累经验，实现对业务逻辑的知识管理。业务规则和数据一样成为企业的重要资产。

业务规则构成的复杂业务逻辑可以由规则引擎来执行。规则引擎将业务决策从应用程序代码中分离出来形成独立的业务规则，它接受数据输入，解释业务规则，并根据业务规则做出业务决策。规则引擎又被称为决策引擎，已经成为数字化应用架构设计中必须考虑的组件。

2.业务规则举例

业务规则在各类业务场景中得到了广泛应用，具体举例如下。

示例 1　汽车保险场景中的一条规则如下。

如果汽车是红色的、运动型的，驾驶员是男性、在 16～24 岁之间，保险费用增加 15%。

在汽车保险场景中，该规则用于识别危险驾驶的可能性，通过收取更多保险费来覆盖因危险驾驶带来的损失。

示例 2　在信用卡申请场景中额度判断规则如下。

规则 1：如果申请人有房有车，或者月收入在 30 000 元以上，发放的信用卡额度为 25 000 元。

规则 2：如果申请人没房没车，但月收入在 15 000～30 000 元之间，发放的信用卡额度为 10 000 元。

规则 3 ：如果申请人没房没车，月收入在 15 000 元以下，发放的信用卡额度为 5000 元。

规则 4 ：如果申请人有房没车或者没房但有车，月收入在 15 000 元以下，发放的信用卡额度为 8000 元。

规则 5 ：如果申请人有房没车或者没房但有车，月收入在 15 000～30 000 元之间，发放的信用卡额度为 12 000 元。

在该场景中，业务规则用于分析申请者的房产、汽车和月收入等情况，以确定信用卡额度。可见，业务规则在各类业务开展中发挥着非常重要的作用。

3. 业务规则的重要意义

数字化生产力发挥的作用有两种：一种是为业务和管理决策提供辅助分析支持，另一种是直接嵌入业务流程。后一种方式可以帮助企业大大提升流程自动化和智能化程度。机器通过数据、规则、模型的运算进行判断和得到结果，很大程度上替代了过去人工凭借经验决策的方式。规则促进了自动化，模型促进了智能化。举例来说，线上信贷业务中使用大数据风控技术，基于准入规则、授信模型、用信模型等，实现秒级授信、秒级用信和放款，为客户提供了极致体验。

过去传统上将业务规则作为业务流程的一部分来看，但在数字经济时代，业务规则建模的重要性进一步增强，需要提升到更高的层次。笔者将业务规则建模与业务流程建模、数据建模并列，共同服务于业务建模工作。所谓"业务规则建模"，是对业务规则进行结构化描述。建模后的业务规则进一步可以存储在规则库中，并基于规则引擎进行自动处理。

4. 基于业务规则的需求分析方法

2010 年以来，业界认识到需求分析是传统系统开发生命周期中的重要且薄弱环节，提出一种新的基于业务规则的需求收集和规范方法。该方法基于对业务策略的分析，以识别核心业务实体和管理其各自数据状态更改为规则，然后将这些规则捕获并构建为决策模型，并在系统中以可执行文件的形式实现，也就是说业务规则是业务策略的实现。DDD（领域驱动设计）就是此类方法中的一种。

与流行的以数据和流程为中心的需求方法相反，基于业务规则的需求分析方法认为数据或流程是依赖于规则的，因为可以从规则中得出对数据和流程的要求，相反则做不到。例如，有一条业务规则为：如果用户小于 18 岁，不允许申请信用卡，该规则涉及对数据（用户数据）的要求和对流程（申请信用卡）的要求。

业务规则还定义了业务数据的质量。输入数据时，我们要使用业务规则验证数据；数据输出时，我们要根据业务规则生产数据。无论哪种情况，业务规则都是数据质量的保障。

4.6.2　业务规则的表示

业务规则的表示可以用来捕获、存储和实现业务规则。架构设计人员可以使用 BPMN 等建模语言来描述业务规则。具体的业务规则表示形式如下。

（1）单条规则

单条规则包括条件、事实和决策以及算子（比较运算、布尔运算、算术运算）。决策是满足条件后要执行的动作。对于单条规则，如果事实满足条件，执行决策。

比如信用卡申请示例中，申请人的房产、汽车和月收入情况属于事实，申请人有房、无房等属于条件，信用卡额度则是决策。

（2）规则集

规则集是一组普通规则和循环规则构成的集合，是使用频率最高的一种业务规则实现方式。规则集中的所有规则一起执行。规则集的执行结果与所有规则执行结果中优先级最高的一条保持一致，可用如下公式表示：

$$规则集的执行结果 = Max(Sort(规则执行结果，优先级))$$

例如，信用卡授信规则集中有 3 条规则 A、B、C，规则 A 执行结果为低风险，规则 B 执行结果为中风险，规则 C 执行结果为高风险，则该规则集执行结果为高风险。

（3）决策树

决策树是用树形结构来展示和构建规则，可以拆解为规则执行和执行结果的组合决策。图 4-26 为决策树示例。

（4）决策表

决策表包含横向和纵向两个维度的特征，通过两个维度特征的不同范围，交叉决策结果。决策表也称为决策矩阵。表 4-4 为决策表示例。

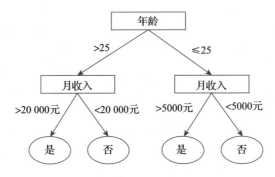

图 4-26　决策树示例

表 4-4　决策表示例

	$Y\geqslant 60$	$Y<60$
$X>120$	A	B
$X\leqslant 200$ 且 $X>120$	B	A
$X\leqslant 120$	A	C

（5）评分卡

评分卡是针对某个对象的一些属性值进行评分。举例来说，芝麻信用就是根据一定规则给出用户的信用评分。评分卡又分为概率评分卡和刻度评分卡。概率评分卡是将概率值转换为分数。举例来说，在信贷风控场景中，系统首先基于模型获得违约概率，再把概率值转换为分数。刻度评分卡是根据变量的不同取值直接转换为分数。表 4-5 是信用卡申请场景中的评分卡示例，该评分卡属于刻度评分卡。

表 4-5　评分卡示例

变量	变量分栏	申请评分
性别	男性	9
	女性	27
	其他	16
主申请人年龄	$\leqslant 25$	9
	>25 且 $\leqslant 30$	20
	>30 且 $\leqslant 45$	32
	>45	20
	其他	22

(续)

变量	变量分栏	申请评分
月收入 / 元	<10 000	9
	<20 000，≥10 000	18
	<40 000，≥20 000	32
	≥40 000	53

（6）决策流

决策流的结构类似于工作流，用来对已有的规则集、决策树、决策表、模型或其他决策流的执行顺序进行编排，直观实现一个大且复杂的业务规则。在编排过程中，用户可以选择串行执行、并行执行或者根据条件选择分支执行。图 4-27 为决策流示例。

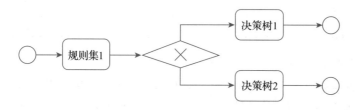

图 4-27　决策流示例

4.6.3　数学模型

数学模型可用于表达更加复杂的业务规则，例如风险控制规则和营销规则。数学模型作为一种决策节点，与其他业务规则一起在业务决策中发挥作用。引入数据模型后，业务处理具备智能能力。

从风险控制来看，规则在准入和反欺诈识别上有更好的应用，而数学模型可以通过更多维度特征的评估，识别团伙欺诈和信用风险。根据不同的构建方式，数学模型可分为专家规则模型、统计模型和机器学习模型。

1）专家规则模型。将审批人的经验总结成一条条业务规则，建立专家规则模型。实际上，这种模型可以使用前面介绍的规则集、决策流等方式进行实现和管理。

2）统计模型。通过统计方法对样本数据进行分析拟合，建立统计模型。

3）机器学习模型。使用机器学习、强化学习算法，由机器自主学习形成机器学习模型。

数学模型工作有两个前提：一是具有相同特征的数据经过数学模型运算一定得到相同的结果；二是未来数据与历史数据有同样的规律。因此，数学模型和数据有着密切的关系。然而，数据会不断发生变化，数学模型的适用性也可能随时间推移而出现退化。因此，数学模型特别是统计模型和机器学习模型，需要持续学习和训练以保证适用性。数学模型的质量可以使用 KS 值（区分度）来表示。区分度越高表示模型质量越好。同时，相对于普通规则，数学模型的可解释性有较大差异，其中机器学习模型的可解释性较低。可解释性也是判断数学模型是否可用的重要指标。

4.7 运营层设计：业务组件

企业级流程模型和企业级数据模型构建完成之后，我们就进入了业务组件分析阶段。这一阶段的核心产出是业务组件清单以及基于业务组件形成的业务服务清单。

在流程建模、数据建模和业务规则建模基础上，架构设计人员开展业务组件分析工作，以主题域划分边界，将主题域实体相关的任务及相关业务规则聚合在一起构成一个业务组件。业务组件的行为主要是对数据实体进行增、删、改、查以及业务处理。企业所有的业务组件构成了业务组件模型。业务组件包含行为、数据和规则，代表企业的一种业务能力。业务组件定位在任务级别，实现企业级业务能力复用。

4.7.1 IBM CBM 方法中的业务组件

IBM 在组件化业务模型（Component Business Model，CBM）中提出了业务组件概念。不同于业务流程或业务活动，业务组件是将企业的业务功能或者说业务能力进行了模块化封装。业务组件是在业务管理中借鉴了软件工程思想，遵循了高内聚、低耦合原则，目标是要建立组件化、服务化的企业架构。

如图 4-28 展示了一个业务组件模型示例，由一个二维矩阵表示。横轴表示企业级业务能力，完整覆盖了企业的业务范围。纵轴表示企业的责任级别，分为战略、管理和操作 3 个级别。二维矩阵的每一个交叉点是某一企业级业务能力在某一管理层级下的具体业务能力，该业务能力的实现需要由一个或多个业务组件来支撑。

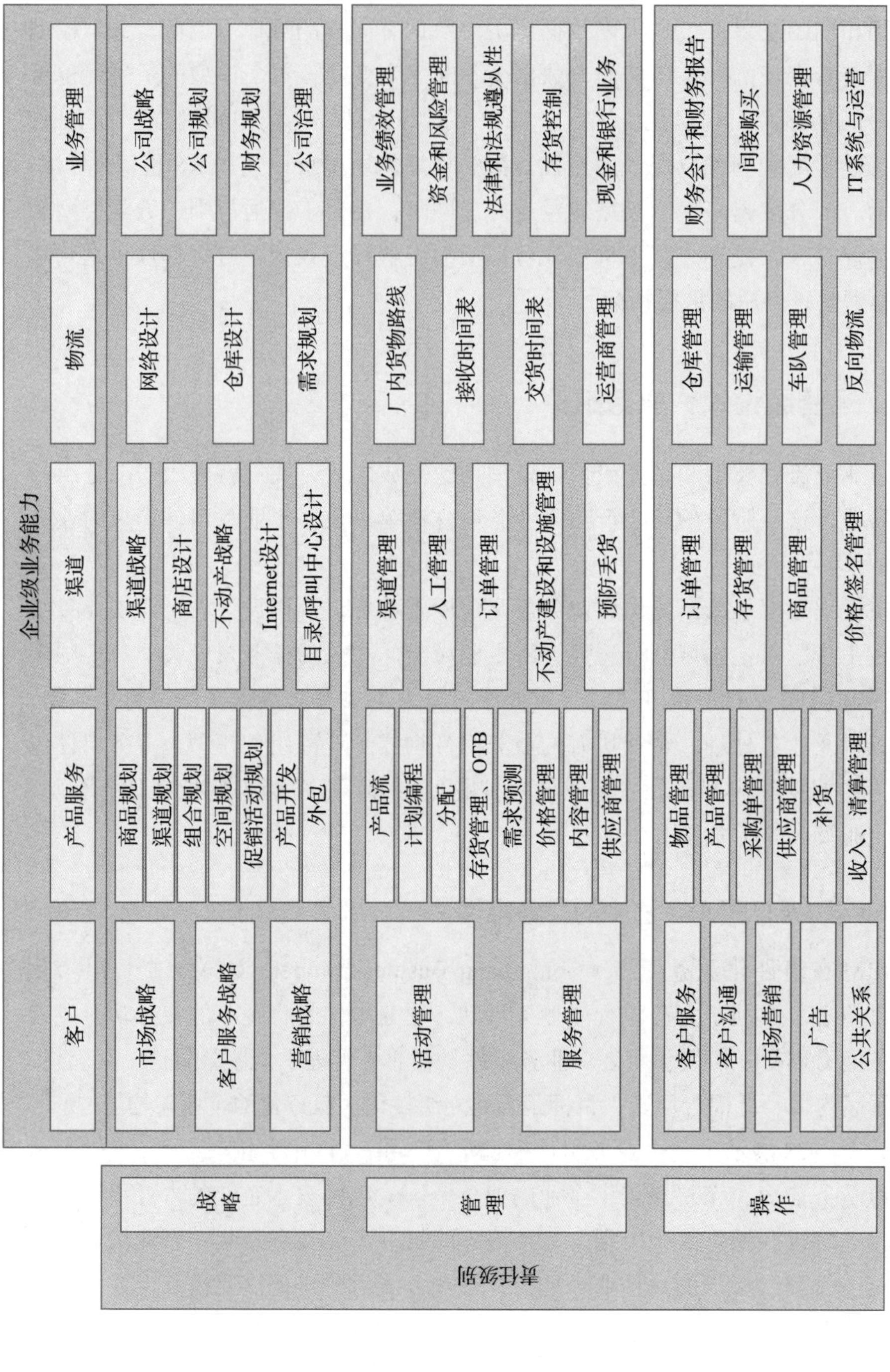
企业级业务能力
客户
产品服务
渠道
物流
业务管理
市场战略
客户服务战略
营销战略
商品规划
渠道规划
组合规划
空间规划
促销活动规划
产品开发
外包
渠道战略
商店设计
不动产战略
Internet设计
目录/呼叫中心设计
网络设计
仓库设计
需求规划
公司战略
公司规划
财务规划
公司治理
活动管理
服务管理
产品流
计划编程
分配
存货管理、OTB
需求预测
价格管理
内容管理
供应商管理
渠道管理
人工管理
订单管理
不动产建设和设施管理
预防丢货
厂内货物路线
接收时间表
交货时间表
运营商管理
业务绩效管理
资金和风险管理
法律和法规遵从性
存货控制
现金和银行业务
客户服务
客户沟通
市场营销
广告
公共关系
物品管理
产品管理
采购单管理
供应商管理
补货
收入、清算管理
订单管理
存货管理
商品管理
价格/签名管理
仓库管理
运输管理
车队管理
反向物流
财务会计和财务报告
间接购买
人力资源管理
IT系统与运营
战略
管理
操作
责任级别

图 4-28　业务组件模型（零售业示例）

来源：IBM 全球企业咨询服务部

如图 4-29 所示，每个业务组件有 5 个维度，包括用途、活动、资源、治理和服务。业务用途是指业务组件在组织中存在的目的，表明它向其他组件提供什么价值。为了达到业务目的，业务组件需要执行一系列业务活动，并由人员、知识和资产等资源提供支持。治理是对活动和资源的管理。业务组件可以接收其他组件提供的业务服务，也可以向其他组件提供业务服务。

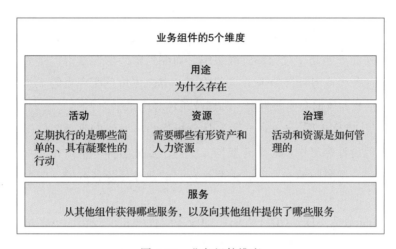

图 4-29　业务组件维度

来源：IBM 全球企业咨询服务部

在 IBM CBM 方法中，业务组件由人员、技术和资产等资源组成，执行一系列业务活动，并通过业务服务向外提供业务价值。业务组件是业务活动的聚合，比业务活动的颗粒度要大。业务活动必须属于且只属于一个业务组件。

4.7.2　聚合架构方法中的业务组件

聚合架构方法[⊖]中也介绍了业务组件，这里的业务组件是流程模型的一部分，业务组件的作用主要是将业务任务和业务数据封装起来，通过业务组件进行业务流程的串接。业务活动负责业务组件的串接，通过业务组件的不同组合实现业务流程的灵活装配。业务组件设计中还有一点是特别重要的，就是要明确业务组件的属主，让业务部门在业务架构中能找到自己的位置。这样业务组

⊖　付晓岩 . 聚合架构——面向数字生态的构件化企业架构 [M]. 北京：机械工业出版社，2021.

件又与组织架构建立起了关系，有利于业务架构的长期维护和发展。

4.7.3 两种方法中的业务组件对比

聚合架构方法中的业务组件虽然名称和 IBM CBM 方法中的业务组件名称一样，但实质有若干不同，具体比较如下。

1）颗粒度和层次不同。在 CBM 方法中，业务组件是业务能力的封装。CBM 表达的是企业的业务能力模型。其业务组件的颗粒度较粗，一个业务组件包含一系列业务活动，对应部门级组织。而在聚合架构方法中，业务组件包含一类业务任务。业务任务是业务流程中某一类岗位角色所完成的工作。业务组件是业务任务和数据实体的封装，和岗位角色对应。

2）工作顺序不同。CBM 方法是从分析战略出发形成业务组件模型，再开展业务流程设计等工作。而聚合架构方法中，业务组件分析是在流程建模和数据建模之后，按照归纳的方法将关联性较强的业务任务和数据实体聚合为一个业务组件。

3）可落地性不同。CBM 方法中的业务组件颗粒度较粗，更多是站在管理人员角度看待整个企业的运行。而聚合架构方法中的业务组件是在非常细致的企业级流程建模和数据建模之后得到的，已经非常精细化，对于业务组件的边界、内涵、对外提供的业务服务等都有很明确的定义，可以作为下一步 IT 架构设计的输入。

笔者认为，IBM CBM 方法中的业务组件封装的能力和本书中介绍的业务能力是基本对应的，属于架构层面。聚合架构方法中的业务建模工作本身是对业务架构更加细化、更加落地的结构化表达，属于运营层面。

这里对业务能力和业务组件之间的关系进行简单分析。业务能力可以通过战略分解得到。这时，业务能力的粒度是比较粗的，主要表达的是业务上能做什么，偏需求角度。而业务组件是业务任务和业务数据的载体。通过业务组件就可以做具体的事情。因此，业务组件可以认为是实现了的业务能力，是运营化的业务能力。一项业务能力需要多个业务组件承载。

4.7.4 识别业务组件

业务组件是行为、数据和规则的结合。业务组件的识别是从数据出发的。

架构设计人员首先将关系相近的数据实体划分为一个主题或主题域，以主题域作为边界，将与主题域内实体相关的业务任务聚合在一起构成一个业务组件。业务任务和数据实体的关联关系是在流程模型中记录的。对实体进行的业务任务主要是指对数据实体的新增、修改和删除。架构设计人员将这些业务任务归入同一个业务组件，有助于将组件职责单一化，避免各个系统都对同一类数据进行操作，导致职责不清。业务组件建立之后，其他组件只能通过使用该组件的服务来间接对数据进行各类操作。

在互联网公司实践中，业务组件的识别是按照 DDD 方法特别是其战略设计方法来完成的。架构设计人员从领域、子域划分开始直到识别出限界上下文。一个业务组件对应一个限界上下文。而限界上下文内部的实体、值对象和领域服务可以看作前述数据实体和业务任务。

除了业务组件，架构设计人员还要关注业务组件之间的关系。在绘制业务流程图时，架构设计人员一是要关注业务活动之间有没有流程方面的关系；二是要明确数据方面的关系，主要是明确数据分布，哪些数据共享，哪些地方使用什么数据；三是要明确业务改进方向。架构设计人员还要比较不同业务组件的目的、业务范围、数据是否一致，将相同的任务合并在一个业务组件，将不同的任务以分支划分。

识别出业务组件之后，架构设计人员可以继续识别业务服务。业务服务体现为业务组件之间的关系。在服务化之后，架构设计人员可以针对业务组件之间的关系根据业务需求灵活调整。

4.7.5 业务组件的价值

组件化有很多好处，最重要的是可以通过各个业务组件的不同组合来灵活支持各类业务流程，从而实现企业级业务能力的复用。

业务组件在企业架构设计方法中的主要价值在于，它是业务架构和 IT 架构之间的桥梁和过渡。识别出业务组件，将业务架构更加清晰地表达出来，可以为 IT 架构设计人员提供直接输入，映射出应用组件。IBM CBM 方法与 SOA 密切衔接，DEAF 中业务组件则需要进一步与微服务架构匹配。

第 5 章

应用架构设计

业务架构设计完成之后，企业架构设计工作进入 IT 架构设计阶段。IT 架构是指导 IT 投资和设计决策的 IT 框架，将建立企业信息系统的综合蓝图，包括应用架构、数据架构和技术架构三部分。接下来的三章将分别介绍应用架构、数据架构和技术架构。

本章首先介绍应用架构设计的基本概念和设计原则，然后阐述 DEAF 中的应用架构元模型、设计流程和产出，并分析银行业应用架构案例，最后介绍应用集成架构演进趋势。

5.1 应用架构概念和作用

应用架构在企业架构（见图 5-1）中发挥着非常重要的作用，而且发展较早。很多领先的大型机构设立架构管理组织，优先管理的就是应用架构。

5.1.1 应用架构基本概念

应用架构是对实现业务能力、支撑业务发展的业务应用的结构化描述，包括有哪些业务应用，以及应用之间的集成交互关系，是信息系统建设的蓝图。

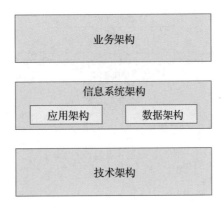

图 5-1　企业架构

5.1.2　应用架构的作用

应用架构位于企业架构的中间层，发挥着承上启下的关键作用，是企业架构的核心。具体来说，应用架构发挥了以下 4 方面作用。

1）应用架构为业务架构提供了支撑。应用组件和业务组件形成对应关系，组织使用应用系统，应用系统支撑了业务流程、规则的运行，对企业资源进行操作，实现了业务能力。

2）应用架构作为信息系统建设的蓝图，明确了企业需要建立哪些应用，应用之间的关系是什么，具体指导了企业信息系统的建设。

3）应用架构为数据架构设计提供了输入。应用架构承载了企业的各类数据，数据的增删改查、加工汇总分析都是发生在应用上的。应用与数据的对应关系构成了数据的应用分布。

4）应用架构对技术架构选型提出了要求。比如，应用架构的组件化、服务化要求技术架构采用分布式微服务架构，应用架构的松耦合特性可以通过消息队列中间件等技术组件来实现。

5.2　基于 DEAF 的应用架构设计

5.2.1　基于 DEAF 的应用架构设计原则

对于应用架构设计，建议遵循以下 5 项设计原则，具体如图 5-2 所示。

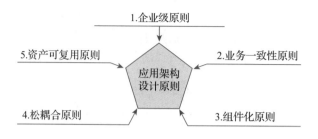

图 5-2　应用架构设计原则

（1）企业级原则

应用架构设计要遵循企业级原则，从企业全局视角审视应用架构。企业要打破烟囱竖井，将部门级应用整合形成企业级应用，避免功能分散、重叠、界限不清等问题。

（2）业务一致性原则

应用架构服务于企业的战略目标，要能够支持和提升战略能力和业务能力，为企业提供业务价值。这里的业务一致性原则并不是满足局部的业务需求，而是从能力建设角度进行支持。

（3）组件化原则

应用架构规划应当按照组件化方式进行，将同类业务功能聚合形成应用组件。关联性强的一组应用组件构成应用系统。

（4）松耦合原则

应用架构采用服务化等方式有效降低系统间的耦合性，减少相互依赖，避免牵一发而动全身，降低系统维护成本和系统运行风险。

（5）资产可复用原则

企业要积极沉淀和提炼公共能力，推动架构资产的共享复用，这样可以提升开发效率、降低开发和维护成本。

5.2.2　基于 DEAF 的应用架构元模型

DEAF 中与应用架构有关的构建块包括应用组件、应用服务、应用系统、应用域、应用层等，具体如图 5-3 所示。

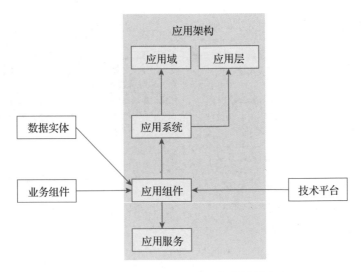

图 5-3　基于 DEAF 的应用架构设计方法

其中，应用组件是最为核心的构建块，将应用架构与业务架构、数据架构、技术架构串联起来。业务组件指导了应用组件的设计，应用组件包含了业务功能和数据实体，并基于技术平台实现。一个应用系统可以由多个应用组件构成，并提供应用服务来支撑业务活动。

对于复杂的应用架构，我们有必要采用应用分层分域的管理方式，这体现了分而治之的思想。应用分域主要是着眼于将同一领域、交互关系密切的一系列应用划分为一个应用域，比如信贷应用域、营销应用域、支付应用域、存款应用域等。应用分层主要是按照面向客户提供服务的角度，将应用分为不同的层次，比如渠道层、服务层、产品层、数据层等。

5.2.3　基于 DEAF 的应用架构设计流程

TOGAF ADM 建议在信息系统架构阶段进行应用架构的设计，以阶段 B 的业务架构作为输入。对于应用架构和数据架构，可以先从应用架构开始设计，也可以先从数据架构开始设计，也可以并行设计，并没有严格的要求。应用架构是业务架构设计的紧后工作，业务人员和技术人员一同参与，这样双方能够达成共识，避免理解错误造成的返工。

在 DEAF 中，应用架构设计流程分为 4 个阶段、10 个环节，具体如图 5-4 所示。

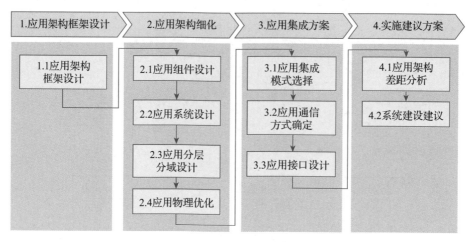

图 5-4　基于 DEAF 的应用架构设计流程

1. 应用架构框架阶段

应用架构框架设计是通过自上而下的方式，对覆盖整个企业的应用架构框架进行设计，具体包括应用的分层、分域等。图 5-5 是应用架构框架示意图。

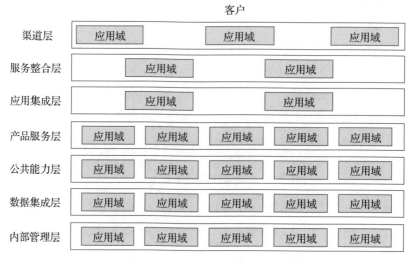

图 5-5　应用架构框架示意图

架构设计人员首先要进行应用分层。对应用架构进行分层的目的是实现业务与技术分离，降低各层级之间的耦合性，提高各层的灵活性，有利于进行故障隔离，实现架构松耦合。应用分层可以体现以客户为中心的系统服务和交互模式，提供面向客户服务的应用架构视图。一般来说，距离客户越近的应用层对敏捷响应、用户体验的要求越高，距离客户越远的应用层要求更加稳定，迭代也更慢。比如渠道层、服务整合层都是直接响应和满足客户请求的，属于业务前台，需求变更频繁。产品服务层和公共能力层是标准化、组件化的，能够满足各类场景需要，属于业务中台。数据集成层是将企业各类数据汇集并提供数据共享服务，属于数据中台。内部管理层主要是满足企业内部人、财、物等的管理，更偏业务后台。

在应用架构分层基础上，架构设计人员要对应用进一步划分应用域，把同一业务领域、关联性高、具有相同的业务属性的逻辑功能集合划分为一组。对应用分域的目的是要体现业务功能的分类和聚合，把具有紧密关联的应用或功能内聚为一个领域，可以指导应用系统建设，实现系统内高内聚，系统间低耦合，减少重复建设。比如产品服务层可以根据不同的产品线划分为多个应用域。

该环节的产出是应用架构框架。

2. 应用架构细化

在应用架构框架指导下，架构设计人员细化应用架构设计，在逻辑上为每个应用领域设计具体的应用组件和应用系统，并从企业实际出发进行物理优化设计，从而形成完整的应用架构。

（1）应用组件设计

应用组件设计主要是以业务架构成果、业务组件模型为输入，识别应用组件，形成初步的应用组件清单。如图 5-6 所示，应用组件从技术上实现业务组件，承载了逻辑功能、逻辑数据和逻辑规则。逻辑功能包括业务任务所需的系统功能；逻辑数据包括数据实体和关键数据属性；逻辑规则在业务规则基础上进一步形式化，可以由系统实现。一个业务组件可对应一个或多个应用组件。

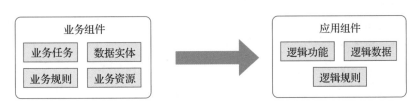

图 5-6　应用组件设计

在此基础上，架构设计人员进一步梳理应用组件清单，将复杂的应用组件拆分为多个，合并重复的应用组件，并保证应用组件定义一致。

（2）应用系统设计

根据业务能力和场景需要，架构设计人员可基于应用组件整合建立应用系统。这与基于业务中台建设应用系统的思想是一致的。基于应用组件的业务中台设计方法如图 5-7 所示。

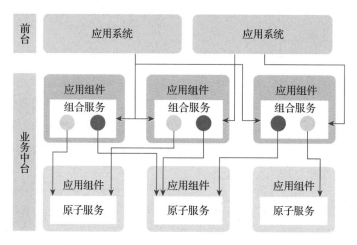

图 5-7　基于应用组件的业务中台设计方法

按照业务中台建设思想，应用组件可作为业务中心，多个业务中心构成业务中台，提供可复用的各类原子服务和组合服务。组合服务是在多个原子服务基础上组合而成的应用服务，可提供具有复杂逻辑的业务服务。

前台应用围绕场景，基于业务中心提供的原子服务和组合服务，通过服务编排方式灵活实现业务流程，提供业务能力。比如，业务中台提供授信、用信、放款等应用组件，在此基础上可以组合形成零售信贷系统、对公信贷系统，支持不同的业务流程。

根据应用系统支持的业务流程，架构设计人员还可以进一步明确使用应用系统的组织和角色。

（3）应用分层分域

对于每个应用系统和应用组件，架构设计人员进一步明确其在应用架构框架中的位置，即所在的应用层、应用域。彼此之间交互频繁的多个应用系统可以归为一个应用域。

这个步骤完成之后，完整的具有逻辑性的应用架构视图就形成了。

（4）应用物理优化

该任务主要是根据所在组织的实际情况，从系统开发、部署成本等角度对应用架构视图进行优化，设计资源可支撑的、高效的应用架构。比如在系统开发资源有限的情况下，划分太多的应用组件或应用系统会导致系统开发成本过高。

该任务的产出有目标应用架构图、目标应用组件清单、业务组件与应用组件映射矩阵、应用组件与数据实体映射矩阵、目标应用系统清单、目标应用系统架构图、应用系统与业务流程映射矩阵、应用系统与应用组件映射矩阵、应用系统与数据实体映射矩阵、应用系统与组织 / 角色映射矩阵等。目标应用系统清单和目标应用组件清单是应用架构开发的基础。

3. 应用集成方案阶段

该阶段主要是明确应用交互模式，建立应用集成架构，形成应用集成方案。在形成应用系统清单之后，架构设计人员对应用系统之间的集成交互方式进行设计，确定采用哪种应用集成模式，根据场景选择同步或者异步通信方式，并基于接口规范设计应用接口。

（1）应用集成模式选择

企业需要根据自己的需要来选择具体的应用集成模式。单体架构、SOA 和微服务架构是常见的应用集成模式。对于规模较小、业务简单的企业，单体架构也可以很好地支撑业务运行，不一定要去追求流行的微服务架构。而对于海量用户、业务规模大、业务种类复杂的企业，有必要采用微服务架构。5.5 节对应用集成架构模式进行了介绍。

（2）应用间通信方式确定

应用间通信方式分为同步、异步两种。同步通信方式适合时效要求比较高的场景，但也造成了系统之间紧耦合。如果对时效要求不高，异步通信方式也是可行的选择，还可以有效降低系统之间的耦合度。

（3）接口设计

由于接口涉及不同应用、开发团队之间的交互，笔者认为接口也属于企业架构的范畴。接口设计首先是根据应用接口形式、种类制定接口设计规范，根据规范基于应用服务定义具体的应用接口。

该阶段的输出有系统集成关系（应用交互和应用通信）、接口清单。

4.实施建议方案阶段

（1）目标系统与现存系统差距分析

该任务主要是根据规划的目标系统，与现存系统进行对比分析，识别现存系统对目标系统的实现和支撑程度，以及差距所在，梳理形成差异分析报告。

（2）系统建设建议

该任务主要是根据目标系统与现存系统的差异分析报告，对如何处理现存系统以及建设新系统等给出具体建议。对于现存系统，我们可采取下线、完善、合并、拆分、打通、重构等处理方式。

5.2.4 基于 DEAF 的应用架构设计产出

总体来看，应用架构设计产出如下。

1）应用架构视图和清单类产出如下。

- 应用架构框架图或应用架构图：在一张图中展示企业所有的应用组件。
- 应用系统架构图：在一张图中展示企业所有的应用系统。
- 应用系统清单、应用组件清单：展示整个企业所有的应用系统和应用组件。

2）应用集成类产出如下。

- 应用交互矩阵：描述应用之间的调用交互关系。
- 应用通信图：描述应用之间的通信关系，本质上与应用交互矩阵的作用一样。
- 接口清单：列出对外提供哪些接口、服务，明确应用之间的依赖关系。

3）应用与业务、数据对应关系产出如下。

- 应用组件与业务组件矩阵：描述应用与业务组件之间的交叉关系。
- 业务流程与应用实现图：描述业务流程与实现流程的应用组件之间的关系。
- 应用与组织矩阵：描述应用组件归属于哪个业务部门。
- 角色与应用矩阵：描述哪些岗位角色使用哪些应用系统。

- 应用与数据矩阵：描述应用与数据实体之间的映射关系。

应用架构产出非常多，具体可以根据项目实际情况按需裁剪。

5.3 案例：银行业应用架构

大型机构有数百上千个应用系统，必须进行严格的应用架构设计。不同行业根据业务特点会采用不同的应用集成架构模式。分层架构是银行业经常采用的一种应用集成模式，主要是从面向客户提供服务的角度，将应用分为不同的层次，越靠前的层离客户越近，越靠后的层离客户越远，越靠近内部管理。不同层的应用定位和作用不一样，安全要求也不一样。

5.3.1 传统银行应用架构

建设银行六年磨一剑，在 2017 年完成新一代核心系统全面上线。建设银行采用了先进的企业架构设计理念，形成了组件化、服务化的 IT 架构，在金融科技领域树立了新的标杆。

建设银行新一代核心业务系统应用架构设计了 7 层、12 个应用平台，具体如图 5-8 所示。其中，7 层包括渠道整合层、客户服务整合层、应用集成层、应用外联集成层、产品服务层、数据集成层和管理分析层。12 个平台包括 P1 客户渠道整合平台，P2 员工渠道整合平台，P3 客户服务整合平台，P4 企业级服务总线，P5 外联集成平台，P6、P7、P8 产品服务平台，P9 数据集成平台，P10 管理分析服务平台，P11 事务控制服务平台，以及 P12 在线交易数据服务平台。

（1）渠道整合层

渠道是银行为客户提供产品服务的场所，主要负责客户业务请求的受理和反馈。渠道包括公司网银、个人网银、手机银行、小程序、柜面系统、远程银行等线上渠道，网点柜面、客户经理、ATM 等线下渠道，以及其他第三方渠道。

渠道整合层主要负责渠道接入以及与客户交互的工作流。该层主要是统一为各渠道提供接入和交互服务，支持新兴渠道的部署和现有渠道的能力拓展，支持业务的多渠道泛在部署，提供统一的处理流程和客户交互体验，包含门户、消息、安全、认证、日志等功能。渠道整合层定位于面向渠道和客户体验，不应部署除渠道逻辑之外的复杂业务逻辑。

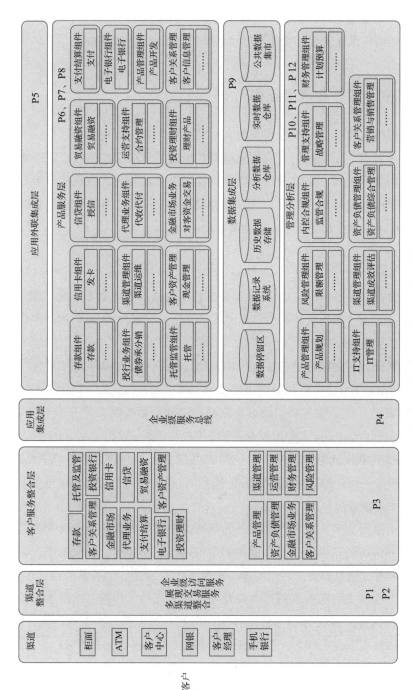

图 5-8 建设银行新一代核心业务系统应用架构

（2）客户服务整合层

客户服务整合层提供端到端的跨部门、跨角色的业务流程编排服务，区分外部客户和内部管理部门，满足不同业务流程处理需求。

（3）应用集成层

应用集成层提供安全监控、基础设施服务，以及服务颗粒度、服务质量等非功能性的 IT 治理层面的服务，还提供统一的应用服务注册、发布，标准化的应用服务调用，有效降低 IT 系统之间的耦合度，是 SOA 或微服务架构的基础。

（4）应用外联集成层

应用外联集成层提供快速与外部合作伙伴集成的能力支持，专注外部金融、非金融机构与建设银行之间系统的交互。

（5）产品服务层

产品服务层提供与渠道无关的各类标准产品以及客户、账户、核算等基本服务，提供全行共享的业务能力，主要处理各类满足客户请求的业务联机交易或批量交易。

（6）数据集成层

数据集成层按照数据模型整合企业范围内的各类数据，提供一致的数据计算、加工和访问服务。

（7）管理分析层

管理分析层为银行内部管理和决策提供集中的管理分析服务和支持。

5.3.2　互联网银行应用架构

1. 互联网银行特点

随着金融改革的深入，为了扩大金融服务覆盖面、实现普惠金融目标，国家设立了一系列独立法人直销银行和民营银行。其中，微众银行、网商银行、百信银行、新网银行、亿联银行和邮惠万家银行 6 家属于可以全国展业的互联网银行。互联网银行具有以下特点。

1）互联网银行采用云计算、大数据、人工智能、移动互联网等技术，开展全线上经营，提供 7 × 24 小时服务，随时随地提供金融服务。

2）互联网银行主要服务于长尾客群，包括低净值人群和小微企业；没有线下物理网点，没有历史包袱，成本低。

3）互联网银行注重客户体验，为客户提供极致体验。

4）互联网银行注重场景化金融，在用户场景中提供服务。

5）互联网银行具有互联网创新精神，不断创新金融服务。

6）互联网银行提供与传统银行不同的差异化产品，一般包括消费金融、小微金融、供应链金融、汽车金融、农村金融和财富管理等业务条线。

金融科技与普惠金融相结合产生了数字普惠金融。互联网银行由于其自身基因，善用金融科技，将整套产品逻辑都构建于数字技术之上，使用数字科技手段来破解普惠金融难题。云计算、大数据、人工智能、移动互联网等数字技术的发展，为银行维护长尾客户提供了技术基础，同时客户可以享受到随时随地、7×24 小时的金融服务。由于基于科技平台而非人工服务，服务成本大幅降低。消费互联网和产业互联网的发展沉淀了多维海量数据，为基于数据进行客户风险评估提供了数据基础，也降低了金融服务门槛。运用金融科技能更具效率地聚合长尾客群的零散资金，形成规模经济效应。

2. 百信银行应用架构

为了有效满足线上经营需求、落实科技战略，百信银行采用层次化的应用架构，具体将应用架构分为渠道层、接入层、场景层、组合产品层、标准产品层、公共能力层、科技能力层、数据集成层和内部管理层，具体如图 5-9 所示。

（1）渠道层

渠道层聚焦用户体验，以用户为中心交付功能丰富、使用便捷的金融服务，主要分为自营渠道、合作渠道和数字网点 3 类渠道。自营渠道包括自有 App、小程序等渠道。合作渠道主要是第三方提供导流、助贷服务的合作伙伴的各类渠道，主要通过 API 交互。数字网点是在合作伙伴渠道中提供品牌提供的完整服务，比如百度闪付就是在百度 App 中提供数字银行卡服务。

（2）接入层

接入层通过建设智融 Inside 开放银行平台，构建了配置化、标准化的敏捷生态连接能力。订单中心提供长周期的以客户为中心的业务串接能力，为开放生态建设和全行数据融合奠定基础。

（3）场景层

场景层面向市场需求快速交付定制化产品，贴近用户在特定场景下的需求，提高产品吸引力和用户服务体验。

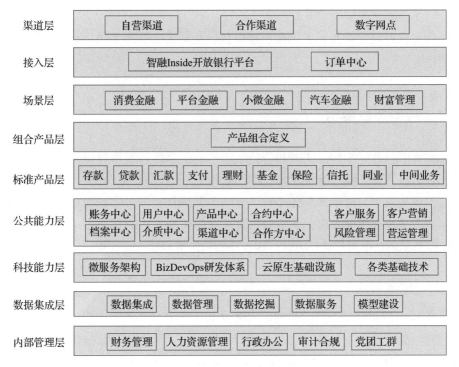

图 5-9　百信银行应用架构

（4）组合产品层和标准产品层

组合产品层和标准产品层建设标准化金融产品矩阵，满足金融产品自身特性、监管合规性要求，通过微服务组合能力，实现产品敏捷定制。

（5）公共能力层

公共能力层提炼公共服务能力，提升能力复用水平，聚焦业务共享中心建设，完善运营支撑能力，打通领域数据，实现数据安全合规、高效运营。

（6）科技能力层

科技能力层坚持科技敏捷研发路线，通过构建稳定完备的微服务技术体系、敏捷高效的开发运维体系，安全、可弹性伸缩的云基础设施，形成对前端产品高效复用、快速迭代。

（7）数据集成层

数据集成层采集、汇总各类数据，并进行数据治理，形成数据资产，面向各类业务系统和人员提供数据服务，支持数据挖掘、模型建立，提供智能服务。

（8）内部管理层

内部管理层主要是各类内部管理系统，包括人力资源系统、财务系统、办公系统等。

5.4　应用集成架构

企业的所有应用是一个有机整体。不同应用之间需要进行信息交互和服务协同，从而为客户提供服务。这与具体的架构模式和服务集成方式有关。B/S 架构经过多年发展，逐渐从单体架构、SOA 发展到如今的分布式微服务架构。应用集成方式也在不断发展，从点对点直连通信到基于 ESB 的集中式通信，再到API 网关、消息中间件代理方式，现在正在向服务网格方式发展。

5.4.1　单体架构

在 Web 应用程序发展的早期，大部分 Web 工程是将所有的服务端功能模块打包到一起并放在一个 Web 容器中运行。以 Java 语言为例，Java 应用程序可以压缩成一个 War 包，并部署到 Tomcat 等 Web 容器中作为一个进程运行。利用其他语言（Ruby、Python 或者 C++）写的程序也有类似情况。这种架构风格被称为单体架构。单体架构风格的系统也被称为"巨石系统"。在单体架构下，不同的系统各自独立部署，形成一个个烟囱，即所谓的烟囱式架构。

图 5-10 是一个典型的单体架构。

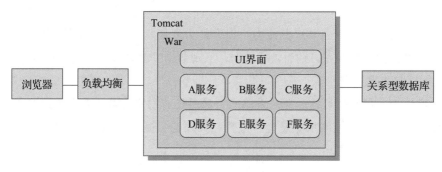

图 5-10　单体架构

单体架构的主要优点是开发和维护较为简单，直接使用 IDE 开发应用，在本地就可以启动完整的系统进行测试，通过打包并复制到 Web 容器目录下即可很方便地完成部署。对于复杂度较低、使用量较小的系统，使用单体架构能够很好满足需求。在单体架构下，系统中各个功能模块、方法都是在进程内调用，不会发生进程间通信，因此运行效率也是最高的。

随着企业不断发展，业务越来越复杂，系统使用量也直线上升。对于大规模复杂应用系统，单体架构会出现许多问题：功能层层叠叠，难以厘清关联关系，修改难度增大；简单修改也需要重新编译和部署整个应用，不同团队无法按照自己的节奏进行模块升级、维护；一次编译和部署时间过长；回归测试周期过长；开发效率降低等。单体架构不利于更新技术框架，系统整体重写代价太大，但如果不同模块使用不同的技术框架，整个系统混乱。单体架构也不利于有效利用资源，因为使用量大的模块和使用量小的模块部署在一起，共用所有资源，这样无法采用差异化的资源分配策略。

5.4.2　SOA

随着系统规模和复杂度的上升，单体架构不再满足系统建设需求，SOA 应运而生，得到了 IBM、Oracle、SAP 等大型软件公司的支持。Open CSA（Open Composite Service Architecture）组织于 2007 年成立，作为 SOA 的官方管理组织。SOA 是集成多个较大组件（一般是应用）的一种机制，它们整体构成一个相互协作的软件。

SOA 明确了软件的设计原则，包括服务之间的松散耦合、注册、发现、治理、隔离、编排，服务的封装性、自治、可重用、可组合、无状态等。不同的服务（应用）运行在独立的服务器上，明确了采用 SOAP 作为远程调用协议，依靠 WSDL、UDDI 等完成服务的发布、发现和治理。SOA 使用企业服务总线（ESB）来实现各个子系统之间的交互，实现了服务松耦合，为进一步实施业务流程编排（Business Process Management，BPM）提供了基础。典型的 SOA 如图 5-11 所示。

信息系统从单体架构向 SOA 演进，需要进行水平拆分和垂直拆分，对应用系统进行服务化改造。一般来说，SOA 服务粒度较大，每个组件负责执行一块完整的业务逻辑，包含完成企业某项业务所需的各种具体任务与功能。

基于 IBM、Oracle 等众多商业软件厂商的支持，SOA 在 21 世纪前十年非常红火，但由于整个体系非常复杂、工具比较重、维护难度较高，最终没有能成为主流。

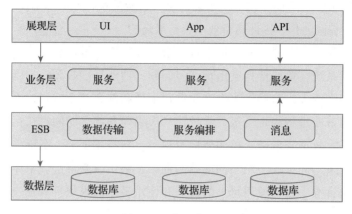

图 5-11 典型的 SOA

5.4.3 微服务架构

微服务架构最初被认为是 SOA 的一种轻量化变体，逐步发展为替代 SOA 的主流分布式架构。2014 年，马丁·福勒（Martin Fowler）给出微服务概念：微服务是一种通过多个小型服务组合来构建单个应用的架构风格，这些服务围绕业务能力而非特定的技术标准来构建。各个服务可以采用不同的编程语言、不同的数据存储技术，运行在不同的进程中。服务采用轻量级的通信机制和自动化的部署机制实现通信与运维。

在微服务架构中，完整的业务逻辑被拆分成一系列小而松散耦合的分布式组件，共同构成较大的应用。每个组件都被称为微服务，拥有自己的数据存储库，可以单独部署，运行在单独的进程中。每个微服务在整体架构中执行着单独的任务，或实现单独的功能。每个微服务可能会被一个或多个其他微服务调用，以执行较大应用需要完成的具体任务。由于微服务的粒度较小，一支小团队就能维护几个微服务，可以采用敏捷研发模式。每个微服务也是可被替换的。

与 SOA 相比，微服务架构的发展更加顺利，也经过更多实践的检验。很多互联网大厂纷纷将自己使用的组件开源，推动微服务架构向前发展。

SOA 和微服务架构的区别如表 5-1 所示。

表 5-1　SOA 和微服务架构的区别

功能	SOA	微服务架构
组件大小	大块业务逻辑	单独任务或小块业务逻辑
耦合程度	通常松耦合	总是松耦合
团队架构	任何类型	敏捷团队
管理方式	集中管理	分散管理

微服务架构有许多好处，但非常复杂，维护成本较高。微服务应用需要采用远程过程调用、消息队列等进程间通信机制。由于网络延时或波动的存在，开发者必须编程来处理消息传递过慢或者不可用等局部失效问题。由于不同微服务各自使用单独的数据库，微服务架构还需要解决分布式事务问题。微服务应用部署非常复杂，每个服务都有多个实例，每个应用实例都需要配置数据库和消息队列中间件等基础服务，需要配置中心支持。整个微服务架构还需要建立服务注册发现、服务跟踪、负载均衡、服务熔断降级、日志监控告警等配套机制。

5.4.4　微服务集成方式的演进

在微服务架构中，大部分微服务采用 HTTP、JSON 这样的标准协议，或者采用轻量级消息队列或者网关相互通信。微服务集成方式具体包括以下 4 种。

1. 点对点直连方式

点对点直连方式是最传统的微服务集成方式。在点对点直连方式中，微服务之间相互直接调用。每个微服务都开放 Rest 接口，并且调用其他微服务的接口。该方式可以支持简单的微服务应用场景，但随着微服务调用数量上升，逐渐变得不可维护。点对点直连方式如图 5-12 所示。

2. API 网关方式

在 API 网关方式中，所有的客户端和消费端都通过统一的网关接入微服务，在网关层实现所有的非业务功能。通常，网关提供 Rest、HTTP 标准的接口。服务端通过 API 网关注册和管理服务。API 网关方式如图 5-13 所示。

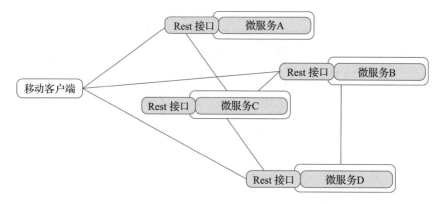

图 5-12　点对点直连方式

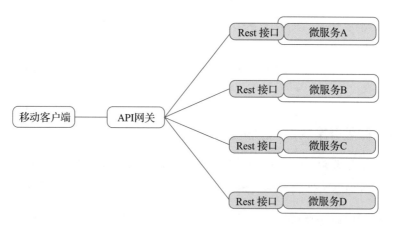

图 5-13　API 网关方式

采用网关方式有如下优势。

1）通过网关对微服务接口进行统一管理，对外暴露统一的规范接口。

2）通过网关进行轻量的消息路由和格式转换。

3）由网关层统一控制安全、监控、限流等非业务功能。

4）由于非业务功能在网关层统一实现，微服务只需要关注业务逻辑，从而变得更加轻量。

目前，API 网关是微服务架构中应用最广泛的集成方式。

3.消息队列中间件代理方式

对于反馈时间不那么严格的情况，微服务架构使用消息队列中间件支持异步通信，实现对微服务之间的解耦。作为消息发布者的微服务，它把消息通过异步方式发送到消息队列的订阅主题下。作为消费者的微服务，它可以从消息队列获取消息。异步通信方式遵循 AMQP、MQTT 等消息规范。消息队列中间件通信方式如图 5-14 所示。

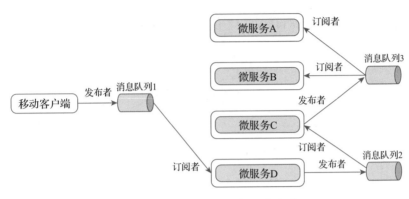

图 5-14　消息队列中间件通信方式

4. 服务网格方式

进入云原生时代，分布式服务集成方式也进化了。在以 Istio 为代表的第二代服务网格中，分布式服务的通信抽象为单独的服务，实现负载均衡、服务发现、认证授权、监控追踪、流量控制等。作为一个和服务对等的网络代理服务，它在同一个容器中单独部署为微服务，接管服务的流量，通过代理之间的通信间接处理服务之间的通信请求。微服务与代理服务的关系就好比三轮摩托车与它的挂斗（也就是边车）的关系。所以，这种模式也称为边车模式。服务网格方式如图 5-15 所示。

服务网格实现了微服务框架与微服务的分离。在实际应用中，服务网格通常是由一系列轻量级网络代理组成的。它们与微服务部署在一起，但对微服务透明。微服务只需要关注业务逻辑，而且支持用任何语言编写。由于对于微服务透明，服务网格控制平台可以对各个网络代理（边车）的服务网格组件进行单独升级。

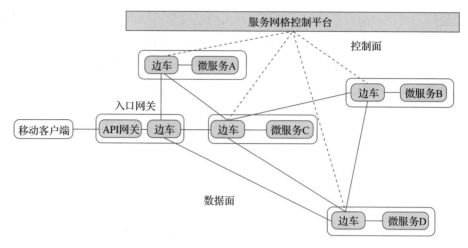

图 5-15　服务网格方式

第6章

数据架构设计

在企业信息化实践中，数据生命周期比系统长得多，数据往往要保存 10 年以上，而系统可能没几年就替换了，数据的重要性可见一斑。尤其在数字经济时代，数据成为新的生产要素，数据可以为企业业务发展提供新动能，因此，企业必须高度重视数据。数据架构是企业架构的重要组成部分，主要涉及企业有哪些数据、数据在哪里、如何流动等基本问题。在 TOGAF 中，数据架构和应用架构合起来被称为信息系统架构，两者属于同一层次，具体设计顺序上也没有严格要求。

本章首先介绍数据架构的概念和作用，然后阐述基于 DEAF的数据架构设计方法，接着从数据集成架构设计角度讲解数据仓库、数据湖等集成技术，最后分析数据中台的典型架构。

6.1 数据架构概念和作用

6.1.1 数据架构基本概念

在数字经济时代，企业架构和数据管理是两个重要的知识体系，受到了众多组织和从业人员的重视，而数据架构是它们共同关心的内容。架构设计人员可以从数据架构切入数据管理领域。数据管理人员也可以通过数据架构了解企业架构。如图 6-1 所示，数据架构是企业架构和数据管理两大知识体系的交集。

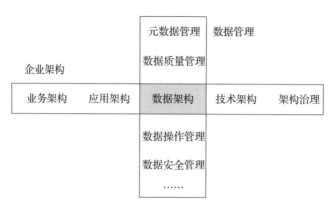

图 6-1　企业架构和数据管理两大知识体系的交集

从企业架构角度看，数据是企业架构关注的重要内容。企业架构的目标是打造无边界信息流，让数据在企业内随需流动，也就是让数据在适当的时间、适当的地点流向适当的对象。如图 6-2 所示，数据架构是企业架构中的一个部分。

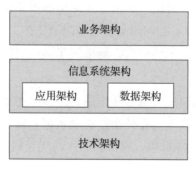

图 6-2　企业架构

和应用架构一样，数据架构也是承上启下的。数据架构上承业务架构。数据是对业务对象的描述，由应用产生，并在应用间流转。同时，数据的存储、处理和流转都需要技术架构的支撑。在数据管理体系中，数据架构管理主要是定义企业数据需求，设计实现数据需求的蓝图。

DAMA 国际在 DAMA-DMBOK2 对数据架构进行了定义：数据架构是识别企业数据需求，并以这些数据需求为出发点，设计和维护的主蓝图，以使用这些主蓝图来指导数据集成、控制数据资产，并使数据投资与业务战略保持一致。

6.1.2 数据架构的组成

数据架构包括数据模型、数据分布、数据流向、数据集成、数据标准 5 个部分，如图 6-3 所示。

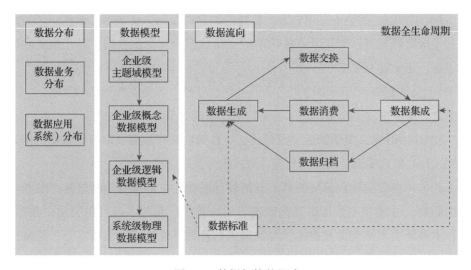

图 6-3 数据架构的组成

1. 数据模型

数据模型用来描述数据、组织数据和对数据进行操作，是对现实世界中数据特征的描述。

数据模型分为企业级主题域模型、企业级概念数据模型、企业级逻辑数据模型和系统级物理数据模型。其中，企业级概念数据模型是业务架构设计中应当形成的，主要描述企业有哪些业务对象及其相互关系，通常使用 E-R 图来表示。企业级逻辑数据模型是数据架构的重要产出，主要是在数据实体和关系基础上增加了各个数据实体的属性。系统级物理数据模型是在具体的系统设计中实现的，在逻辑数据模型基础上增加了索引等属性，与具体选用的数据库有关系。物理数据模型属于数据架构的组件，不是数据架构的产物。

2. 数据分布

数据分布有两层含义，包括数据业务分布与数据应用（系统）分布。数据业务分布指数据在业务各个环节的数据操作关系（包括创建、读取、更新、删除等）。数据应用（系统）分布指单一应用（系统）中数据与各系统模块之间的数据操作关系，以及数据在多个应用（系统）之间的数据操作关系。我们在数据业务分布基础上进一步结合应用架构可以推导出数据应用（系统）分布。

数据可以分为主数据、交易数据、参考数据 3 类。

1）主数据：指企业范围内各个系统间共享的数据，比如客户数据、产品数据、供应商数据等。与记录业务活动的交易数据相比，主数据一旦产生之后相对稳定，变化较为缓慢。

2）交易数据：用于描述和记录企业经营过程中各类业务活动的数据，一旦产生之后不会再发生变化，比如订单数据、物流数据、客服数据等。

3）参考数据：用于描述主数据或交易数据中某些数据项取值的数据，比如性别、行政区划编码、行业代码等，也被称为数据字典。

其中，主数据管理需要明确主数据管理系统。主数据管理系统是产生和记录主数据，并发布主数据供其他系统引用的系统。其他系统可以引用主数据，并在本系统中形成镜像和副本，以及录入和管理补充信息。主数据分布策略包括确定主数据管理系统和主数据引用方式等。

3. 数据流向

数据全生命周期由数据生成、数据交换、数据集成、数据消费和数据归档5 个环节组成。数据在整个生命周期内是不断流动的。数据流向主要描述数据如何流动，表示数据从哪个源头来、到哪里去使用的过程，体现了数据之间的关系。数据流向也是数据架构设计的重要内容。

4. 数据集成

数据集成是把不同来源、格式、特点的数据在逻辑上或物理上有机地集中，从而为企业提供全面的数据共享服务。数据集成的目的是将多源、异构的数据资源集中起来，尽量保证数据完整、准确、一致，使用户能够方便、透明地访问。数据集成的主要方式是建设操作数据存储、数据仓库等数据平台。

5. 数据标准

企业要建立数据标准，对每个数据项建立数据元，形成企业级统一的数据定义、格式、描述等内容。数据元包括业务属性、技术属性和管理属性 3 类属性。数据标准是若干相关数据元按一定次序构成的整体结构。数据标准相关的管理制度、管理流程和管理工具是数据标准管理的有力支撑。

从理论上讲，所有的数据模型、数据流、数据映射关系的建设都需要参考数据标准，做到各环节拉通，从而保证数据的准确性、完整性和一致性。数据标准是数据质量管理的基础。

6.1.3　数据架构的作用

数据架构是企业架构中承上启下的关键一环，对数据管理体系非常关键。具体来说，数据架构发挥的作用包括以下 5 方面。

1）数据架构明确了应用架构中应用与数据的集成关系，包括数据分布和数据流转等。

2）数据架构指导技术架构的技术选型。技术架构中和数据有关的技术选型包括交易系统中的数据库、数据集成中的数据平台以及数据采集、存储、加工、传输等生命周期中涉及的各类技术工具。

3）数据架构从不同的抽象层次和角度描述数据，奠定企业级数据管理的基础。

4）数据架构定义企业数据状态，确定数据需求。架构设计人员通过分析数据架构中存在的问题以及与领先实践的差距，帮助企业定义目标数据架构，明确企业数据需求。

5）数据架构为企业业务和科技人员提供一致的数据语言，促进企业数据标准化，有效指导和支撑企业数据集成。

6.2　基于 DEAF 的数据架构设计

6.2.1　基于 DEAF 的数据架构设计原则

数据架构设计应遵循五项原则，具体如图 6-4 所示。

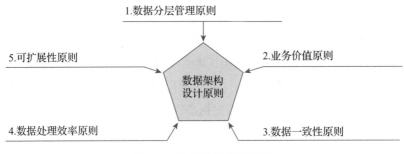

图 6-4　数据架构设计原则

1.数据分层管理原则

按照数据全生命周期，数据分层包括数据产生层（源业务系统层）、数据流转层（数据交换层）、数据集成层（贴源数据层、明细数据层、汇总数据层、历史数据层）、数据应用层（数据集市层）和数据归档层等。每个数据层次定位不同，包括建设目标、设计方法、数据模型、如何存储数据和如何提供服务等。其中最重要的是数据集成层和数据应用层的建设，企业绝大部分数据决策由这两层支撑。

2.业务价值原则

数据架构要服务于业务目标、产生业务价值。在数据选择方面，企业要选择有业务价值的数据。在不同数据架构设计原则冲突的时候，企业要以业务价值作为最终权衡取舍的依据。比如，数据库表设计中一般不允许数据冗余存储，但有时为了达到某种业务目的、保证数据访问效率，需要建立宽表，减少多张表合并查询，以空间换时间。

3.数据一致性原则

数据架构为企业级数据管理提供基础，有效地保证数据一致性。在数据产生和数据集成环节，企业要重视主数据管理和企业级数据标准的贯标，加强数据关键环节治理，实现关键业务要素在全企业范围内的贯通。在数据集成层和数据应用层，企业要减少或避免数据的重复加工和冗余存储。

4.数据处理效率原则

当企业数据的规模越来越大，数据处理效率成为关注点。在满足数据处理效率要求的同时，企业还要尽量减少数据处理资源的浪费。数据集成过程对数据处理效率影响最大，要尽量减少明细数据的冗余存储和大规模跨层搬迁。对此，我们可以采取的操作包括：允许跨层访问，先加工、后搬迁，定期清理冗余数据和过期的数据加工任务等。

5. 可扩展性原则

数据架构要保持良好的可扩展性，以应对业务发展和技术变迁引发的对数据需求的变化。可扩展性体现在数据分层的合理、数据模型的解耦合和对具体存储技术的屏蔽，以便在未来业务范围扩展、新的数据集成和数据应用要求被提出、数据规模翻倍等情形出现的情况下，能够很好地满足对数据架构提出的要求。

6.2.2 基于 DEAF 的数据架构元模型

DEAF 中内容元模型中数据架构部分如图 6-5 所示，包括数据主题、数据实体和数据组件。数据实体由数据组件封装，从属于某个数据主题。业务架构领域的业务对象可用于识别数据实体。数据实体分布在某个应用组件中，由该组件生产或供其查询使用。

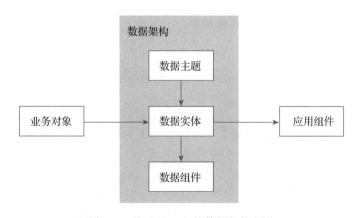

图 6-5 基于 DEAF 的数据架构部分

6.2.3 基于 DEAF 的数据架构设计流程

数据架构设计分为 4 个步骤：设计企业级数据模型，设计企业级数据标准，划分数据生命周期，按照数据生命周期各环节的数据操作设计数据架构。

1. 设计企业级数据模型

数据架构设计时，首先要定义企业级数据模型，包括企业级数据主题、数据实体及实体之间的关系。企业级数据模型是数据架构设计的基础和起点，是业务人员和技术人员沟通的桥梁，为系统级数据模型设计提供了定义和标准。这部分在前面 4.5 节中已经有介绍。

目前，国内银行在设计企业级数据模型时，都以 IBM 的 FSDM 为参照对象，结合行内业务战略、IT 战略和现状等输入，采用自顶向下方法加工形成企业级数据模型。

2. 设计企业级数据标准

根据企业级数据模型设计成果，企业进一步制定企业级数据标准。数据标准由一系列数据元组成，为每一个数据定义业务属性、技术属性和管理属性。这些属性共同构成一个数据元。业务属性是和业务相关的特性，包括命名规则、编码规则、业务定义、规则、值域、维度、粒度等。技术属性是和技术实现相关的特性，包括字段名称、数据类型、数据格式、数据长度、度量单位、枚举值的限定等。管理属性是明确数据标准管理和使用方面的职责归属，包括数据所属部门、数据管理部门、数据使用部门、标准发布日期等。

3. 划分数据生命周期

数据生命周期可以划分为数据生成、数据交换、数据集成、数据应用、数据归档 5 个环节，如图 6-6 所示。

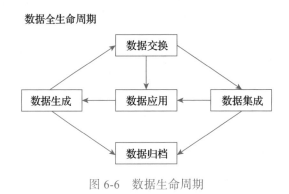

图 6-6　数据生命周期

4. 按照数据生命周期各环节的数据操作设计数据架构

在数据生成环节，基于应用架构和数据模型、数据业务分布，架构设计人员构建数据（应用）分布矩阵，确定数据在各个应用系统的分布。在数据交换环节，架构设计人员根据数据（应用）分布矩阵，设计数据流向图和数据集成矩阵。在数据集成环节，架构设计人员选择合适的数据平台支撑数据集成，设计数据集成策略。在数据应用环节，架构设计人员设计数据服务平台，确定数据服务方式和策略等。

6.2.4　基于 DEAF 的数据架构设计与数据生命周期

数据架构设计贯穿于数据生命周期，具体为从数据生成、数据交换、数据集成、数据应用到数据归档各个环节，对数据的模型策略、访问机制和存储方式进行设计，保证完成各类数据操作。图 6-7 是数据生命周期各环节所对应的数据架构设计工作。

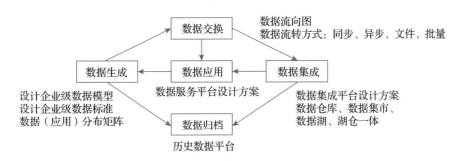

图 6-7　数据生命周期各环节的数据架构设计工作

1. 数据生成

数据生成源自业务的发生，数据是业务的记录。业务数据主要是在企业各类业务交易系统中产生，业务流程中产生的数据自然相互关联。

数据生成环节对数据架构提出的要求包括：有效地支持业务流程运作；保证数据增删改查效率；遵循数据标准，加强源头治理，避免产生数据不一致的情况。

数据生成环节主要的数据架构成果包括：企业级数据模型、数据标准和数据（应用）分布矩阵。企业级数据模型告诉我们应该有哪些数据被产生和记录。

数据标准规范化了数据被记录的格式，减少了数据歧义，提升了数据规范性。数据（应用）分布矩阵特别是主数据分布明确了哪些系统负责管理主数据，哪些系统使用主数据和存储副本。

2. 数据交换

数据生成之后，基于数据之间的关联性，数据需要被交换和流转。数据交换可以是支持业务流程运转所需的实时交换，也可以是从前台操作、中台控制到后台决策的准实时或者非实时的批量数据交换。

数据交换环节需要解决的问题包括：明确数据交换方式以及每种方式支持的业务场景，确定采取的措施，以保证数据流转效率和数据一致性。

在微服务架构下，数据实时交换主要是基于同步的 RPC 方式、异步的消息队列方式以及文件传输方式。数据批量交换则依赖于数据交换平台。

3. 数据集成

数据在生成并在不同流程环节交换之后，会分散存储在各个业务系统中，可能存在冗余存储和不一致的情况。从数据分析角度看，企业需要将各类数据集成到一起进行分析、挖掘。数据集成分为物理集中和逻辑整合两个层次。物理集中是将分散在各个业务系统的数据进行集中存储，一般由操作数据存储系统完成。逻辑整合则由企业级数据仓库、逻辑数据仓库甚至湖仓一体的大数据平台等来完成。数据集成平台建设是数据架构构建中非常重要的内容。

数据集成环节关注的问题包括明确要集成的数据范围，确定数据集成的方法和依据，以及数据集成平台建设方法。这就要求构建面向数据分析的数据模型，并遵循统一的基础数据标准和统计指标标准。另外，面向统计分析、实时决策和数据挖掘等不同场景的数据集成的时效性和处理成本的要求也不一样。

4. 数据应用

数据应用是指通过数据分析和应用建设，服务于企业营销、风险控制、业务运营和经营管理决策等场景，也是数据逐步发挥价值的过程。

数据应用环节需要关注的问题包括明确需要数据服务支撑的业务范围，需要提供的数据服务方式及数据服务支撑的业务场景，明确数据集市建设范围及数据集市的建设方法。

5. 数据归档

数据在线使用需要花费较高的存储成本。对于基本不具备时间价值的数据，企业可以进行数据归档。在数据时间超出国家或企业规定的档案管理时间要求后，企业还可以销毁数据。

除上述基于数据生命周期的考虑外，架构设计人员在数据架构设计过程中还要考虑数据分类、数据操作方式、数据处理技术成熟度等各类因素，才能形成更为合理的数据架构设计方法。

6.2.5　基于 DEAF 的数据架构设计产出

数据架构设计产出如下。

1）企业级数据模型。企业级数据模型是从逻辑上对企业数据的描述，包括主题域模型、概念数据模型和逻辑数据模型 3 个层次。其中，逻辑数据模型包括对数据实体、数据实体之间的关系以及关键数据属性的描述。

2）企业级数据标准。企业级数据标准是对企业中各类数据制定的规范性约束。数据元是数据标准的基本单元。每个数据元包括业务属性、技术属性和管理属性。

3）数据（应用）分布矩阵。数据（应用）分布矩阵描述了各类数据实体在各个应用之间的分布情况，明确哪些应用管理主数据，哪些应用使用主数据和存储副本。

4）数据流向图。数据流向图描述了各类数据在各个应用之间的流向，以及使用的数据流转方式。

5）数据集成平台。数据集成平台用于汇集、加工和处理各类数据，形成数据资产，进一步为数据服务平台提供支持。

6）数据服务平台。数据服务平台为各类用户和系统提供数据服务，支持报表工具、自助分析、API、数据挖掘等各类数据服务方式，以充分发挥数据价值。

6.3　数据集成架构：从数据仓库到湖仓一体

数据集成在数据架构中占据着极为重要的位置，本节主要介绍数据集成架构相关的设计。

6.3.1 传统数据仓库

数据仓库是数据架构中非常重要的数据平台，下面介绍数据仓库的基本概念和分层架构。

1. 数据仓库基本概念

数据仓库是一个面向主题集成的、随时间变化，但数据本身相对稳定的数据集合，用于支持管理决策。数据仓库本身不生产数据，它将数据汇集起来，提供给外部使用。

下面对数据仓库的 4 个特征进行介绍。

（1）主题性

操作型数据库面向事务进行数据组织，各个业务系统处理不同的数据。数据仓库的数据都是按照主题域进行组织，仅保留与该主题相关的数据，且通常与多个业务系统相关。

（2）集成性

操作型数据库的数据往往是多源异构的，而且存在不一致性。数据仓库中的数据来自不同的数据源，经过 ETL 操作后被集中存放到操作数据存储库。ETL 过程消除了各类源数据的不一致性，以保证数据仓库中的数据全局一致性。

（3）稳定性

操作型数据库中的数据通常根据业务变化频繁实时更新。数据仓库中的数据主要供企业决策分析使用，所涉及的操作主要是查询，很少被修改和删除，相对稳定。

（4）动态性

操作型数据库主要关注当前一段时间内的数据，而数据仓库随时间变化定期更新数据，记录了企业从数据仓库建立起到当前各个阶段的数据。用户可以基于数据仓库中的数据对企业进行较长周期的定量分析，并在此基础上对未来进行预测。

2. 数据仓库的分层架构

为了满足高效、可持续开展数据分析，以及数据仓库日常维护需求，数据仓库普遍采用分层架构。标准的数据仓库包括 4 层：贴源数据（ODS）层，数据明细（DWD）层，数据汇总（DWS）层和数据应用（ADS）层，如图 6-8 所示。

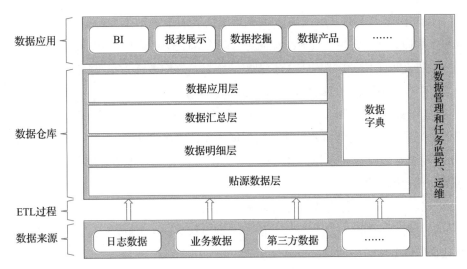

图 6-8　标准的数据仓库架构

（1）贴源数据（ODS）层

数据被从源系统采集并存储到 ODS 层。ODS 层和源系统数据同构，保留了最细粒度的原始数据。我们可以在 ODS 层进一步对数据进行加工处理。ODS 层的库表分为两类：一类用于存储当前需要加载的数据，另一类用于存储处理完成的数据。

（2）数据明细（DWD）层

在 ODS 层完成加工清理的数据进入 DWD 层。该层的数据是经过清洗的干净数据，是准确和一致的。DWD 层的数据一般遵循数据库第三范式，数据粒度和 ODS 层的数据粒度相同，从数据范围上看会保存数仓系统中所有的历史数据。

（3）数据汇总（DWS）层

DWS 层面向主题组织数据，通常是遵循星型模型和雪花模型。从数据粒度来讲，DWS 层是轻度汇总级别的数据。从数据广度来讲，DWS 层包含所有业务。从数据分析角度来讲，DWS 层主要用来分析近几年数据。

（4）数据应用（ADS）层

ADS 层的数据高度汇总，只是 DWS 层数据的一个子集，可提供给数据产品和数据分析挖掘使用。ADS 层也称作数据集市，主要是面向部门的数据应用，一般只涉及一个主题。

数据字典（DIM）与上述四层并列。维度表或维表保存了维度属性值，可以和事实表做关联，将事实表中经常重复出现的属性抽取、规范到一张表进行管理。

数据仓库采用分层架构是经验积累的结果，这样做有 3 方面好处。

1）通过数据预处理提高数据查询效率。

2）增强可扩展性。未来业务变更只需要处理相关层的数据，否则一旦源系统业务规则发生变化就需要重建整个数据仓库，工作量非常大。

3）通过分层管理来分步骤完成工作，大大简化了数据清理工作，使得每一层的处理逻辑更加简单。

数据仓库分层之后，要制定分层使用规则，比如允许 ADS 层直接访问 DWS 层，以及跨层访问 DWD 层，但一般不允许直接访问 ODS 层，这样可以有效提升数据处理效率，同时规范数据使用。

6.3.2　基于大数据平台的数据仓库架构

传统的数据仓库通常是通过 Oracle 或 MPP 等数据库实现的。随着大数据时代的到来，基于大数据平台的数据仓库开始流行，它可以同时支持离线分析和实时计算。如图 6-9 所示，这是一个标准的基于大数据平台的数据仓库架构，可分为数据采集层、数据存储与分析层、数据共享层和数据应用层。

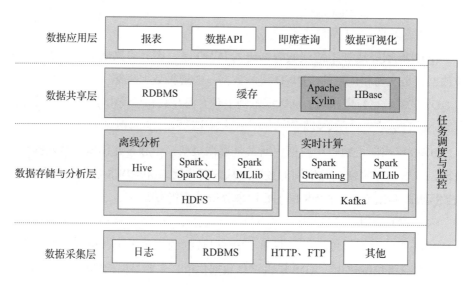

图 6-9　基于大数据平台的数据仓库架构

（1）数据采集层

数据采集层的任务是从各种数据源采集数据并存储到数据存储与分析层，并进行一些简单的数据处理。数据采集层可以使用 Flume 收集日志，通过 Sqoop 将 RDBMS 和 NoSQL 中的数据同步到 HDFS 上，并添加 Kafka 进行实时数据缓存以防止数据丢失。

（2）数据存储与分析层

数据存储与分析层主要使用 HDFS 进行数据存储。与传统数据仓库相比，基于大数据平台的数据仓库可以同时支持离线分析和实时计算。离线分析可以使用 Hive、Spark 和 SparkSQL 等工具进行。实时计算使用 Spark Streaming 或 Flink 消费 Kafka 收集的日志数据，结果通常保存在 Redis 中。数据科学家可以使用 Spark MLlib 进行人工智能模型的构建和运算，还可以将 Kylin 作为 OLAP 引擎进行多维数据分析。

（3）数据共享层

前面使用 Hive、Spark、SparkSQL 等分析和计算的结果存储在 HDFS 上，但大多数业务和应用不能直接从 HDFS 中获取数据。因此，我们需要建立数据共享层来存放数据分析和计算结果，以便业务人员和数据产品经理能够轻松获取数据。通常，我们使用关系型数据库和 NoSQL 数据库支持数据共享。

（4）数据应用层

数据应用层提供各种数据服务，包括报表、数据 API、即席查询、数据可视化等。报表使用的数据通常是已经统计汇总好的，存放在数据共享层。数据 API 通过 Restful API 形式对外提供数据服务，其提供的数据是直接从数据共享层查询得到的。即席查询通常适用于现有的报表和数据共享层的数据不能满足需求，需要从数据存储层直接查询的场景。我们一般可通过直接操作 SQL 获得该服务。专业用户可以使用 Tableau、SmartBI 等工具进行自助数据分析。数据可视化提供可视化前端页面，方便运营等非开发人员直接查询。

6.3.3　数据湖和湖仓一体

伴随 5G、大数据、人工智能、物联网的飞速发展，数据呈现大规模、多样化等特性。为了应对更加复杂多变的业务需求，许多机构对数据处理实时性和融合性提出了更高要求。"湖仓一体"概念应运而生，它打破了数据仓库和数据湖之间的壁垒，使得割裂的数据融合统一，减少了数据分析中的搬迁，实现了统一的数据管理，有利于发掘更多数据价值。

1. 数据湖

企业不仅拥有结构化数据，还有大量半结构化数据、非结构化数据等，而且有的数据现在还不知道怎么使用，这些数据也需要存储起来以备使用。数据仓库无法满足此类需求，于是就出现了数据湖。

数据湖是一种在系统或存储库中以自然格式存储数据的方法，它有助于以各种模式和结构形式配置数据，通常是对象块或文件。数据湖的主要思想是对企业中的所有数据进行集中统一存储。这些数据可用于统计报表、可视化、机器学习等各种任务。数据湖中的数据包括结构化数据（关系型数据库中的数据）、半结构化数据（CSV、XML、JSON 等格式的数据）、非结构化数据（电子邮件、文档、PDF 等数据）和二进制数据（图像、音频、视频类数据）等各种格式。数据湖具有庞大的数据存储规模、PB 级计算能力、多元化的数据交叉分析能力以及大容量、高性能的数据管道。

数据湖与数据仓库最主要的区别是，数据仓库存储的是已经加工的结构化数据，而数据湖采用对象存储方式，只有在进行数据分析时才进行数据处理。由于数据湖存储的是最原始、最细节的数据，而且允许业务专家、数据分析师使用自助分析工具对数据进行分析，数据科学家可以利用机器学习、深度学习等技术从数据中发掘更多的价值。

2. 湖仓一体

随着数据湖受到关注，业界开始建立融合数据湖和数据仓库的平台。它不仅具有数据仓库功能，还实现了各种高级功能，包括各种不同类型数据的处理功能、数据科学和新模型发现功能，这就是所谓的"湖仓一体"。

湖仓一体具有以下 4 个特点。

（1）统一的数据管理

湖仓一体提供完善的数据管理能力，包括数据源、数据连接、数据格式、数据 Schema（库、表、列、行），以及权限的管理能力。统一的数据管理能力，使得数据湖、数据仓库中的数据、元数据无缝打通并自由流动。

（2）多样化存储引擎

湖仓一体本身内置多模态的存储引擎，支持插拔式的存储框架，以满足不同应用对数据访问的需求（综合考虑响应时间、并发、访问频次、成本等因素），支持的存储类型有 HDFS 文件存储和 S3/OSS 对象存储等，甚至还可以与外置存储引擎协同工作，满足更加多样化的需求。

（3）丰富的计算引擎

湖仓一体提供从批处理、流式计算、交互式分析到机器学习等各类计算引擎，并可灵活扩展，可满足不同场景数据处理和分析需求。此外，它还不断引入各类机器学习、深度学习算法，并支持从 HDFS、S3 中读取样本数据进行训练。

（4）数据全生命周期管理

作为企业中全量数据的存储场所，湖仓一体需要对数据全生命周期进行管理，包括数据定义、接入、存储、处理、分析、应用全过程。数据湖需要做到可追溯任意一条数据的接入、存储、处理、消费过程，能够完整重现数据的产生和流转过程。

3. 湖仓一体的实现方式

湖仓一体架构的实现方式有两种：一种是在数据湖基础上增加数据仓库能力，目前业界已经涌现出一些湖仓一体产品，如 Nexflix 开源的 Iceberg、Uber 开源的 Hudi、Databricks 开发的 DeltaLake；另一种是数据湖和数据仓库融合形成混合式逻辑数据仓库（Logical Data Warehouse，LDW）。逻辑数据仓库架构如图 6-10 所示。

逻辑数据仓库的核心理念在于，数据对用户完全实现虚拟化，通过统一的元数据管理建立统一的数据目录，以逻辑统一的数据系统提供数据分析服务。在平台层，Hadoop 与 MPP 具有数据共用和跨库分析能力，通过互联互通、计算下推、协同计算，实现数据在多个数据平台之间透明流动。

湖仓一体于 2020 年刚刚提出，业内还处在探索阶段，企业应用也非常有限。但从发展趋势来看，湖仓一体必将在数字经济建设中发挥非常重要的作用，值得企业关注、研究和尝试应用。不过，不同企业在选择数据平台架构时还是要根据自己的实际需要，如果数据量不大，而且主要是结构化数据，选择传统数据仓库就可以，不需要盲目追求湖仓一体，毕竟适合自己的才是最好的，关键还是发掘数据价值。

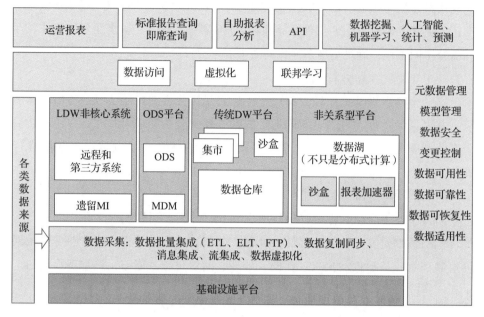

图 6-10　逻辑数据仓库架构

6.4　数据中台典型架构

过去，数据仓库实践忽视了与实际业务的结合，数据仓库使用门槛高，只能供少数专业用户使用。为了让数据更好地用起来，数据中台应运而生。数据中台提供了一系列工具、方法和运行机制，让数据服务成为一种能力，降低了数据使用门槛。

图 6-11 为数据中台总体架构。数据中台的核心组成包括 3 部分，即大数据平台、数据资产管理平台和数据服务平台。通过数据采集和数据开发形成的贴源数据、主题数据、标签数据、应用数据等各类数据构成了企业数据体系。大数据平台负责存储和计算这些数据。数据资产管理平台对数据进行治理，形成数据资产，保证数据质量满足对外服务要求。数据服务平台对外提供各种服务，将数据服务融入业务。

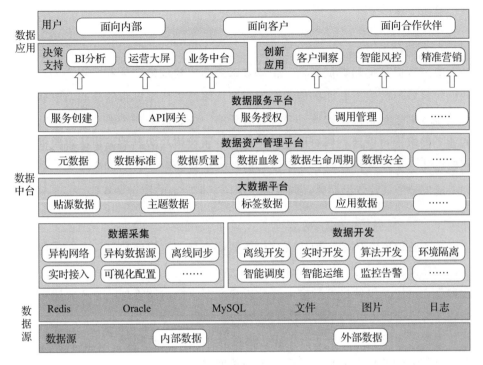

图 6-11 数据中台总体架构

1. 数据采集

通过数据采集模块将企业内外部数据接入数据中台，形成贴源数据。这些数据可能存在于各种异构数据源中，包括 Oracle、MySQL、Redis、日志、图片、音/视频、文件等，通过数据库同步、埋点、网络爬虫、消息队列等数据采集方式汇聚到数据中台。从时效性来看，数据采集分为离线批量采集和在线实时采集。

2. 数据开发

贴源数据是按照数据的原始状态堆砌在一起的，对业务人员来说难以使用，必须进行进一步加工。数据开发模块提供了一系列数据加工工具，帮助数据开发人员和建模人员将数据加工整理成企业数据资产体系，提供给业务方使用。具体来说，数据开发模块主要是为数据开发人员和建模人员，提供离线分析、实时计算、算法开发工具，以及任务调度、代码发版、运维、监控、告警等一系列集成工具。

3. 大数据平台

通过数据采集和数据开发，企业基本建立了数据资产体系。到这一步，企业已经具备传统数据仓库的能力。数据资产体系是数据中台的核心。数据中台是围绕数据进行采集、计算、管理和服务的。企业数据资产体系可以根据企业的业务需求进行设计，但总体上都是按照贴源数据、主题数据、标签数据、应用数据4个层次进行建设。如果没有清晰、丰富的企业数据资产体系，企业就会不停地私搭乱建数据服务，而且难以保证数据服务的质量和效率。

4. 数据资产管理平台

企业数据资产体系必须持续进行数据资产管理，保证数据符合企业数据标准，数据质量满足进一步分析使用需求。同时，企业要有完整的元数据，建立数据资产目录，以便进行数据血缘分析和数据生命周期管理。企业要建立专门的数据资产管理组织，并配套数据资产管理工具。

过去，大家花大力气去找数据，实际分析数据的时间很少。数据资产管理平台将数据资产目录或数据资产地图完整地展示给全体员工，让大家能看到企业到底有哪些数据资产，大大减少了找数据的时间，从"人找数据"变成"数据找人"，推动数据资产的有效利用。

5. 数据服务平台

数据服务是发挥数据价值的"最后一公里"。过去，数据仓库建设成效不高的最大问题是数据服务体系建设手段单一、数据使用门槛高，只有专业的数据分析人员才能掌握。而数据中台中建立了数据服务平台，提供从即席查询、自助分析、数据挖掘、数据可视化到数据API等各种数据服务手段，极大地降低了数据使用门槛，让数据变得好用。数据服务平台通过提供数据分析洞察和更直接嵌入业务流程中的数据智能应用，让数据参与到业务当中，实现业务数据化、数据业务化的闭环，从而激活整个数据中台。数据服务平台真正体现了数据中台的核心价值。

第 7 章

技术架构设计

技术架构在企业架构中最接近底层技术，为数据架构和应用架构的实现提供技术支撑。技术架构主要包括基础设施和安全两部分，有时也把集成架构包含进来。本书将集成架构分为应用集成架构和数据集成架构，并分别在数据架构和应用架构相关章节进行介绍。

本章首先介绍技术架构的基本概念，然后阐述 DEAF 中的技术架构设计方法，接着讲解技术架构的发展趋势和如何管理技术路线，最后介绍当前最受关注的 3 类技术架构——分布式架构、高可靠性容灾架构和云原生架构。

7.1 技术架构概念和作用

7.1.1 技术架构基本概念

技术架构是对业务、应用和数据架构的技术实施方案的结构化描述，包括对构成实施方案的技术组件、技术平台及相互间的关系的描述。技术架构通常包括开发和运维的工具和技术能力。

技术架构是企业架构的重要组成部分。技术架构为应用架构和数据架构提供技术支撑，间接服务于业务架构。

7.1.2 技术架构的组成

根据 *The Practice of Enterprise Architecture：A Modern Approach to Business and IT Alignment*，企业架构包括 6 个领域：业务领域、应用领域、数据领域、集成领域、基础设施领域和安全领域，具体如图 7-1 所示。其中，前 3 个领域是业务使能的（功能性）企业架构领域，后 3 个是业务支撑的（非功能性）企业架构领域，与大多数业务人员没有关系。技术架构覆盖了后 3 个领域。

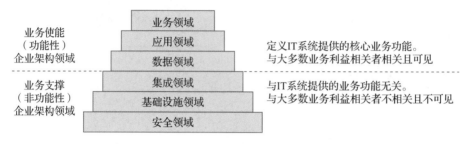

图 7-1　企业架构的 6 个领域

集成领域从系统集成机制角度看待组织，包括接口连接、交互协议、集成平台、消息队列中间件等。集成应用的交互关系属于应用架构，集成应用的机制和工具属于技术架构。

基础设施领域从底层 IT 基础设施角度看待组织，包括数据中心、硬件、服务器、存储、操作系统、网络等。

安全领域从安全机制角度看待组织，包括防火墙、身份认证和访问管理系统、加密协议等。安全是非常重要的。技术架构一般包含安全架构，但有时也会与安全架构并列作为单独架构。从覆盖范围来讲，安全纵向贯穿业务、应用、数据、技术等层面。从网络安全到数据安全，安全越来越得到企业乃至国家的高度重视。

7.1.3 技术架构的作用

技术架构是企业架构中的关键一环。技术架构发挥的作用如下。

- 技术架构为应用架构和数据架构的实现提供支撑。应用架构和数据架构都是技术架构设计的输入，对技术架构设计提出了多方面要求。技术架构设计满足应用架构和数据架构要求，从而为企业架构整体落地奠定良好基础。

- 技术架构建立统一的技术组件和技术平台，各个应用开发团队和数据开发团队都可以使用这些技术平台和技术组件，避免重复造轮子，节省了大家的时间，提高了整体研发效率。
- 技术架构明确企业的技术路线和设计原则，确定技术选型要遵循的策略和要求，保证持续按照预定方向演进。

7.2　基于 DEAF 的技术架构设计

7.2.1　基于 DEAF 的技术架构设计原则

技术架构设计应遵循以下 7 项原则，具体如图 7-2 所示。

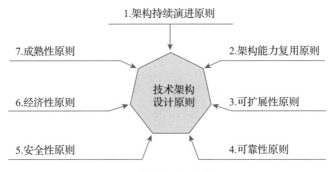

图 7-2　技术架构设计原则

1）架构持续演进原则：技术架构要具备持续演进的能力，以满足当前业务需求为基础，最大限度复用现有架构资产，不断迭代，适应技术发展趋势和组织需求变化。

2）架构能力复用原则：技术架构要在企业范围内进行统一管理。各类信息技术建设都应该在统一的技术架构下开展，遵循统一的技术路线，复用统一的基础设施、技术平台和技术组件。

3）可扩展性原则：技术架构应具备可扩展性，满足不断发展变化的企业业务和技术变化需求。

4）可靠性原则：技术架构应保证系统可靠性，最大限度减少因技术故障而造成业务无法正常运行的情况。

5）安全性原则：技术架构中要建立信息安全风险管理体系，包含安全平台、安全策略等方面的设计，以提高系统的整体安全性，尽量避免发生网络安全、数据安全事故。

6）经济性原则：技术架构应尽量提高资源利用效率，坚持在先进、高性能前提下，确保低成本获得最大效益。

7）成熟性原则：技术架构应使用成熟且先进的技术，享受技术发展带来的红利，避免使用尚未成熟的技术，给企业 IT 系统运行带来影响。

7.2.2　基于 DEAF 的技术架构元模型

图 7-3 为基于 DEAF 的技术架构元模型。

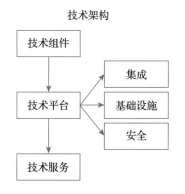

图 7-3　基于 DEAF 的技术架构元模型

技术架构元模型包括技术平台、技术服务和技术组件 3 种元素。技术服务用于描述实现上层架构设计所需的技术能力，例如网关、防火墙、数据存储、缓存等。技术组件用于描述技术服务的实现，是可部署的物理组件，比如 MySQL 数据库、ZooKeeper、RocketMQ。技术服务是技术架构治理的核心，具体的技术组件可以不断升级或者被替换，但技术服务是更稳定的。技术平台用于描述由一组技术服务构成的，提供特定技术能力的逻辑模型。技术平台分为集成平台、基础设施平台和安全平台 3 种类型。

7.2.3　基于 DEAF 的技术架构设计流程

企业级技术架构设计有两类输入：一类是架构需求，主要来自前面业务架构、数据架构和应用架构的设计方案；另一类是架构设计策略，包括架构愿景、架构原则、技术规范、组织结构、资源约束等，构成技术架构设计的上下文。技术架构设计不是随心所欲的，必须同时满足架构需求和架构设计策略，可以形象地比作戴着镣铐跳舞。

技术架构设计分为 5 个步骤，如图 7-4 所示。

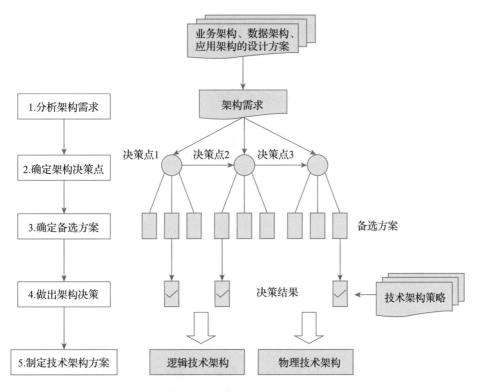

图 7-4　技术架构设计步骤

（1）分析架构需求

架构设计人员对业务架构、数据架构和应用架构设计成果进行分析，从中提炼出对技术架构的要求。

（2）确定架构决策点

架构设计人员结合架构需求和技术架构覆盖业务范围，确定架构决策点。例如，技术架构风格、技术栈、基础设施等，都是架构决策点。

（3）确定备选方案

对于每一个架构决策点，架构设计人员都要确定备选方案。比如，在技术架构风格决策点方面，备选方案有单体架构、SOA、分布式微服务架构等。在基础设施决策点方面，备选方案有物理机、虚拟化基础设施和云化基础设施等。

（4）做出架构决策

根据企业的架构设计策略和各方面约束，遵循企业架构决策流程，架构设计人员对备选方案进行选择，做出架构决策。比如，企业 A 业务规模不大、业务较为简单，架构设计人员可以考虑采用虚拟化基础设施和单体架构，这样维护成本较低。企业 B 需要服务海量用户，存在业务高并发、高弹性需求，架构设计人员可选择云计算、分布式微服务架构。

（5）制定技术架构方案

基于架构决策，架构设计人员制定具体的技术架构方案，绘制逻辑技术架构图和物理技术架构图以及相关的清单。逻辑技术架构图由技术平台、技术组件和技术服务等构建块组成。物理技术架构图是对逻辑技术架构的物理实现展示，比如具体的物理部署图等。

7.3 技术架构发展趋势与技术路线管理

7.3.1 技术架构发展趋势

技术架构的发展受到两方面影响：一方面是业务需求的变化，另一方面是技术发展趋势。每 5 年或者 10 年，技术一般会发生较大的变化。过去 20 年来，服务器从大型主机发展到小型机、PC 服务器，部署方式从物理部署发展到虚拟化、容器化，架构模式也从单体架构、SOA 发展到分布式微服务架构，不断演进。

2015 年以来，随着"互联网＋"的发展和云计算、大数据、人工智能、移动互联网等技术的应用，传统行业逐渐向互联网模式转型，技术架构引入了分布式微服务和云计算。分布式微服务为云计算提供应用场景，云计算为分布式微服务提供基础支撑和实现手段。

成立于 2015 年的网商银行，在技术架构发展上非常具有代表性。其技术架构发展历程可以分为 3 个阶段。

第一阶段（2015—2016 年），网商银行建成了基于云计算底座的分布式架构，逐步完成两地三中心架构落地。

第二阶段（2017—2018 年），网商银行实现了单元化异地多活架构，实现多地域资源统一调度。

第三阶段（2019 年至今），网商银行建立了混合云弹性架构和云原生架构。

7.3.2 如何向分布式微服务架构过渡

传统企业从集中式架构过渡到分布式架构是有一定挑战的。分布式微服务架构通过将功能分布到多个独立部署的服务，基于网络通信相互协作，实现了服务之间的松耦合。每个微服务可以单独升级、维护和增减服务节点。但分布式微服务架构存在运维难度大的问题。随着微服务数量的增加，部署工作量增加，微服务之间的调用链路更复杂，监控和问题定位更难。

要实现分布式微服务架构落地，企业需要关注 3 个方面。首先，企业要建立 PaaS 平台，帮助开发人员降低技术使用门槛。其次，企业要重视微服务拆分，不仅要保证合理的颗粒度，还要符合高内聚、低耦合原则。这方面需要反复探索和磨合。最后，企业要注重服务治理机制的建设，要建设全链路跟踪监测机制，提高整套架构的可观测性，保证出现问题能快速发现、定位、处置和解决。

7.3.3 技术架构发展方向

云原生架构是当前和未来技术架构发展的一个重要方向。云原生架构涉及分布式微服务、DevOps、服务网格、容器编排等方面。云原生架构的主要思路是，通过虚拟化基础设施的建设，将分布式微服务架构中的非功能性部分从程序代码中剥离出来。例如，以 Istio 为代表的服务网格通过网络代理的方式与应用部署在一起，并接管其对外的数据通信，为分布式应用提供流量管理、熔断限流、可观测性等能力。

技术架构发展的另一个需要关注的方向是可持续 IT。环境、社会和治理议题已经成为国家和社会关注的重点。凯捷咨询发布过《可持续 IT 研究报告》，提出可持续 IT 概念。企业 IT 的建设和运行成本，包括耗电成本、硬件设备成本、数据中心冷却成本等越来越高。发展可持续的 IT 已成为企业可持续发展和低碳化发展的重要手段和必然要求。现在国家要求企业要建设绿色数据中心和改造数据中心，采用各种节能技术和清洁可再生能源，加强能耗数据监测与管理。其中，有个重要的指标叫作 PUE，即数据中心总能耗与 IT 设备能耗的比值。数据中心总能耗包括 IT 设备能耗和制冷、配电等系统的能耗。人民银行在《金融科技发展规划（2022—2025 年）》中要求，新建大型、超大型数据中心 PUE 不超过 1.3，到 2025 年，数据中心 PUE 普遍不超过 1.5。

7.3.4　技术路线和技术组件管理

技术架构明确了企业的技术路线、使用的技术平台和技术组件。对于企业来说，技术并非越先进越好，关键是要发挥对业务的支撑作用，做好业务应用，而非追求先进性。引入新技术有一定风险和成本，因此企业必须明确组织的技术路线，并建立新技术引入的管理流程。企业要按照成熟性原则引入成熟的先进技术，即这些技术已经有较多的应用案例，有足够的专业人才和厂商支持。

企业对新技术组件引入进行统一管理，有助于保证技术栈的统一性。技术人员对技术有一定的个人偏好，特别是从外部招聘的有工作经验人员带有原先的习惯。如果不对新技术组件引入进行统一管理，各个团队各行其是，容易导致技术混杂、企业整体的技术维护成本上升。

技术路线方面主要分为开源技术路线和商业闭源技术路线两类。选择商业闭源技术路线的好处是可以通过签订维护合同，获取有保证的维保服务。开源技术多为社区版本，需要拥有技术大牛才能完全掌握。选择开源技术路线的好处是不会被某一家供应商绑定。长期来看，保持技术路线的开放性对于企业拥有自主掌控能力和自有技术团队能力成长都是有帮助的。

同时，企业还必须注意技术供应链安全问题，对于关键技术要有两家以上的供应商，避免被一家供应商绑定。

7.4　分布式架构

7.4.1　分布式系统经典理论

分布式系统指的是各个组件分布在同一网络的不同节点，并通过网络通信进行协同的系统。分布式系统的经典理论有 CAP 理论和 BASE 理论。

CAP 理论认为，一个分布式系统不可能同时满足一致性（Consistency）、可用性（Availability）和分区容忍性（Partition tolerance）这三个基本要求，最多只能满足其中两个。分区容忍性是必须要满足的，所以分布式系统只能是 CP 或 AP 两类。

HBase 数据库、ZooKeeper 和 Etcd 等分布式协调框架属于 CP 系统。它们可实现通知、协调、队列、分布式锁等。

AP 系统是目前设计分布式系统的主流选择，可以实现最终一致性（Eventual Consistency）。大多数 NoSQL 数据库和分布式缓存框架都属于 AP 系统，例如 Redis。AP 系统具有高性能和高可用性特点。

BASE 理论是 Basically Available（基本可用）、Soft state（弱状态）和 Eventually consistent（最终一致性）3 个短语的简写。BASE 理论基于 CAP 理论，并对互联网行业的分布式系统实践进行总结，其核心思想是分布式应用可以采用合适的方式实现最终一致性。

7.4.2 分布式事务

在分布式架构下，事务处理问题是最难解决的，其本质是处理跨节点的数据一致性问题。无论二阶段提交 2PC 还是三阶段提交的全局事务机制，都是强一致性。但强一致性机制的效率非常低，无法满足分布式架构业务处理需求。因此，在日常实践中，企业常常使用变通的方式来处理分布式事务处理问题，以达到最终一致性的目的。可靠事件队列和 TCC 事务是两种常见的分布式事务机制。

可靠事件队列是指，在最可能出错的业务以本地事务的方式完成后，采用不断重试的方式来促使同一个分布式事务中的其他关联业务全部完成。可靠事件队列可通过消息中间件（如 RocketMQ）来实现。

TCC 是 Try Confirm Cancel 的缩写。在尝试执行（Try）阶段，完成所有业务可执行性的检查，并预留所有需要用到的业务资源。在确认执行（Confirm）阶段，使用预留资源完成业务处理，可能会重复执行，要求操作具有幂等性。在取消执行（Cancel）阶段，如果部分资源无法预留，则取消执行并释放已预留资源。

7.4.3 分布式共识算法

分布式共识算法解决了分布式系统中最核心的问题，即如何协作操作以实现最终一致性。常用的分布式共识算法包括 Paxos 算法、Raft 算法和 ZAB 算法。

Paxos 算法基于消息传递的协商共识算法，是分布式系统实现重要的理论基础。Paxos 算法将分布式系统节点分为提案节点、决策节点和记录节点 3 类。为了决策顺利，决策节点数量应为奇数。

Paxos 算法主要分为准备和批准两个阶段。在准备阶段，提案节点向网络内超过半数的决策节点发送准备请求消息，决策节点正常情况下回复承诺消息。在批准阶段，当多数决策节点回复承诺消息时，提案节点发送提案消息，决策节点正常情况下回复、接收消息。提案节点收到多数决策节点的消息之后，形成决议。待协商过程结束，提案节点将决议发送给所有记录节点。

Multi Paxos 算法的核心改进是增加了选主过程。提案节点通过轮询确定当前网络所有节点是否存在一个主提案节点，如果发现没有，就使用 Basic Paxos 算法竞选成为主提案节点。之后只有主提案节点才能提出提案，其他提案节点收到请求都会转发给主提案节点。所有节点只有主（Leader）和从（Follower）的区别。

Etcd 使用的 Raft 算法以及 ZooKeeper 使用的 ZAB 算法思路与 Multi Paxos 算法思路类似。

7.4.4 案例：典型的分布式微服务架构

下面具体分析典型的分布式微服务架构示例，如图 7-5 所示。

用户使用 App 发出请求，经过 DNS 后获得距离最近的 CNAME，并根据 CNAME 访问内容分发网络（CDN）。如果请求的是静态资源，CDN 直接返回结果；否则，继续向最近的数据中心发送请求。在这个过程中，所有操作都发生在互联网区域。

企业通常在互联网区域和生产区域之间设置 DMZ（也称为非军事区）。防火墙位于互联网和 DMZ 之间，用于防御来自互联网的病毒和攻击。防火墙后面是 F5 或 LVS 等四层负载均衡服务器，用于分发海量请求。WAF 是 Web 应用防火墙，在应用层面进行安全处理。Nginx 对请求进行 NAT 转换，并在应用层面进行负载均衡处理，将请求分发到对外的服务网关。

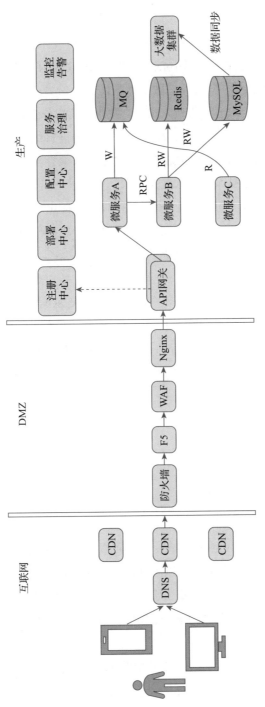

图 7-5　典型的分布式微服务架构示例

服务网关通常位于生产区域的入口处，对所有入口流量进行统一管理，包括认证、鉴权、限流、熔断等处理，并将请求转发到具体的微服务进行处理。微服务的服务发现是通过服务注册中心实现的。微服务会在注册中心进行注册，并通过注册中心发现所需的微服务。微服务之间的通信方式有同步的 RPC（远程过程调用）方式、异步的消息队列方式等。微服务使用分布式数据库来存储数据，通过读写分离来提高查询效率，通过分库、分表进行纵向和水平扩展。为了进一步提高查询效率，微服务还使用分布式缓存来缓存经常使用的数据。分布式数据库存储的数据会被采集到大数据平台，以供进一步分析。

分布式微服务架构无法保证每次执行都正确，可能出现请求数超过系统处理能力导致服务崩溃的情况。因此，微服务需要进行容错性设计，包括服务限流、服务降级、服务熔断、服务重试等。

为了保证微服务架构正常运行，企业需要建立一系列配套设施。首先，企业需要建立 DevOps 平台，实现微服务的快速集成和快速部署。其次，企业需要开展服务治理，建立日志、全链路追踪和度量体系，增强微服务架构的可观测性。日志体系用于记录离散事件，帮助程序员了解系统的运行情况。全链路追踪体系可以帮助掌握服务调用链路信息，快速定位问题。度量体系用于发现异常情况，聚合分析各类指标，如果指标达到阈值，就会通过多种方式告警，并针对有些问题自动处理。

7.4.5 典型的分布式技术组件

1. 服务发现、网关和负载均衡器

（1）服务发现

ZooKeeper、Eureka、Consul、Nacos 等都可以作为服务注册发现组件，以供服务注册中心的建立。服务注册中心以集群方式部署，通常使用三个或五个节点来保证高可用性。服务提供者向服务注册中心进行注册、续约、下线，服务消费者通过服务注册中心发现服务，然后通过 RPC、消息队列等方式使用服务。

（2）网关

Nginx Ingress Controller 和 Zuul 是典型的服务网关。服务网关的主要职责是作为统一的出口对外提供服务。它将外部访问网关的流量，根据适当的规则

路由到内部集群中正确的服务节点。服务网关是路由器和流量过滤器的组合，具有认证、授权、限流、监控、缓存等功能。

当前，基于 HTTP 的 REST 和 JSON-RPC 等接口在对外部提供的服务接口中占据绝对主导地位，因此服务网关必须支持七层路由。服务网关是所有对外服务的总出口，是流量的必经之地。因此，服务网关的路由性能影响是全局性的。

（3）负载均衡器

按照所处的网络分层不同，负载均衡器分为四层负载均衡器和七层负载均衡器两种。四层负载均衡器性能更好，可采取二层改写 MAC 地址、三层改写 IP、三层 NAT 和 SNAT 等方式。F5 和 LVS 属于四层负载均衡器。七层负载均衡器采取反向代理方式，能够实现静态资源缓存、防御 DDos 等安全攻击、服务降级、熔断等。Nginx 属于七层负载均衡器。

按照部署位置不同，负载均衡器分为客户端负载均衡器、服务端负载均衡器和代理负载均衡器 3 种。客户端负载均衡器是指独立位于每个服务前端的、分散式的负载均衡器，代表性产品有 Ribbon 和 Spring Cloud LoadBalancer。集中的全局负载均衡器被称为服务端负载均衡器。服务网格将负载均衡功能放到边车代理中，被称为代理负载均衡器。

（4）CDN

CDN 为互联网系统解决跨运营商、跨地域所导致的延时问题，为网络带宽起到分流减负的作用。CDN 工作过程分为路由解析、内容分发、负载均衡和应用 4 个步骤。路由解析主要是在 DNS 中注册 CNAME，并在请求到来时返回最近的 CNAME。CDN 获取源站资源的过程称为内容分发。内容分发有主动分发和被动回源两种方式。DNS 和 CDN 都是在数据中心之外，将访问请求分配到一个合适的数据中心。

（5）认证和授权

认证由 AD 或 LDAP 等专门的基础设施负责，是指对生物信息、用户密码、数字证书等凭证进行验证。

RBAC 和 OAuth 2 是具有代表性的访问控制和授权方案。OAuth 2 是面向第三方应用的认证授权协议。它以令牌（Token）代替用户密码作为授权的凭证。使用令牌的好处是密码不会被泄露，支持设定访问资源的范围和时效性。JWT

是与 OAuth 2 配合使用的令牌，使用 JSON 格式。

2. PaaS 中间件

PaaS 中间件主要包括分布式缓存、分布式数据库和消息中间件 3 种。

（1）分布式缓存

Redis 是典型的分布式缓存。缓存的主要问题是缓存击穿，出现原因是某些热点数据失效，针对该数据的大量请求全部未能命中缓存，都到达真实数据源中，使其压力剧增。缓存击穿问题的解决办法包括加分布式锁和代码手动管理热点数据两种。

（2）分布式数据库

分布式数据库一般由分布式数据库中间件和关系型数据库组成。分布式数据库中间件负责数据访问路由和 SQL 解析等，实现读写分离、分库分表等操作。具体数据存储在哪个数据库对于用户和开发人员来说是透明的。以阿里云为例，它提供了分布式数据库中间件 DRDS 和关系型数据库 RDS。

（3）消息中间件

对处理时效要求较高的场景可以使用 RPC 方式，其他场景可以使用消息队列方式，这样可以进一步提升系统的松耦合度。常用的消息中间件有 RocketMQ、RabbitMQ、ActiveMQ 和 Kafka。

3. 服务容错设计

在分布式架构下，服务容错设计有多种方式，包括服务熔断、服务隔离、重试、服务限流等。

（1）服务熔断

雪崩效应是指某一个服务崩溃，导致所有用到这个服务的其他服务都无法正常工作。断路器可用于避免雪崩效应。Hystrix 是典型的断路器。断路器一对一接管服务调用者的远程请求，持续统计服务返回的成功、失败、超时、拒绝等各种结果。如果故障次数达到断路器中设置的阈值，就打开断路器，后续远程访问将直接返回调用失败，即使用快速失败策略，以避免雪崩效应。

（2）服务隔离

舱壁隔离模式是常用的实现服务隔离的设计模式。该模式为每个服务单独设立线程池，默认不设置活动线程，只用于控制单个服务的最大连接数。在该模式下，我们也可以使用信号量来控制服务的最大连接数。服务隔离机制可以在网络链路的不同环节实现，一般来说在服务调用端或者边车代理处实现服务层面的隔离，在 DNS 或者网关处实现系统层面的隔离。

（3）重试

重试模式适合解决系统中可自己恢复的瞬时故障场景，如网络抖动、服务临时过载等。可重试的服务必须具备幂等性。重试必须有明确的终止条件，比如超时终止或次数终止。重试模式可以在网络链路中的多个环节实现，比如客户端发起调用时自动重试，在网关中自动重试，在负载均衡器中自动重试等。

（4）服务限流

当系统资源不足以支撑突发流量请求时，企业就需要进行服务限流。TPS、QPS 等是常用的流量统计指标。企业可以使用流量计数器、令牌桶、滑动时间窗口等统计流量以进行服务限流。

4. 服务可观测性

服务可观测性指的是通过工具收集系统、应用程序、组件中的数据，对其运行状态进行监控、分析，具体包括日志、度量和追踪 3 个方向。针对分布式系统的追踪被称为链路追踪。

（1）日志

在日志领域，我们一般使用 ELK 技术，包括 Elastic Search、Logstash 和 Kibana 三个组件。在日志收集工作完成后，Elastic Search 负责日志存储和查询，Logstash 对日志进行加工聚合，Kibana 负责对结果进行图形展示。

（2）度量

在度量领域，我们通常使用 Zabbix、Prometheus（与 Kubernetes 配合使用）。Grafana 负责数据展示，将监控数据存储在时序数据库中，并通过多种方式进行预警。

（3）追踪

在追踪领域，我们有以 Datalog 为代表的商业产品、云计算厂商产品如 AWS X-Ray，也有开源工具如 Zipkin、Jaeger、Dapper、Pinpoint、鹰眼、CAT 和 SkyWalking。

APM 系统由收集链路追踪数据的 Sleuth、展示数据的 Zipkin 和存储数据的

Elastic Search 共同构成。

链路追踪的实现方式有 3 种。第一种是基于日志的追踪，以 Sleuth 为代表。第二种是基于服务的追踪，以 Zipkin、Pinpoint、SkyWalking 为代表，实现方法是给目标应用注入探针。探针是一个寄生在目标服务身上的小型微服务系统，将目标系统中监控到的服务调用信息，通过一次独立的 HTTP 或 RPC 请求发送给追踪系统。第三种是基于边车代理的追踪，是服务网格的专属方案，追踪数据由边车代理获取，通过控制平面上报。该方式最精确，但只能实现服务调用层面的追踪。

7.5 高可靠性容灾架构

为了确保业务连续性，企业需要建立高可靠的系统架构。过去，企业往往采用双机冷备、双机热备等方式来保证在单台机器出现故障的情况下仍能保持高可靠性。然而，为了避免极端情况，如数据中心断电、数据中心火灾、城市地震等，导致数据中心级故障甚至城市级故障发生，引发业务连续性风险，同城双活、两地三中心、单元化异地多活等高可靠性容灾架构陆续出现。

7.5.1 两地三中心架构

同城双活加上异地灾备就形成了两地三中心架构，这是许多大中型企业的标配。以金融行业为例，根据监管机构要求，金融机构达到一定业务规模之后，比如银行资产规模在 1000 亿元以上，必须建立两地三中心容灾架构，保证金融服务可以连续提供，避免业务连续性风险。两地三中心容灾架构方案如图 7-6 所示。

所谓"同城双活架构"，是指在同一城市或者距离 200 千米以内建立两个数据中心，而且两个数据中心采用一主一从方式或者双主方式运行。一主一从方式表示实时同步主数据中心的数据到从数据中心。双主方式表示两个数据中心同时进行读写并双向同步。MySQL 数据库可以使用 Binlog 同步复制方式来保证双数据中心的数据一致性。在单个数据中心出现故障时，运维团队可以将流量切换到另一个数据中心。但不是所有业务都需要实现双活，企业要根据监管要求和自身业务需要制定双活策略。

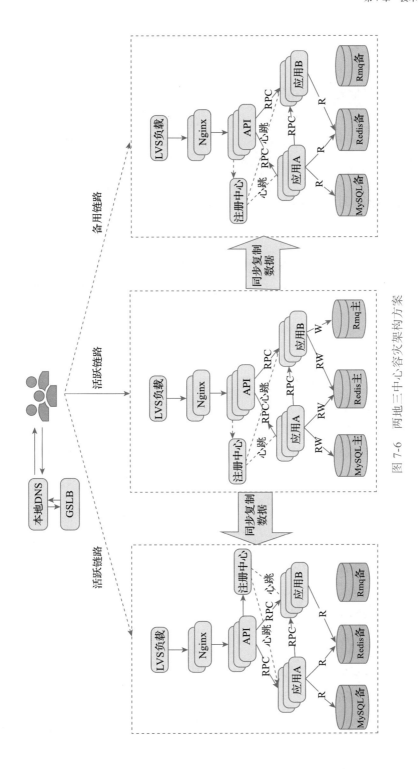

图 7-6 两地三中心容灾架构方案

异地灾备是指在另一个区域建立备用中心，部署完整的系统或至少关键业务系统，由于距离较远，需要采用异步复制方式进行数据备份。当同城双中心出现故障时，异地灾备中心可以使用备份数据恢复业务运行。

两地三中心架构方案相对简单，关键是实现底层数据双活。两地三中心架构也存在问题，即异地灾备中心平时不活跃，在同城双中心出现故障时，很难实现直接切换，需要花费较长时间进行验证。

7.5.2　单元化异地多活架构

1. 为什么需要单元化架构

同城双活架构可以提高资源利用率、保证数据中心级别的灾难恢复，但不能满足城市级灾备需求。异地灾备中心由于缺乏演练，在真正发生灾难时能否应对也是问题。企业要真正做到异地灾备，就必须要求异地数据中心也是活跃的，实现异地多活。

由于异地数据中心之间的距离超过 1000 千米，光纤单程通信超过 10ms。在分布式架构下，一次业务交易往往涉及几十次服务调用。如果存在跨机房调用，用户可能要等待几分钟才能获得交易结果，这是不可接受的。

一种可行的模式是将一次业务交易的所有调用限制在一个数据中心，尽量避免跨城市、跨数据中心调用。这就要求在每个数据中心都部署完整的系统，同时按照一定规则将流量分配到不同的数据中心。这样就出现了单元化架构，每个单元都可以处理完整的业务。无论微众银行，还是网商银行，都已经实现了单元化架构。

单元化架构还有一个好处，就是容易扩展，能够支持海量用户请求。如果业务大幅增长，当前架构无法支持新增流量，企业可以扩展一个或多个单元，并将流量分配过去。对于"双十一"、春节等流量超过平时多倍的节点，企业可以按单元进行弹性扩展和弹性缩回。

2. 什么是单元化架构

阿里巴巴这样定义单元和单元化架构，具体如下。

所谓单元，是指一个能够完成所有业务操作的自包含集合。这个集合中包含了所有业务所需的服务和分配给这个单元的数据。

单元化架构就是把单元作为系统部署的基本单位，在全站所有机房中部署数个单元。每个机房中的单元数量不定，但任何一个单元都部署了系统所需的所有应用程序，单元中的数据是全量数据按照某种维度划分的一部分。

数据通常按照用户 ID 维度进行划分，实际上是采用分片技术。单元化架构不仅对数据进行了分片，还实现了路由接入、应用和缓存等的分片。

这里举一个单元化架构的例子，图 7-7 所示有 3 个机房，其中机房 1 和机房 2 位于同一个城市，机房 3 位于另一个城市，每个机房中部署了不同数量的单元，流量按照用户 ID 进行路由，进入不同的业务单元。

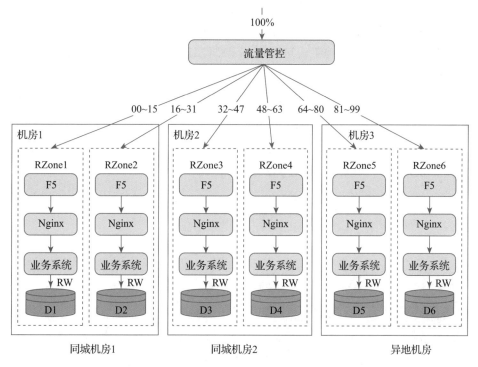

图 7-7　单元化架构示例

3. 如何搭建单元化架构

单元化架构有很多好处，但是搭建单元化架构的成本非常高。要搭建单元化架构，企业需要完成以下 4 个步骤。

1）改造所有的业务系统，按照统一的维度进行数据分片和流量路由。但是，肯定会存在部分数据无法按照这些维度进行划分的情况，因此企业在设计搭建方案时要考虑到这一点。

2）搭建一套单元化技术支持平台，将复杂的单元化架构搭建和运维对开发人员屏蔽。单元化技术支持平台至少应包含一套支持单元化架构的中间件、一个规则管理和流量调拨系统、一个单元化的部署和监控平台。支持单元化架构的中间件包括微服务框架、消息中间件、数据访问服务中间件，保证服务调用在某个单元内完成。规则管理和流量调拨系统负责管理业务流量在业务单元间的分配、单元与数据分库之间的匹配和跨单元的访问等，类似于一个交通警察。在出现故障时，企业需要将某些单元的流量迁移到其他单元。单元化的部署平台保证能够以单元为维度进行发布，单元间互不影响，还可以实现基于单元的灰度发布。单元化的监控平台可以按单元监控其运行健康程度，以便在事故或灾难发生时快速进行流量切换。

3）设计一整套单元化架构方案，划分各类单元，并明确各类流量的路由处理。

4）单元化架构迁移时，可以先保留现有的主集群，逐步增加业务单元，并将流量切换过去。单元化架构迁移方案如图 7-8 所示。

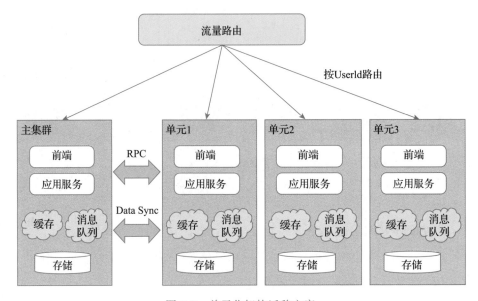

图 7-8 单元化架构迁移方案

7.6　云原生架构

7.6.1　云原生架构基本概念

1. 云原生定义及演进过程

追根溯源，有两家机构在云原生的概念提出和不断演进中扮演着重要角色，它们是 Pivotal 公司和 CNCF（云原生计算基金会）。

云原生概念最早于 2013 年由 Pivotal 公司的马特·斯汀（Matt Stine）提出，并给出定义：云原生是一种利用云计算交付模型的优势来构建和运行应用程序的方法。他还在《迁移到云原生架构》一书中定义了符合云原生架构的特征：符合 12 要素、面向微服务架构、自服务敏捷架构、基于 API 协作、抗脆弱性。Pivotal 官网对云原生概括为 4 个要点：DevOps、持续交付、微服务和容器。

CNCF 成立于 2015 年 12 月 11 日。CNCF 的成立标志着云原生正式进入高速发展轨道。Google、Cisco、Docker 各大厂纷纷加入，并逐步构建出围绕云原生的具体工具，而云原生概念也逐渐变得更具体化。2018 年，随着服务网格的加入，CNCF 调整了对云原生的定义，而这也逐渐作为被大家认可的官方定义：

云原生技术有利于各组织在公有云、私有云和混合云等新型动态环境中构建和运行可弹性扩展的应用。云计算的代表技术包括容器、服务网格、微服务、不可变基础设施和声明式 API。

这些技术支持构建容错性好、易于管理和便于观察的松耦合系统。结合可靠的自动化手段，云原生技术使工程师能够轻松地对系统做出频繁和可预测的重大变更。

CNCF 致力于培育和维护一个厂商中立的开源生态系统，来推广云原生技术。

云原生概念包括两个方面：一个是云原生技术，另一个是云原生应用。利用云原生技术构建云原生应用，这是提出云原生的直接目的。

2. 云原生技术

CNCF 提出的云原生技术以 Kubernetes 为主，包含容器、服务网格、微服务、不可变基础设施和声明式 API 等代表性技术。Pivotal 公司将 DevOps、持续交付、微服务、容器定义为云原生的重点技术。

基于这两种云原生定义，笔者将云原生技术归纳为 DevOps（支持持续交付）、微服务、容器以及云原生基础设施，对应于软件的研发计划、需求、设计、开发、部署以及运维全生命周期。

目前，各大云厂商的云原生基础设施基本包含 DevOps、微服务、容器这三个主要的技术服务，比如华为的 DevOps 云平台 DevCloud、容器云管理平台 CCE、微服务管理平台 CSE，以及阿里巴巴的 DevOps 平台云效、容器云管理平台 ACK、微服务管理平台 ASM 等。

DevOps 提倡开发、测试、运维之间高度协同，从而在完成高频率部署的同时，提高应用在生产环境的可靠性、稳定性、弹性以及安全性。

微服务使复杂应用的持续交付成为可能。服务拆分是多个业务团队并行开发的基础。微服务把同一业务的人员汇聚在一起，进一步提高开发效率。

容器技术很好地解决了应用移植过程中的环境一致性问题，使微服务实现快速、弹性部署。

3. 云原生应用 12 要素

云原生应用是使用云原生技术构建的、运行在云上的应用。这些应用具有高容错、易管理和易观察的松耦合系统，能够实现弹性扩缩容。传统应用为了能够在云环境中运行，需要改造为云应用，再迁移到云上，但它并不是云原生应用。

云原生应用 12 要素是针对云原生应用开发的最佳实践原则。该原则由 Heroku 创始人亚当·威金斯（Adam Wiggins）首次提出并开源，以便由众多经验丰富的开发者共同完善。云原生应用 12 要素具体如图 7-9 所示。

7.6.2 容器编排

随着 IT 架构从集中式架构发展到分布式微服务架构，大家在享受微服务带来的独立部署、水平扩展的好处的同时，也不得不面对开发、运维更加复杂的现实。当前技术发展方向是通过虚拟化基础设施来解决分布式架构问题，让开发人员只需要关注业务逻辑。Kubernetes 为代表的容器编排框架是把大型软件系统运行所依赖的集群环境也进行了虚拟化，令集群实现跨数据中心的绿色部署，并能够根据实际情况自动扩缩容，被认为是云原生时代的操作系统和基础设施，也是 CNCF 的第一个开源项目。

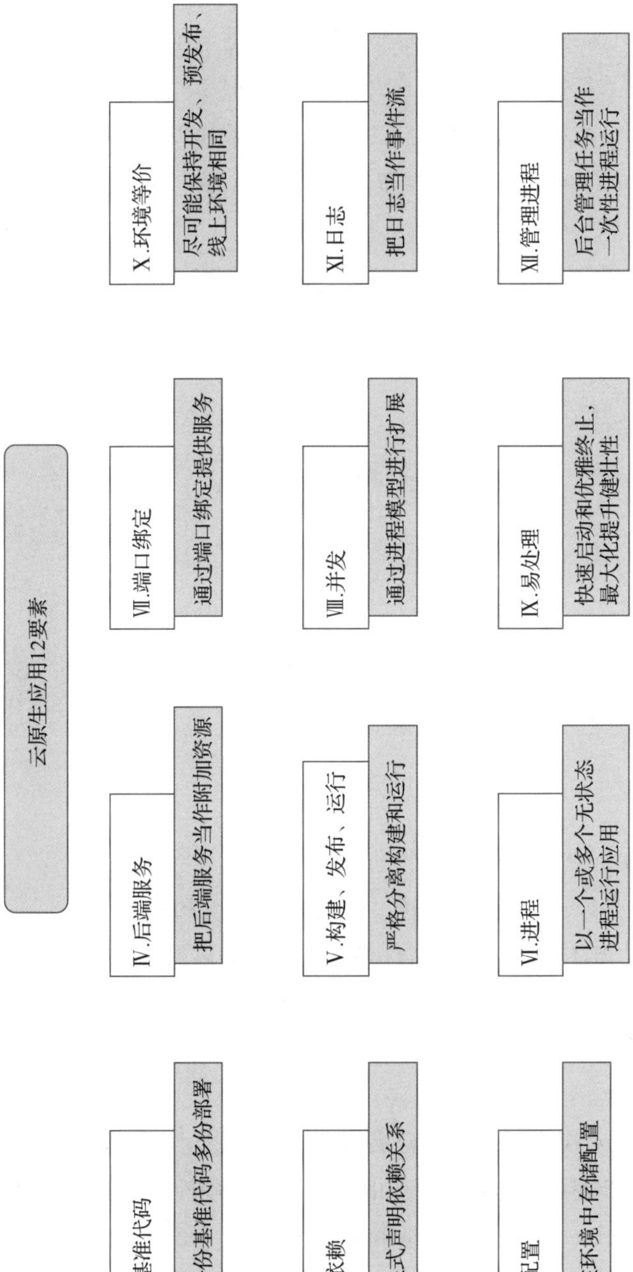

云原生应用12要素

I.基准代码 一份基准代码多份部署	**IV.后端服务** 把后端服务当作附加资源	**VII.端口绑定** 通过端口绑定提供服务	**X.环境等价** 尽可能保持开发、预发布、线上环境相同
II.依赖 显式声明依赖关系	**V.构建、发布、运行** 严格分离构建和运行	**VIII.并发** 通过进程模型进行扩展	**XI.日志** 把日志当作事件流
III.配置 在环境中存储配置	**VI.进程** 以一个或多个无状态进程运行应用	**IX.易处理** 快速启动和优雅终止,最大化提升健壮性	**XII.管理进程** 后台管理任务当作一次性进程运行

图 7-9　云原生应用 12 要素

1. 什么是 Kubernetes

Kubernetes 是 Google 公司基于内部使用的 Borg 系统于 2014 年 6 月开源的一个容器集群管理系统，使用 Go 语言开发，也叫 K8S。Kubernetes 提供了应用部署、规划、更新、维护的完整机制，目标是让容器化的应用部署简单且高效。2015 年 7 月，Kubernetes v1.0 正式发布。截至 2023 年 3 月，Kubernetes 最新版本是 1.26。

2. Kubernetes 资源模型

Kubernetes 将一切视为资源，不同资源之间依靠层级关系相互结合、协作。Kubernetes 资源模型如图 7-10 所示。

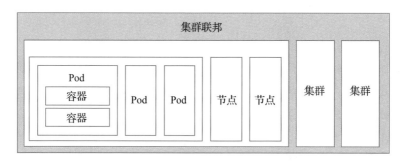

图 7-10 Kubernetes 资源模型

1）容器。容器是镜像管理的最小单位。

2）Pod。Pod 是容器组或生产任务，是隔离和调度的基本单位。同一个 Pod 的多个容器中只有 PID 名称空间和文件名称空间是隔离的，其他 UTS（主机名、域名）、网络（网卡、网线、IP 地址）、IPC、时间等名称空间都是共享的，以超亲密的方式进行协作。Pod 可以实现原子性调度，即相互关联的协作任务同时被分配资源。

3）节点。节点对应集群中的单台机器，或者是物理机，或者是云环境中的虚拟节点。节点是处理器和内存等资源的资源池，是硬件单元的最小单位。

4）集群。Kubernetes 提倡面向集群来管理应用。管理员可通过声明式 API 将管理意图写成一份元数据文件 Manifest，并提交给集群。集群是处理元数据的最小单位。

5）集群联邦。集群联邦对应多个集群。通过集群联邦，企业可以统一管理多个 Kubernetes 集群，能满足跨可用区域多活、跨地域容灾需求。

3. Kubernetes 控制器模式

控制器模式是 Kubernetes 的核心设计理念。通过元数据描述清楚对资源的期望状态，由 Kubernetes 中对应监视这些资源的控制器来驱动资源的实际状态逐渐向期望状态靠拢。

以下介绍 3 个经典的 Kubernetes 使用场景。

1）实现故障恢复

在 Kubernetes 中，ReplicaSet 是工作负荷类资源，表示一个或多个 Pod 副本的集合。在元数据中明确副本数量并成功创建之后，ReplicaSet 控制器会持续跟踪副本资源。如果有 Pod 崩溃退出或状态异常，ReplicaSet 会自动创建新的 Pod 来替代异常 Pod；如果 Pod 数量太多，ReplicaSet 也会自动回收。

2）实现滚动更新

Deployment 创建 ReplicaSet，再由 ReplicaSet 来创建 Pod。当更新 Deployment 信息后，Deployment 控制器会跟踪到新的期望状态，自动创建新的 ReplicaSet，并逐渐缩减旧的 ReplicaSet，直至升级完成后彻底删除旧的 ReplicaSet。

3）实现水平扩展

Autoscaling 可以自动根据度量指标（如处理器占用率、内存占用率等）来设置 Deployment 或 ReplicaSet 的期望状态。当度量指标发生变化时，系统会自动按照 Autoscaling → Deployment → ReplicaSet → Pod 的顺序依次进行变更，最终实现按照度量指标自动扩容和缩容。

4. Kubernetes 整体架构

Kubernetes 按照集群进行管理，包括一个主节点和多个从节点。Kubernetes 整体架构如图 7-11 所示。

（1）Kubernetes 的主节点

Kubernetes 的主节点包含 4 个主要组件：API 服务器、控制器、调度器以及 Etcd，如图 7-12 所示。

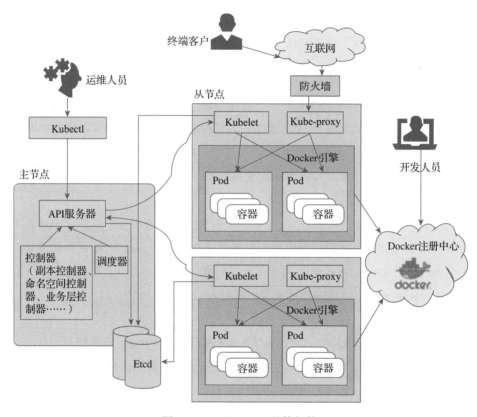

图 7-11　Kubernetes 整体架构

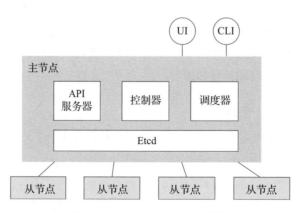

图 7-12　Kubernetes 的主节点

- API 服务器：API 服务器用于处理 API 操作。Kubernetes 中的所有组件都会和 API 服务器进行连接。组件与组件之间一般不独立连接，都依赖于 API 服务器进行消息的传送。

- 控制器：控制器用于完成对集群状态的管理。
- 调度器：调度器用于完成调度操作。调度是指为新创建的 Pod 找到一个最恰当的宿主机来运行。从编排系统角度看，节点是资源的提供者，Pod 是资源的使用者，调度是对两者的撮合。节点提供 3 种资源：计算资源、存储资源和网络资源。调度分两步：第一步是从集群所有节点中找出一批剩余资源以满足该 Pod 运行需求，第二步是从符合运行要求的节点中找出一个最符合的节点完成调度。
- Etcd：Etcd 是一个分布式存储系统。API 服务器所需要的元数据都放置在 Etcd 中。Etcd 本身是一个高可用系统，可保证 Kubernetes 主节点的高可用性。

（2）Kubernetes 从节点

Kubernetes 的从节点如图 7-13 所示。

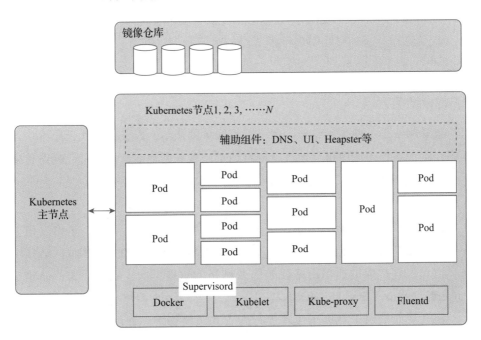

图 7-13　Kubernetes 的从节点

本地的容器运行时环境负责镜像管理以及 Pod 和容器的运行。Kubernetes 本身并不提供容器运行时环境，但提供了接口，支持插入用户选择的容器运行时环境，目前支持 Docker 和 Rkt。

Kubelet 是节点上最主要的工作代理，用于汇报节点状态并负责维护 Pod 的生命周期，也负责 Volume（CVI）和网络（CNI）的管理。Kubelet 是 Pod 和节点 API 的主要实现者，负责驱动容器执行层。作为基本的执行单元，Pod 可以拥有多个容器和存储卷，支持方便地在每个容器中打包单一应用，从而解耦应用构建时和部署时所关心的事项，以便在物理机或虚拟机之间快速迁移。

Kube-proxy 对抽象的应用地址的访问。服务提供了访问多 Pod 的途径。Kube-proxy 负责为服务提供集群内部的服务发现和应用的负载均衡（通常利用 Iptables 规则），实现服务到 Pod 的路由和转发。其通过创建一个虚拟的 IP（ClusterIP）来实现，客户端能够访问此 IP，并能够将服务透明地代理至 Pod。

辅助组件是可选的，Supervisord 用来保持 Kubelet 和 Docker 进程运行，Fluentd 用来转发日志等。节点的重要属性包括地址信息、状态、资源容量、节点信息。这些属性用来标识节点的运行状态，并可以被外部组件访问、识别。

7.6.3 服务网格

服务网格是一种基础设施，用于管控服务间通信，以支持现代云原生应用程序在负载拓扑环境中可靠地进行网络请求。服务网格通常以轻量化网络代理（一般称为边车）的形式体现，并且对于应用程序来说是透明的。它是一种非侵入式的微服务架构。

服务网格分为数据平面和控制平面两部分。如图 7-14 所示，灰色方格为应用，白色方格为边车代理，应用之间通过边车代理进行通信，构成了通信网络。边车代理形成的通信网络就是服务网格的数据平面。数据平面产品包括 Linkerd、Nginx、Envoy、MOSN 等。

控制平面被用于对边车代理进行配置和策略管理。如图 7-15 所示，虚线代表控制平面与数据平面之间的通信。控制平面产品包括 Istio、Open Service Mesh、Consul 等。

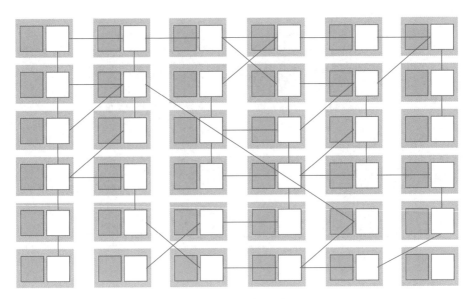

图 7-14　服务网格

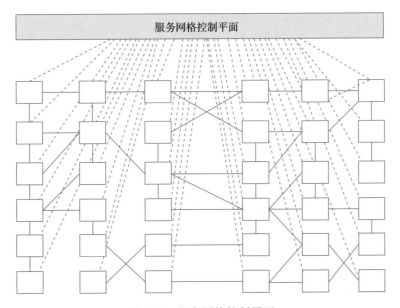

图 7-15　服务网格控制平面

目前，市场占有率最高的服务网格产品是 Istio+Envoy 的组合。Istio 可以基于 Kubernetes 进行部署。图 7-16 是 Istio 架构。

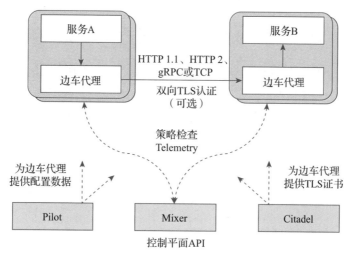

图 7-16　Istio 架构

数据平面通过代理注入、流量劫持和可靠通信来保证服务间通信。代理注入是指 Istio 控制在 Pod 中注入边车代理 Envoy。边车代理做流量劫持的方式是基于 Iptables 进行数据转发。可靠通信是通过 Listener、Cluster、Router 三类资源实现的。Listener 用于接收来自下游应用的数据。Cluster 是 Envoy 连接到的一组逻辑上提供相同服务的上游主机，承担了服务发现的职责。Router 决定 Listener 在接收到下游数据之后，具体应该将数据交给哪一个 Cluster 处理，承担了服务网关的职责。

控制平面不参与程序间通信，只与数据平面中的边车代理通信，完成配置和策略下发，指导数据平面工作。控制平面可以实现流量控制，包括请求路由（以服务版本号、部署环境等为路由规则来控制流量，实现金丝雀发布等）、流量治理（包括设置最大连接数、调整负载均衡策略、异常检测、A/B 测试等调试能力等）、通信安全（加密、凭证、认证、授权）等。

7.6.4　无服务器架构

当前分布式架构得到广泛使用，主要是基于云基础设施服务和云平台服务进行部署。设计应用系统时，开发人员需要仔细计算所需的服务器、存储和数据库容量，还要考虑缓存、消息队列、分布式事务，以及扩缩容、熔断、限流等问题，这些都非常复杂。有没有一种简单的架构可以解决这些问题，而不需要开发人员考虑这些复杂细节呢？答案是肯定的，那就是无服务器架构。

1. 无服务器架构的出现

Serverless 这个词第一次被使用大约是 2012 年由 Ken Form 所写的一篇名为"Why The Future of Software and Apps is Serverless"的文章中，但并没有引起重视。2014 年，亚马逊重磅发布函数计算产品 Lambda，开启了无服务器架构新时代。这使得无服务器架构变得触手可及并逐渐流行开来。无服务器架构开始正式走向云计算舞台。

2. 无服务器架构

无服务器是一种架构理念，其核心思想是将提供服务资源的基础设施抽象成各种服务。服务端逻辑运行在无状态的计算容器中，以接口的方式提供给用户，实现按需调用。此类服务调用是由事件触发的，真正做到按需伸缩、按使用收费。无服务器架构消除了对传统的海量持续在线服务器组件的需求，降低了开发和运维复杂度，降低运营成本并缩短了业务系统交付周期，使得开发人员能够专注在价值更高的业务逻辑上。

目前，业界公认的无服务器架构主要包括提供计算资源的函数服务平台 FaaS，以及提供托管云服务的后端服务平台 BaaS。

（1）FaaS

相对微服务架构来说，无服务器架构是更加细粒度的服务架构模式，将用户所要执行的每个 API 操作以函数的形式发布。因此，无服务器架构通常又称为函数即服务（Function as a Service, FaaS）。

在 FaaS 平台中，开发者只需要编写业务代码即可，无需关注服务器，具体来说，就是当开发者使用后端服务时，不用去关心后端服务的 IP 地址和域名，只需要像调用一个普通的函数那样去调用就可以。至于函数到底是前端实现的，还是后端实现的，开发者不需要关心。FaaS 平台将这些复杂操作进行抽象和包装，代表产品有亚马逊的 Lambda、阿里云的函数计算等。

（2）BaaS

后端服务（Backend as a Service，BaaS）平台提供一些后端云服务，包括数据库、对象存储、消息队列等。开发者只需要调用服务提供方的 API 即可完成所要执行的任务，比如常见的身份验证、云端数据 / 文件存储、消息推送、应用数据分析等。

3. 无服务器的应用架构

无服务器的应用架构是将 BaaS 和 FaaS 组合在一起。开发者只需要关注应用的业务逻辑代码，将其编写为函数粒度并将其运行在 FaaS 平台上，并且和 BaaS 整合在一起，最后搭建成一个完整的系统，在整个系统搭建过程中无需关注服务器。

图 7-17 是一个使用无服务器架构的系统。

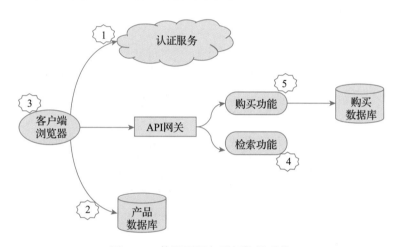

图 7-17　使用无服务器架构的系统

在该示例中，客户端维护用户会话、管理业务逻辑，成为一个 SPA（单页面应用）。客户端的鉴权逻辑使用 BaaS 平台认证服务（如 Auth0）。客户端使用 BaaS 平台直接访问产品数据库。检索功能和购买功能以函数形式发布，客户端通过 API 网关调用这些函数。

4. 无服务器架构的优缺点和应用场景

无服务器架构有众多优点，比如支持快速开发一个分布式应用、降低运营成本等。它有一个特点是事件触发，即在事件触发之前，平台不会分配服务器资源，触发之后会冷启动一个容器来运行计算服务。该容器生命周期为 5min，如果不再使用就会被释放。如果到来的请求多，平台也会启动更多的容器来运行计算服务。这样做的优点是真正做到按需分配、动态扩展，大大减少了闲置资源空转的情况，符合可持续 IT 的要求。

无服务器架构的缺点是不适用于低延时、高并发场景。容器冷启动带来的延时无法满足用户体验需求，为每个任务启动一个进程又销毁在高达数万 TPS 的场景下开销极大。

因此，无服务器架构不适用于金融交易场景，适用于企业中的一些长尾应用，调用频率低或者资源使用较少，不需要长时间持续使用的场景，比如运算密集型任务（如图片压缩、数据分析）、定时任务（批处理）、边缘计算、聊天机器人等。

5. 无服务器架构的平台支持情况

国内外云厂商已经基本支持无服务器架构。该架构的私有化部署也正在开展。2018 年，谷歌开源 Knative，尝试将无服务器架构标准化。此时，无服务器生态初具规模。Knative 是基于 Kubernetes 平台，用来构建、部署和管理现代无服务器架构的工作负载的框架。

百度云函数计算（Cloud Function Compute，CFC）提供基于事件触发、全托管的云端计算能力。目前，CFC 已经在智能设备、IoT、小程序、边缘计算等场景被广泛应用，比如 CFC 为百度人工智能操作系统 DuerOS 的开发者提供无服务器开发与部署能力，降低智能终端应用的开发部署成本。

6. 虚拟机、容器和无服务器架构对比

新的计算架构正在改变企业搭建和使用计算资源的方式。虚拟机技术提高了硬件的利用率，并使资源的使用和变更变得更加灵活。容器技术进一步降低了应用对运行操作系统的依赖，提高了应用的可移植性和交付效率。无服务器架构的出现使得开发者无需管理和运维服务器，只需关注业务逻辑，进一步提升了开发效率。图 7-18 是虚拟机、容器和无服务器架构的对比。

虚拟机、容器以及无服务器架构并非完全替代关系。企业需要根据自身业务特点和需求选择合适的部署方式。相对来说，虚拟机是高性能计算应用（例如视频编码、机器学习）的首选部署方式。对于大型应用程序，虚拟机也是主要的部署方式。对于基于微服务架构的应用，容器是最佳的部署方式。无服务器架构更适用于事件触发、按需使用场景。

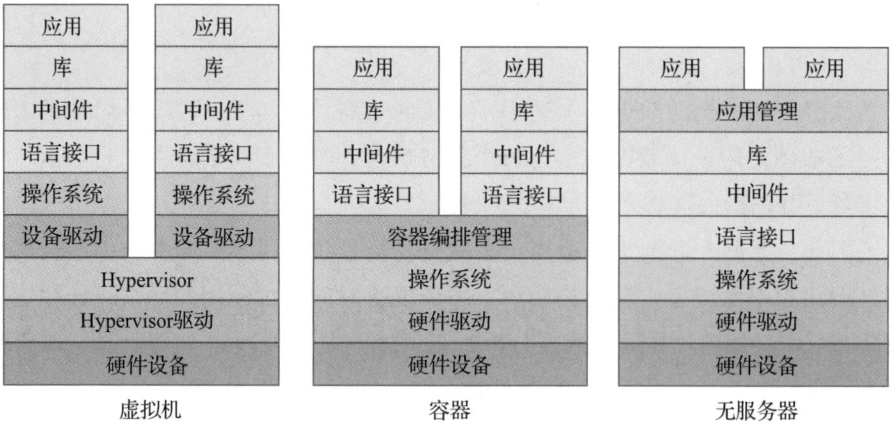

应用	应用
库	库
中间件	中间件
语言接口	语言接口
操作系统	操作系统
设备驱动	设备驱动
Hypervisor	
Hypervisor驱动	
硬件设备	

虚拟机

应用	应用
库	库
中间件	中间件
语言接口	语言接口
容器编排管理	
操作系统	
硬件驱动	
硬件设备	

容器

应用	应用
应用管理	
库	
中间件	
语言接口	
操作系统	
硬件驱动	
硬件设备	

无服务器

图 7-18　虚拟机、容器和无服务器架构的对比

第 8 章

企业架构建模语言和工具

从第 3 章开始，我们用 5 章内容介绍了企业架构经典理论、数字化企业架构框架及其业务架构设计和 IT 架构设计方法。企业架构发展多年，不仅诞生了很多方法框架，还出现了很多建模工具，帮助从业者更方便地开展企业架构设计工作。ArchiMate 是 Open Group 推出的企业架构建模语言。企业架构建模工具 Archi 对 ArchiMate 进行了很好的支持。

本章介绍企业架构建模语言 ArchiMate，并使用 ArchiMate 对各种企业架构工件进行描述。

8.1 企业架构建模语言 ArchiMate

作为流行的企业架构框架，TOGAF 给出了架构开发方法（ADM）和包含众多构建块及其关系的架构内容元模型。Open Group 组织同时推出了 ArchiMate 建模语言。ArchiMate 对 TOGAF 提供了良好的支持，可用于对 TOGAF 各类视图、构建块进行描述，为我们学习使用 TOGAF 提供了便利。

ArchiMate 是一种描述企业架构的图形化语言。Open Group 于 2009 年 2 月正式发布了 ArchiMate 1.0 版，于 2019 年发布了最新版 ArchiMate 3.1。

1. ArchiMate 建模语言基本框架

ArchiMate 建模语言包括企业架构最核心的 4A 架构、战略和动机、实施和迁移等内容，可以对企业架构进行完整的描述。

ArchiMate 建模语言的基本框架如图 8-1 所示。

	被动对象	行为	主动对象	动机
战略层				
业务层				
应用层				
技术层				
物理层				
实施和迁移层				

图 8-1　ArchiMate 建模语言的基本框架

纵向从上到下分为战略、业务、应用、技术、物理、实施和迁移 6 层，其中业务、应用、技术 3 层是最为核心的部分，对于大部分企业架构使用场景来说，架构设计人员掌握这部分内容就够用了。战略、实施和迁移将企业架构与战略规划和实施过程紧密衔接起来，使得企业架构实施保持与战略目标一致，并能有效地落地。物理层是 ArchiMate 3.0 新增部分，是对技术层的扩展，用于表示有形的物理资产，比如机械设备、工厂、物联网、机器人、智能电网等，可以更好地描述数字世界和物理世界的集成。

横向是建模语言的基本结构，包含主动对象、被动对象、行为、动机等元素，表示主动对象基于某个动机对被动对象实施某个行为。对象包括参与者、应用组件、数据等元素，行为包括业务流程、业务功能、服务等元素。举例来说，柜员使用柜员系统录入客户信息，其中柜员是主动对象，柜员系统和客户信息是被动对象，录入是行为。

ArchiMate 3.0 包括 59 个元素、13 种关联关系。有不少建模软件支持 ArchiMate 语言，最著名的是开源软件 Archi，读者可以下载使用。

2. ArchiMate 3.0 与 TOGAF 的对应关系

ArchiMate 3.0 可用于在 TOGAF ADM 各阶段中描述企业架构。如图 8-2 所示，业务层描述业务架构，应用层描述信息系统架构，技术层和物理层描述技术架构，战略层对应架构准备、架构愿景和需求管理、变更管理等阶段，实施和迁移层对应机会和解决方案、迁移规划、实施治理等阶段，具体如图 8-2 所示。

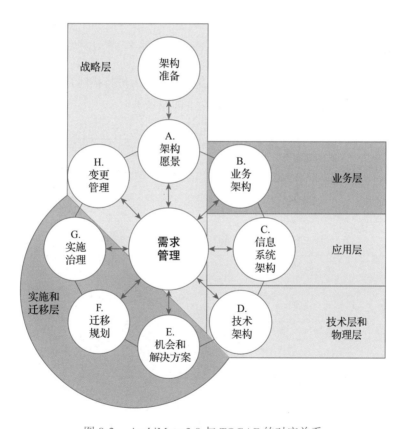

图 8-2　ArchiMate 3.0 与 TOGAF 的对应关系

8.2 案例：使用 ArchiMate 进行企业架构建模

ArchiMate 使用不同的视图来对企业架构进行建模。视图是 ArchiMate 中非常重要的概念之一。每个视图包含一组专用的 ArchiMate 元素，允许架构设计人员对企业架构的特定领域建模。下面选择部分视图举例说明。本章所有示例均是使用 Archi 软件绘制的。

8.2.1 战略层

战略层主要对应架构愿景和战略方面的内容，这里介绍利益相关者视图和战略视图的建模示例。

1. 利益相关者视图

利益相关者视图主要是对利益相关者及其驱动力进行描述。图 8-3 描述了董事会和客户两类利益相关者的不同关注点（即驱动力）。

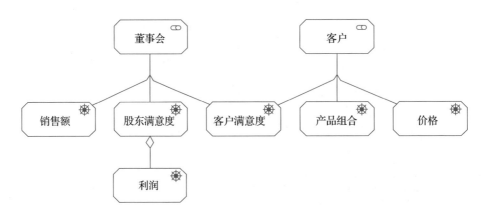

图 8-3 利益相关者视图

2. 战略视图

战略视图主要是对业务战略进行描述，并明确业务架构如何支撑和实现业务战略。图 8-4 描述了通过建设数字化客户管理和数据驱动保费两个业务能力来支撑增加收入的战略目标。

210

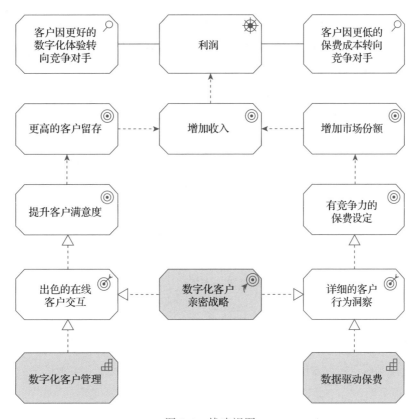

图 8-4　战略视图

8.2.2　业务层

业务层主要对应业务架构设计方面的内容，这里介绍价值流视图、业务流程视图、业务功能视图、产品视图和信息结构视图的建模示例。

1.价值流视图

价值流是 TOGAF ADM 中的核心概念。业务架构价值流是一个端到端的增值活动集合，表示为客户、利益相关者创造完整价值的一系列活动。与业务流程相比，价值流强调创造的价值，而业务流程侧重于组织如何一步步执行任务，以生产有形的产品或无形的服务。业务能力支撑价值流的实现。我们可以使用价值流和业务能力映射关系图，来确定企业可以使用哪些业务能力来支持各个阶段的价值实现。

图 8-5 是一个从数据到管理洞察的价值流示例，包括采集数据、集成数据、分析数据和提供信息 4 个价值阶段，面向企业高管层提供管理洞察价值。每个价值阶段分别由不同的业务能力支撑。

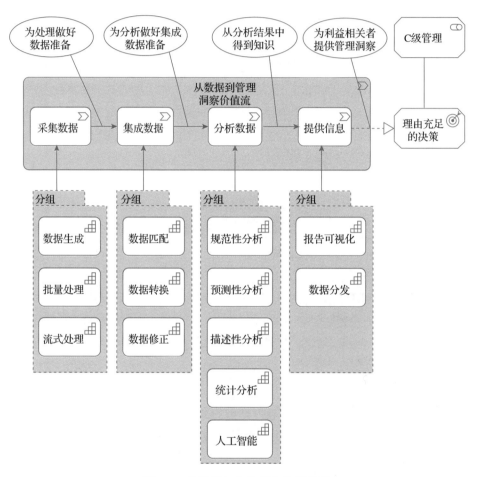

图 8-5　价值流与业务能力映射关系

2.业务流程视图

利用 ArchiMate 构建业务架构的核心是制定业务流程。业务事件触发业务流程，业务流程实现业务服务并提供价值。图 8-6 是保险公司的承保流程和理赔流程示例。

3. 业务功能视图

业务功能视图用于表示利益相关者、业务角色有哪些业务功能，业务功能由业务流程组成。图 8-7 是保险公司的业务功能视图。

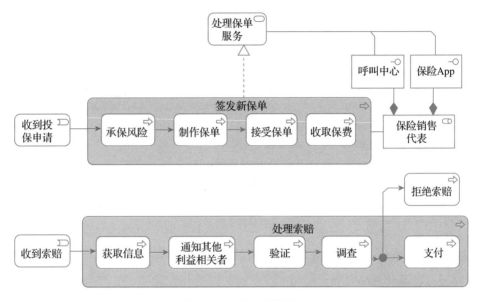

图 8-6　业务流程视图

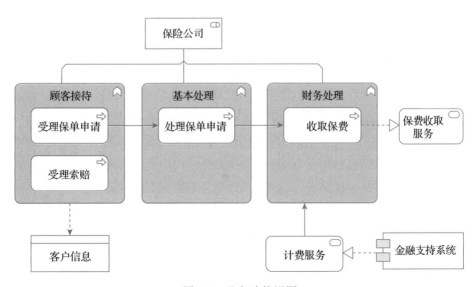

图 8-7　业务功能视图

4.产品视图

产品视图体现面向客户提供哪些产品和服务，产品由业务服务和业务对象组成。图 8-8 是保险公司的产品视图。

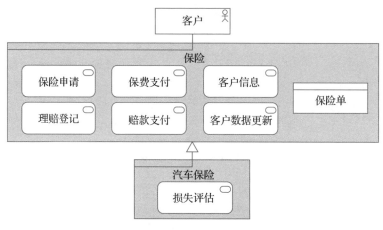

图 8-8　产品视图

5.信息结构视图

信息结构视图描述业务对象及其关系。图 8-9 描述了保险公司的各个业务对象及其关系。客户拥有保险文件，保险文件分为投保申请、保险保单和索赔申请 3 类。保单根据产品类型可分为旅行保险保单、业主保险保单、汽车保险保单和遗产保险保单。

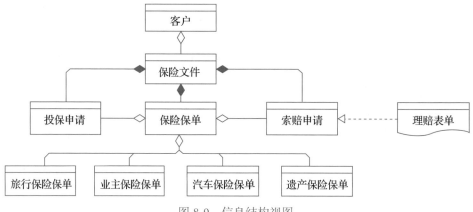

图 8-9　信息结构视图

8.2.3　应用层

应用层主要对应应用架构设计和数据架构设计方面的内容。这里介绍应用架构协作视图、应用使用视图的建模示例。

1. 应用架构协作视图

应用架构协作视图体现了多个应用之间如何协作以及主要的数据流。图 8-10 描述了保险公司的各类应用及其协作关系。所有应用分为前台、后台和共享服务中心 3 个应用组。前台应用组包含门户、呼叫中心、通用 CRM 系统和遗产 CRM 系统。后台应用组包含财务应用、保单管理应用、汽车保险应用和遗产保险后台应用。共享服务中心应用组包含文档管理应用。后台的各个应用会使用前台各个 CRM 系统中的客户数据，后台的各个系统会使用共享服务中心的文档管理应用。

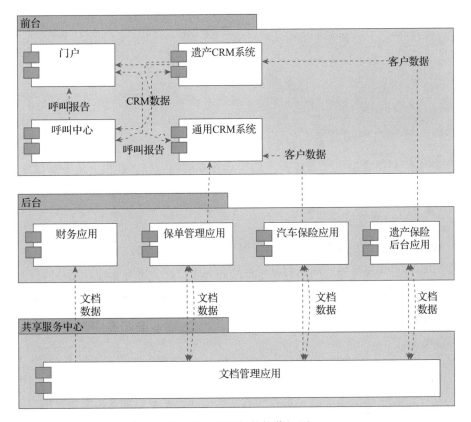

图 8-10　应用架构协作视图

2. 应用使用视图

图 8-11 是一个跨层视图，用于表示应用如何支持业务流程。最下面一层是各类应用。最上面一层是保险公司处理索赔的流程。中间一层是各类应用提供的服务，为业务流程提供支持。

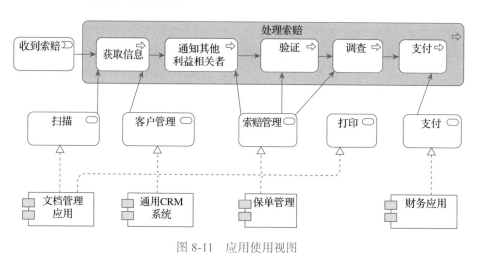

图 8-11　应用使用视图

8.2.4　技术层和物理层

技术层和物理层主要对应技术架构设计方面的内容。这里介绍基础设施视图、物理视图的建模示例。

1. 基础设施视图

基础设施视图用于描述服务器、网络等各类基础设施的分布情况。图 8-12 展示了保险公司服务器、网络等基础设施的分布情况。所有基础设施总共分为 3 个机房，分别建立局域网，然后由网络相互连接。每个机房拥有主机和服务器集群，部署了相关应用。

2. 物理视图

物理视图描述了物理设备的分布和相互之间的关系。如图 8-13 所示，H 总部设置了数据采集网关，以采集外部数据。外部数据主要来自各类物联网设备，包括汽车黑盒、健身追踪器、家用报警系统、智能体温计等。

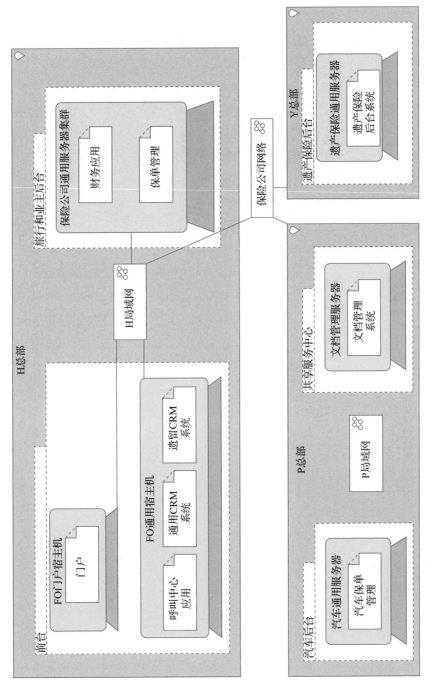

图 8-12 基础设施视图

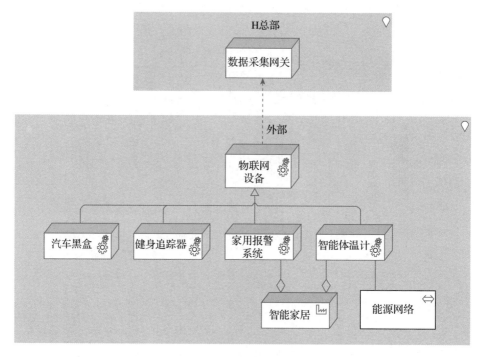

图 8-13　物理视图

| 第三篇 |

数字化建设

对于数字化转型五环法 SABOE，前面我们介绍了数字化战略（S）和数字化架构（A），绘制了数字化转型蓝图，接下来进入数字化建设（B）阶段。要做到一张蓝图绘到底，数字化建设才是真正需要凝心聚力、艰苦攻关的阶段，也是需要保持战略定力、耐住寂寞的阶段。数字化建设涉及 4 个主要方面：企业架构实施、数据能力建设、技术能力建设和组织能力建设。企业架构实施是数字化建设的主线，数据能力、技术能力和组织能力建设为企业架构实施提供数字化能力支撑。

本篇主要介绍数字化建设方法论，包括第 9~11 章。第 9 章介绍企业架构实施的模式、实施方案制定和各种实施方法。第 10 章介绍数字化转型中的组织、文化氛围和人才培养，这是战略执行重要的组织保障。第 11 章提出企业级数据能力建设框架，以数据中台为核心开展企业级数据能力建设。因为大家对各类数字技术相对熟悉，本书不涉及技术能力建设内容，但技术能力建设也是数字化建设的重要部分。

| 第 9 章 |

企业架构实施

企业数字化转型工作如火如荼地开展，甲乙双方英才汇聚、智力碰撞，共同构建了美好的企业架构蓝图，接下来就要开始企业架构实施工作了。这对企业来说是非常重要的。100 分的架构设计，60% 的执行，最终结果只有 60 分。80 分的架构设计，100% 的执行，最终结果可以达到 80 分。因此，企业架构实施往往是企业数字化转型成功的关键所在。

企业架构实施工作需要企业投入大量资源并长期奋斗，比架构设计更加枯燥，而且架构实施工作量可能是架构设计工作量的 10 倍。实施过程中的各种困难、各种变更会导致架构落地困难。那么，如何做好企业架构实施工作呢？

本章首先介绍企业架构实施的两种模式，然后介绍实施路径设计、实施方法确定，接着逐项介绍项目群管理、架构管控、需求管理、目标管理、变革管理等实施方法。

9.1 企业架构实施的两种模式

现在国内许多行业，特别是金融行业，应用企业架构理论开展信息化建设已经非常成熟。无论工商银行、建设银行这样的大型金融机构，还是其他规模较小的金融机构，都在开展企业架构设计和实施工作。企业首先需要梳理企业

级业务架构，构筑新一代 IT 架构，指导信息系统建设，才能让科技真正赋能甚
至引领业务。某金融企业探索企业架构理论应用的过程很好地体现了企业架构
实施的两种模式、两个阶段。所谓两种模式，就是技术驱动模式和业务驱动模
式。所谓两个阶段，就是流程化阶段和数字化阶段。

1. 模式一：部门级 + 技术驱动 + 流程化

笔者初次接触企业架构理论是在 2011 年，2013 年开始在公司引入和运用
企业架构理论进行架构再造。这一阶段的工作是由信息科技部门负责的。但是，
由信息科技部门驱动架构工作，注定是非常艰难的，最终表现为技术架构更新
很快，应用架构和数据架构稍有进展，对业务架构则只是梳理现状，出现了所
谓的"架构不出信息科技部门"的现象。

在业务架构理论方面，信息科技部门以业务流程为主建立业务架构框架，
核心思路是以建立端到端流程为目标设计三级业务流程框架并细化到五级流程，
以流程将数据、制度、权限、岗位等集成在一起，形成业务架构。华为、美的
等企业在多年前就开展了业务流程管理工作，建立了以流程为中心的管理框架，
将流程与 IT 紧密结合。企业在业务流程设计基础上开展信息化建设，可以将流
程打通、固化，提升整体效率。从职能设置来说，华为将业务流程和 IT 建设放
在同一个部门，称为流程 IT 部，就是为了加强业务和科技的融合。这一阶段的
工作实现了流程化。

2. 模式二：企业级 + 业务驱动 + 数字化

2019 年到 2021 年，笔者有幸作为核心成员参与了所在公司的企业级业务架
构实施工作，也就是公司数字化转型工作。与前一次企业架构落地不同，此次
企业级业务架构工作由公司董事长亲自推动，采取了业务驱动模式。公司首先
制定了业务战略，确立了业务愿景、战略目标和战略举措，并期望通过科技引
领实现这一战略，明确了"梳理企业级业务架构，在此基础上开展信息技术架
构规划"的任务。团队为此专门学习了《企业级业务架构设计》（付晓岩著），同
时在领导带领下开启了企业级业务架构实践之路。

"企业级"一词一语点醒局中人，公司之前的业务需求都是部门级的，导致
系统烟囱林立。公司要想解决这一问题，必须从企业级角度，从业务战略出发
形成信息化建设需求，并持续落地。只有这样，公司才能保证 IT 和业务战略的

一致性，更好地发挥 IT 的作用。所以，在企业级业务架构实施过程中，架构管理和需求管理都非常重要。架构管理保证一张蓝图绘到底，需求管理保证资源得到有效利用，所有业务需求要纳入业务架构进行统一管理。

在和咨询公司打交道的过程中，笔者了解到业务架构项目在国外叫 Target Operating Model，即着眼于业务变革，形成未来目标运营模式。所以，业务架构构建有一种做法是把业务架构作为 IT 规划的一部分，将业务现状作为 IT 架构的输入，重点是 IT 架构设计。还有一种做法是着眼于业务变革，深刻梳理和调整企业运行的底层逻辑。此次，企业级业务架构实施工作是以业务变革为目标，所以选择了第二种路径。

在做项目的过程中，笔者提出了业务架构是从目标出发建设各种业务能力。除了项目设立时考虑的业务运营、风险管理和营销服务等部分之外，企业还要建立数据中台关键能力。企业级业务架构的实施也就是业务能力和业务组件的建设、迭代升级，通过业务能力应用带来的业务效果来检验业务能力。数字化是在原有信息化工作将业务数据化的基础上，从数据中提炼价值反哺到业务当中去驱动业务运营。

企业级、业务驱动、数字化等几个关键词很好地概括了企业级业务架构设计和实施的工作方式。

9.2 企业架构实施路径与方法

企业架构实施是架构落地的关键。企业架构实施需要明确实施路径、制定实施方案，并按部就班地分步落实，同时需要按照业务实施、数据实施和系统实施方法进行实施，以保证企业架构蓝图顺利落地。

9.2.1 从架构设计到落地

企业架构从设计到落地需要经过 3 个阶段：架构设计、架构实施和架构实施成果在生产经营中的应用。传统上，企业通常只关注架构设计和架构实施，认为架构实施完毕架构就落地了。然而，我们认为架构实施成果在生产经营中的应用也是一项关键工作，只有在实际业务中应用，形成了业务能力，体现了业务价值，才能认为企业架构真正落地了。这样就构成了"企业架构设计—实施—运营"的大循环，在架构成果应用过程中会根据实际业务情况和用户反馈情况等进行架构迭代优化工作，构成"架构实施—成果应用—迭代优化"的小迭代循环，具体如图 9-1 所示。

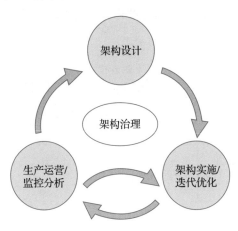

图 9-1　企业架构从设计到落地

在整个架构设计、实施、运营过程中，企业需要持续进行架构治理。在架构设计中，企业需要保证架构与战略的一致性。在架构实施中，企业需要保证架构在实施中被遵从。在架构维护中，企业需要保证架构适应不断出现的业务和技术变化。当业务环境和技术环境的变化导致当前架构难以通过简单变更继续保持可用时，企业就需要开始新一轮的架构设计。

9.2.2　实施路径设计

为了保证架构蓝图落地，企业首先要设计实施路径，明确从当前状态向目标状态的迁移计划。实施路径是企业架构组成部分之一。实施路径设计有 6 个步骤，如图 9-2 所示。

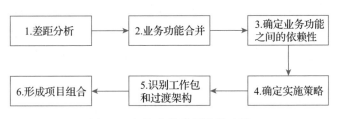

图 9-2　架构实施路径设计步骤

（1）对比现状架构和目标架构，进行差距分析

差距是目标架构和现状之间的差异。差距分析一般是从目标架构出发，结合现状基线，分析哪些是已有的，哪些是已有但不满足目标需要的，哪些是目前缺失的。具体可以使用差距分析矩阵作为分析工具。表 9-1 是一个差距分析矩阵示例。

表 9-1　差距分析矩阵示例

目标应用系统					
现有应用系统	新承保系统	新理赔系统	风险管理系统	财务系统	遗漏
承保系统	已有				
理赔系统		已有			
客户关系管理系统					客户关系管理系统
财务系统				已有	
新建			新建		

这里以分析目标应用系统清单和现有应用系统清单之间的差距为例进行说明。目标应用系统清单中有新承保系统、新理赔系统、风险管理系统、财务系统，作为横轴。现有应用系统清单中有承保系统、理赔系统、客户关系管理系统和财务系统，作为纵轴。横轴增加"遗漏"一列以记录目标应用系统中遗漏的系统；纵轴增加"新建"一行以识别当前没有而需要新建的系统。通过对比目标和现有系统，架构设计人员可以发现承保系统和理赔系统属于已有但需要升级改造系统；客户关系管理系统属于已有但在目标应用系统清单中被遗漏的系统；风险管理系统属于现在没有而需要新建的系统。这些都属于差距。

（2）对各类业务功能进行需求合并

根据识别出的差距，架构设计人员进一步分析是否存在相似、可以合并的业务功能。举例来说，智能催收、智能客服、智能电销等系统都会用到智能语音的各类技术，包括语言识别、语音合成、自然语言理解等，企业可以单独抽象出智能外呼系统作为公共能力，支持催收、回访、电销等多种场景，避免重复建设。

（3）细化和确定各类业务功能之间的依赖性

确定每项业务功能的必要性之后，架构设计人员需要进一步识别各类业务

功能之间的依赖性。比如业务功能 A 依赖业务功能 B，业务功能 B 依赖业务功能 C 和业务功能 D，那么在实施顺序上就要先实施业务功能 C 和 D，再实施业务功能 B，最后实施业务功能 A。即使可以实现一定程度的并行，比如通过建立桩接口进行调试等，但总体看也是有先后顺序的。前序业务功能实施出现问题，会影响后序各业务功能的实现。

通过分析各类业务功能的依赖性，架构设计人员可以分析出整个项目群的关键路径，有利于确定总体实施计划。

（4）确定实施策略

实施策略有 3 种：完全新建，对已有架构进行重构，持续迭代演进。

实施路径中往往会有一些关系到变革成败的重大项目，涉及面较广，影响较为深远。这些项目如何部署需要考虑好策略。我们一般有两种选择：一刀切、渐进式。"一刀切"是指所有准备工作完成后，选定一个时间点进行组织、制度、流程、系统的统一切换。渐进式则是先局部试点，待试点成功后再全面铺开，直到完成新旧系统切换。"一刀切"的优点是时间短、见效快，缺点是把所有鸡蛋都放在一个篮子里，风险非常大，只要有一个环节出问题，就会失败。渐进式的优点是一步一个脚印，逐步验证，逐步扩大应用范围，缺点是需要花费的时间较长。简单的项目可以选择一刀切方式，复杂的项目一般选择渐进式变革。

另外，企业还可以选择速赢实施、价值链等方法。如果企业架构涉及的领域非常广，各领域成熟度不同，实施复杂度高，企业需要因地制宜，采取差异化的、持续迭代演进的实施策略。按照价值链方法，不同领域之间有输入、输出关系，要求有些基础能力先实施，有些在前置能力形成后再实施。

以笔者经历的某金融企业数字化转型为例，该企业整体上是按照"基础先行、应用牵引"的原则安排实施工作的，即先行实施基础能力，以一线实际应用来验证基础能力、牵引各项工作开展，在业务场景中找到应用新能力的地方，快速实现业务价值，并通过用户使用反馈来带动新能力的持续改进。同时，为了让员工尽快看到数字化的效果，该企业选取在部分场景中应用速赢方式来开展相关项目。

（5）识别主要工作包和过渡架构，制定架构路线图和实施计划

过渡架构是现有架构和目标架构之间的中间过渡架构，可以作为分阶段实施的重要里程碑。过渡架构是以提供可用、可衡量的业务价值为标准的，也就

是说实施到达一个里程碑，要实现业务能力的有效提升。这一点是传统的需求导向的信息化实施方式和基于架构的信息化实施方式的不同。在需求导向的信息化实施方式下，各类业务需求混乱，不够聚焦，导致业务效果、业务价值不明显。而在基于架构的信息化实施方式下，企业聚焦于业务能力的提升，只要持续朝着正确的方向努力，总有一天会实现提升业务能力的目标。

（6）基于工作包和里程碑，形成多个项目和项目组合

基于架构的信息化实施方式是在原有的项目管理基础上增加架构因素，形成"架构 + 项目"的实施方式。图 9-3 展示了基于"架构 + 项目"的实施路径。在统一的架构蓝图指导下，企业聚焦业务能力的建设和价值交付，将架构目标分解为过渡架构，将具有相同业务能力的工作包组成一个项目，并将实现过渡架构的一组项目作为一个项目组合进行管理。每个项目都应明确业务价值、资源投入和时间安排。所有项目都进行优先级排序，形成最终的整体实施计划。

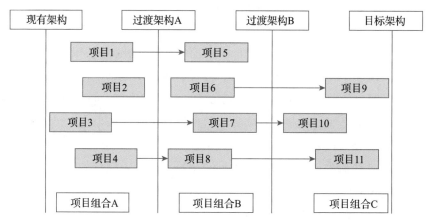

图 9-3　基于"架构 + 项目"的架构实施路径

9.2.3　实施方法

架构实施本质上是建立和增强业务能力。业务能力由组织、岗位、流程、制度、信息系统和数据等要素组成。企业要建立起业务能力，不仅要关注系统实施，实现系统上线，还要关注业务实施和数据实施。只有业务实施、数据实施和系统实施三者齐头并进，并辅以变革管理，制定合适的变革策略，才能有效实现设定的架构目标，实现业务能力的提升。图 9-4 体现了构建业务能力涉及

的多个要素，展示了如何通过架构实施来实现业务能力提升。

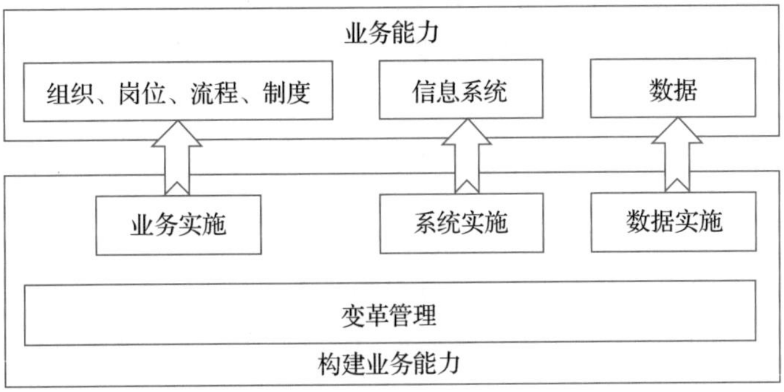

图 9-4　业务能力构建与架构实施

1. 业务实施

为什么说业务实施是有必要的呢？现在，云计算、大数据、物联网、人工智能、区块链等各种数字技术层出不穷，带动了各种业务创新，也推动了各行各业的发展。但技术不能孤立存在和发挥作用，必须与业务结合。企业信息化就是运用信息技术手段服务于企业业务发展，支撑产供销、人财物的管理运行。企业信息化的三要素是业务、管理、IT，三者相互作用，相互影响。IT 是业务和管理的映射。信息化初级阶段主要是实现业务线上化，即使用 IT 手段实现业务数据的存储和任务的流转，但各种业务操作还是由人工完成。流程再造、业务变革是让信息技术释放潜力的关键。仅仅在陈旧的经营方式上引入新科技并不能大幅提升企业的运营效率，必须配合新的管理方式和业务流程，所以业务实施非常有必要。

业务实施主要是指制定业务方案并在企业实际业务中实现方案落地。制定业务方案要从构建目标业务能力出发，设计业务上的解决方案，包括组织、岗位、流程、制度等。比如，以构建单证管理能力为目标，要考虑哪个业务组织、岗位承担这个能力，通过什么流程来运作，遵循什么管理制度。如果是在现有业务基础上进行架构优化，企业在系统实施的同时或者系统实施之前就要形成业务管理思路，并制定和修改相关的管理制度，与系统上线同步发布管理制度，保证在运行时有章可循，有效发挥系统作用。如果是全新的业务，企业可以通过线下运作的方式先跑起来，验证这个模式的可行性，并不断打磨优化，待其具备一定成熟度后再进行大规模推广应用，这样就可以有效避免 IT 投资资源浪费。

业务上发生较大变化的业务实施，可以称为业务变革。业务变革涉及组织、岗位、业务流程的较大调整。企业必须审慎评估变革准备度，预先设计好变革实施方案并分步骤实施，尽可能实现平滑过渡。这一部分内容称为变革管理，具体见 9.7 节。

2. 数据实施

传统上，数据实施并不被单独提及，数据是了解用户需求的基础。但如今在企业数字化转型中，数据实施的重要性更加突出，需要企业更加重视。

数字化转型的核心是构建数据资产，以此为基础进行数据赋能。数字化业务的核心是数据，数据是业务创新的基础，如果所需的数据无法获得，或者数据质量不满足要求，是无法支撑业务创新的。数据实施就是要保证数据有用、可用、好用，真正发挥数据价值。数据实施的过程也是构建数据资产的过程。数据资产的重要性在于已经根据各类业务主题对数据进行了整合，让业务方可以方便地找到数据，将数据业务化的过程大大简化，有利于发掘数据价值和赋能业务，真正做到"让数据多跑路，让人少跑路"。数据中台正是企业要实现这一目标需要构建的重要业务能力。

数据中台的核心价值链条是"业务数据化→数据资产化→资产服务化→服务业务化"。所以，数字化转型中的数据实施不再是原先项目型的实施方式，而是要遵循如下 7 个步骤。

1）数据分析人员从业务建模出发，梳理尽可能完整的数据项。

2）数据分析人员对数据的业务口径进行定义，对齐数据标准，排除重复数据项。

3）数据分析人员对数据来源进行调查，确定是否可以获得数据。如果数据可以获得，进一步确定是不是数据中台中已有的数据。如果数据已经存入数据中台，则直接跳到第 7 步。如果数据尚未存入数据中台，则要进一步判断是企业业务自身产生的数据，还是从外部引入的数据，以及数据存放在哪里。如果数据不可获得，则要判断目前设计的业务方案是否需要调整。

4）数据分析人员通过实际数据来验证业务方案是否可行，并检查数据质量是否满足完整性、准确性和一致性要求。如果数据质量不满足要求，需要进行数据治理。

5）数据工程师进行数据清洗和转换。

6）数据工程师将数据集成到数据主题中，形成数据资产。

7）数据工程师基于数据资产构建数据服务并将数据服务输出到业务中。

对于数据资产中没有的数据，企业可通过第 3 步到第 6 步不断沉淀数据到数据中台，进一步丰富数据资产。

3. 系统实施

项目组可以选择按照瀑布模型进行系统实施，或者按照 Scrum 敏捷模型进行系统实施，经过系统设计、开发、测试各环节，待用户验证后完成系统投产上线。对于历史遗留业务，项目组还需要设计历史数据迁移方案。这部分是传统信息化建设中最为成熟的部分，本书不再做详细阐述。

企业架构实施涉及业务实施、数据实施和系统实施三方面的密切配合、协同推进。业务和科技的深度融合是企业架构实施的重要保障。

9.3 项目群管理

企业架构实施是一项复杂的系统工程，通常需要几年时间才能完成。如何保证整个项目组合按计划顺利完成，并达成既定目标？企业需要建立企业级项目管理办公室（Project Management Office，PMO），对项目组合进行有效管理。

9.3.1 PMO 基本概念

PMO 是在组织内部负责推动各类项目开展，并将项目实践、过程、运作进行形式化和标准化，从而提升组织项目管理成熟度的重要部门。根据业界最佳实践和公认的项目管理知识体系，并结合组织自身的业务特点和行业特色，PMO 制定项目管理制度、流程、方法和规范，并推动落实，同时总结组织最佳实践，以确保提高项目成功率和有效贯彻执行组织战略。

PMO 中的 P 根据数量不同有不同的含义。项目（Project）是为完成特定目标而开展的有资源和时间约束的工作。项目集（Program）是一组相互关联且被协调管理的项目、子项目集和项目活动，通常是为了达到共同的业务目标而设计的。项目组合（Portfolio）是指为实现战略目标而组合在一起管理的项目、项目集、子项目组合和运营工作。项目、项目集和项目组合的关系如图 9-5 所示。

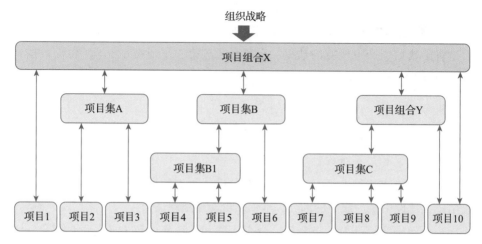

图 9-5　项目、项目集和项目组合的关系

从图 9-5 中可以看到，项目集 A 包含项目 2 和项目 3，这两个项目之间是有关联关系的。项目集是可以包含项目集的，比如项目集 B 包含项目集 B1。项目组合也可以包含项目组合，比如项目组合 Y 本身的目标是实现组织的某个战略目标，但这个目标又是更大战略目标的一部分，所以项目组合 Y 也是项目组合 X 的一部分。

PMO 的地位根据所负责的是项目、项目集还是项目组合而变化。如果 PMO 只负责一个项目的管理，它就位于项目集内，对项目经理负责，协助项目经理开展各种项目管理工作。如果 PMO 负责项目集或项目组合的管理，则它协助项目集负责人或项目组合负责人进行跨项目管理。

9.3.2　PMO 分类

基于不同的分类角度，PMO 有多种分类方式。

从组织层级角度看，PMO 可以分为部门级 PMO 和企业级 PMO。一些职能部门会设立部门级 PMO，以管理该部门内的各种项目。通常，企业在实施战略时会建立企业级 PMO，以管理与战略实施相关的各种项目。企业架构实施是落实企业发展战略的重要工作，涉及众多业务部门和科技部门，必须由企业级 PMO 管理相关项目的落地。

基于不同的组织结构和项目管理成熟度，PMO 又可以分为 3 类：支持型 PMO、管理型 PMO、战略型 PMO。从支持型到战略型，PMO 的作用逐步增强。

1）支持型 PMO 是 PMO 发展的初级阶段，主要为项目经理提供管理、行政、咨询顾问、培训和知识管理等支持服务，发挥辅助支撑作用。

2）管理型 PMO 通常出现在强矩阵组织结构中，与其他职能部门并列，代表企业管理层对项目集进行管理和控制，保证各个项目顺利执行，以实现项目目标和组织目标，拥有较大的权力。管理型 PMO 的工作包括项目经理任命、资源协调、立项和结项的审批、项目风险管理、项目评价和项目经理考核、项目经理培训等，可独立向企业总经理汇报。

3）战略型 PMO 是 PMO 发展的高级阶段，PMO 承担着战略目标确定与分解、企业项目筛选和实施路线图制定等任务，承担承上（战略理解）和启下（启动项目）的双重责任。战略型 PMO 开展项目组合管理工作，确保所有项目围绕组织目标，并且能够为企业带来利益，可直接向企业最高管理者汇报。

PMO 与单个项目经理的不同点在于，项目经理关注项目目标是否完成，PMO 则关心业务目标甚至战略目标是否实现。企业架构实施作为战略落地工作，需要有战略型 PMO 的支持。

9.3.3　PMO 的 7 个作用

企业架构实施工作通常分为多期，每期通过实施一系列项目来落地一个过渡架构，实现阶段目标。PMO 在企业架构实施中的作用如下。

（1）制定各期工作方案

各期工作方案应明确当期的主要目标、工作原则、项目划分、任务项、前置工作、交付物、时间计划、项目资源安排等，相当于整个项目组合的立项工作。工作方案主要聚焦战略落地的核心工作，保证资源投入到高价值工作中，得到有效利用，关注整体的 ROI（投资回报率）。同时，工作方案必须明确项目之间的依赖关系，确定实施顺序，并将项目任务与资源相匹配，最终形成一个可行的项目组合工作计划，建立项目清单。

（2）项目群报告和汇报

PMO 要按周、月等频率开展项目群进展报告，反映项目进展状态和存在的问题，并定期向公司管理层汇报项目组合进展，接受管理层指导。

（3）评审管理

在项目的各个关键节点，PMO要组织开展评审管理工作，包括业务方案评审、需求评审、设计评审等。评审管理工作发挥了重要作用，一是保证架构遵从，二是保证保质保量完成项目交付。评审管理的关键是明确标准，以标准作为受理、评审的依据，形成"法治"而非"人治"局面。

（4）交付管理

PMO要定期收集交付物，对比项目要求进行交付物检查，保证项目产出得到有效管理，同时避免项目报告中存在虚报、漏报、瞒报的情况。

（5）风险管理

PMO要及时发现项目群中存在的问题，对问题进行分级分类管理。有些问题是项目组自己可以解决的，PMO进行跟踪即可。有些问题需要PMO牵头解决，甚至需要上报领导，PMO必须及时采取措施解决。

（6）结项管理

在项目完成后，PMO要进行结项管理，对照项目计划检查完成情况，分析业务运行效果，总结经验教训，对项目进行考核评价等。

（7）提升项目管理水平

PMO要建立各种项目群管理制度、引入各种工具、提供管理培训，为各个项目的运行提供支撑，不断提升项目管理水平。

9.3.4 PMO工作的5点体会

笔者长期参与PMO工作，有5点体会与大家分享。

（1）PMO是领导的助手

PMO是协助领导对项目组合、项目群进行管理的，要当好助手、参谋，不仅要有效履行计划、进度等职能，还要及时掌握情况，发现问题，避免项目群进展出现偏差。所以，沟通是非常关键的。也就是说，PMO要与项目群干系人及时沟通，特别是与相关领导及时沟通、调整工作方向和工作重点。

（2）PMO要深入开展调查研究

因为PMO工作离具体项目较远，如果PMO不主动深入项目去了解、掌握情况，容易被各种报告迷惑。PMO要通过多种方式深入项目，开展调查研究，及时发现问题和解决问题。

（3）PMO 要及时补位

在项目群实施过程中，PMO 要重点关注关键项目、出现重大问题的项目，并采取各种措施及时解决出现的问题，保证项目回到正轨。

（4）PMO 要关注战略目标、业务目标的实现

PMO 要关注战略目标、业务目标的实现，具体来说就是要将战略目标、业务目标分解到各个项目上，将项目与业务指标挂钩，并根据业务指标完成情况对项目进行考核、评价。

（5）PMO 要关注投资管理

PMO 工作与投资管理工作有很大的相似性。PMO 确定项目组合就是在选择合适的投资标的，决定是否投入资源（资金、人力等），之后的项目群管理则类似于投后管理，掌握投资情况（项目执行情况），并帮助创业者（项目经理）解决问题。项目投产上线、应用推广就相当于投资退出、获取收益。项目结项则相当于投资复盘，总结经验教训，提升投资能力。PMO 还要关注项目组合的总体 ROI。

9.4　加强架构管控

在企业架构实施过程中，企业要进行严格的架构管控，真正做到"一张蓝图绘到底"。如图 9-6 所示，架构管控（架构治理机制）是企业架构的重要组成部分，与业务架构、IT 架构和实施路径共同构成完整的企业架构。

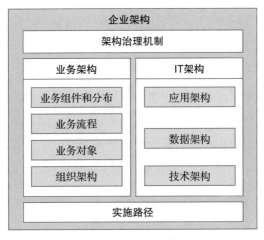

图 9-6　企业架构

9.4.1　架构管控框架

要加强架构管控，企业必须建立完整的架构管控体系。架构管控框架可以指导企业建立架构管控体系。如图 9-7 所示，架构管控框架包括架构管控目标、架构管控对象、架构管控流程、架构管控标准和架构管控组织 5 部分。

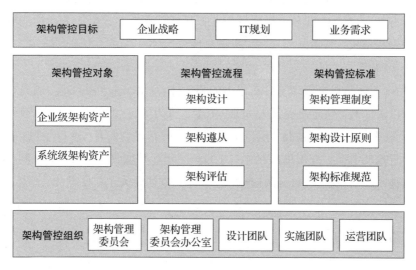

图 9-7　架构管控框架

（1）架构管控目标

架构管控首先考虑的是管控目标，管控目标是动态调整的。架构管控目标可以分为总体目标和阶段目标。总体目标是长期稳定的，阶段目标要根据企业所处阶段来确定。

（2）架构管控对象

各类架构资产是架构管控的对象。架构资产种类丰富，从架构层次角度划分，可分为企业级架构资产和系统级架构资产；从所属领域角度划分，可分为业务架构资产、应用架构资产、数据架构资产和技术架构资产；从时间属性划分，可分为基线架构资产、目标架构资产和实施路径资产。

（3）架构管控流程

架构管控流程包括架构设计流程、架构遵从流程和架构评估流程。架构设计流程具体见第 3 章。架构遵从流程主要是在实施过程中设计一系列架构管控点，架构评估流程主要是根据内外部环境变化评价架构是否需要调整，具体见9.4.4 节。

（4）架构管控标准

架构管控标准是指一系列架构管控资产，包括架构管理制度、架构设计原则和架构标准规范。架构管控资产也属于架构资产的一部分，是对架构设计资产进行管控的标准和依据。

（5）架构管控组织

架构管控需要一系列组织支撑和人才支撑，包括架构管控的决策者——架构管理委员会，架构管控实施的组织者——架构管理委员会办公室，当然更离不开具体的实施者——架构设计团队、实施团队和运营团队。

9.4.2 确定架构管控目标

架构管控也叫架构治理，是指通过架构治理机制，将业务架构、IT 架构、IT 决策、实施、运营服务、监督等流程以及 IT 的各类资源与企业战略目标紧密关联，对信息技术引入风险与价值进行评估，确保 IT 与业务保持战略一致性，确保 IT 投资获得最大化的业务增值。可以说，确保 IT 与业务保持战略一致性是架构管控的总体目标。

确定了总体目标之后，具体的架构管控目标要根据企业当前所处的阶段来确定。在架构资产尚不具备时，架构管控目标主要是保证企业架构的完整性和有效性。在架构实施和运营期间，架构管控目标主要是保证系统级架构对企业架构的遵从。

9.4.3 设计架构管控组织体系

企业要实行架构管控，必须建立相应的架构管控组织体系，以承担相关职责，并明确相应的架构管控流程和架构管控制度。

1. 架构管控组织体系

完整的架构管控组织体系包括企业级架构管理、架构认责、架构执行和专业人才支撑 4 个层次，具体如图 9-8 所示。在企业级架构管理层面，架构管理委员会根据企业管理层的授权，开展企业级架构管理；架构管理委员会办公室作为架构管理委员会的日常办公机构，承担日常的架构管理工作以及架构管理委员会的运作。在架构认责层面，各业务部门和科技部门作为架构属主对具体的架构元素负责。在架构执行层面，实施团队负责架构的具体实施，运营团队负责架构的运行监控，设计团队负责架构的设计和维护工作。在专业人才支撑层面，系统架构师和企业架构师作为架构专业人才支持架构管理。以上各类组织和人员共同构成完整的企业级架构管控组织体系。

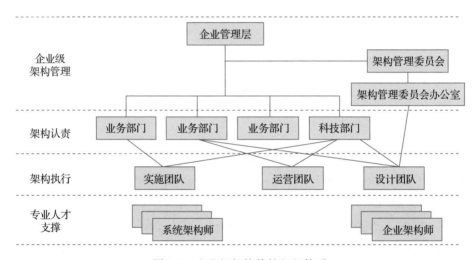

图 9-8　企业级架构管控组织体系

2.建立架构管控组织体系

（1）明确架构属主

明确架构属主，就是要做到各类架构元素与组织对应，做到各就各位、各司其职。每一个业务领域、业务流程、业务组件都要找到它的架构属主（业务部门）。每一个 IT 组件（应用组件、数据组件和技术组件）都要找到它的属主，即应用组件要有明确负责的业务部门和实施 IT 团队，数据组件要有明确的数据属主来完成数据认责，技术组件要有明确负责的 IT 团队。架构元素的属主对架构元素负责，按照蓝图建设架构元素，实现蓝图规划目标。

（2）建立架构管理委员会

架构管控的实现需要建立架构管理委员会，从企业层面负责架构管控的决策工作，各部门、各团队有架构相关的事项，需要提交到架构管理委员会进行审议。架构管理委员会由公司前台、中台、后台的各主线、板块架构责任人、科技部门负责人组成，由 CIO、CTO 或首席架构师主持工作，并向企业管理层汇报。

（3）建立架构管理委员会办公室

架构管理委员会下设办公室（架构办），负责组织架构管控实施工作。架构管理委员会办公室岗位包括企业架构师、业务架构师、应用架构师、数据架构师、技术架构师等。架构管理委员会办公室可以设立在科技部门，或者设立单独的架构部门。

（4）完善架构执行团队

架构设计团队负责架构专题设计工作，由相关部门的业务专家、IT 专家、架构师组成。

为了贯彻架构蓝图，各个实施团队要配备系统架构师。系统架构师在具体项目中承接企业架构设计成果、设计具体的系统架构，保证系统架构贯彻架构蓝图要求。

运营团队负责对架构运行情况进行监控分析，提出架构改进意见。架构管理委员会办公室和架构设计团队、实施团队的系统架构师要定期交流并轮岗，保证既能具备全局视野，又不脱离一线工作，从而在实施中更好地贯彻架构蓝图。

9.4.4　建立架构管控流程

架构管控主要围绕架构资产进行企业架构全生命周期管控。企业架构全生命周期包括企业架构设计，企业架构遵从，企业架构反馈、评估和调整优化，构成一个完整的闭环，如图 9-9 所示。

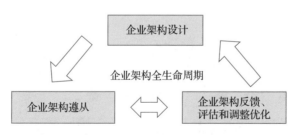

图 9-9　企业架构全生命周期

企业架构设计主要是根据企业架构愿景开展业务架构、应用架构、数据架构和技术架构设计，并形成实施路径。

企业架构遵从主要是在系统级架构设计和实施中应用企业级架构设计成果指导具体的设计实施工作，保证企业级架构被有效遵从。

企业架构反馈、评估和调整优化主要是根据实施过程中碰到的架构问题以及实施运行实际效果等形成对架构的反馈意见，根据反馈意见进行评估，并对架构进行调整，这也被称为架构变更管理。如果当前架构已经无法通过调整优化来满足需求，企业必须开展新一轮的架构设计工作。

TOGAF ADM 是一个以需求管理为中心的架构全生命周期方法论，不过其侧重架构设计阶段，从架构愿景到迁移规划都属于架构设计阶段，实施治理对应架构遵从阶段，架构变更管理对应架构反馈、评估和调整优化阶段。

本节说的架构管控工作主要着眼于架构应用和遵从以及架构反馈、评估和调整优化这两个方面的工作。一方面，企业级架构蓝图在系统级架构设计和实施中要得到严格遵从，保证一张蓝图绘到底。另一方面，企业级架构不能僵化，要有一定的弹性和灵活性，需要根据实际需要进行调整优化，与时俱进，以延长生命周期。

1. 架构遵从流程

架构遵从是要保证系统级架构对企业级架构蓝图的遵从，主要是保证各类企业级架构资产在系统级架构设计和实施中的应用。架构资产既包括业务架构设计方案、IT 架构设计方案，也包括架构设计原则和架构标准规范等。

企业架构实施工作由大大小小的项目组成，企业需要在项目实施过程中选择和设定合适的架构管控点，实施架构管控，保证架构遵从。具体架构管控点如图 9-10 所示。

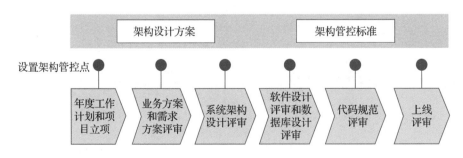

图 9-10　架构设计环节

各环节的架构管控点如下。

（1）年度工作计划和项目立项

企业在制定年度工作计划时，要将各类需求按照架构蓝图进行梳理，明确其在架构中的位置，对应哪个或哪些业务组件和应用组件，对相似业务功能进行合并，对不符合架构的相似业务功能进行修改或剔除，从而确定要实施哪些项目。年度计划外的项目在立项时也要进行上述动作。

（2）业务方案和需求方案评审

在各个项目的业务方案和需求方案评审环节，相关方要关注业务方案和需求方案是否严格遵从了企业架构。

（3）系统架构设计评审

系统架构设计评审是对具体实施项目的系统概要设计方案、系统架构设计说明书进行评审。在该环节，相关方要关注设计方案是否严格遵从 IT 架构设计原则和标准规范。

（4）软件设计评审和数据库设计评审

在系统详细设计完成后，要进行软件设计评审和数据库设计评审。该环节的架构管控要求包括系统界面遵从 UI 设计规范，数据库设计遵从数据库设计规范等，UI 设计规范、数据库设计规范等都是架构标准规范中的一类。

（5）代码规范评审

代码规范评审是从系统代码实现这一层面进行审核，保证代码实现遵循代码规范。代码规范评审既可以通过人工复核方式进行，也可以使用一些代码检查工具来提高效率。

（6）上线评审

上线评审主要是对项目目标完成情况、系统测试情况、数据准备、管理制度、上线方案等进行评审。其中，性能测试可以对系统的非功能性指标进行验证，比如验证 TPS、QPS 等指标是否满足设计要求。

从架构管控的主体来看，年度工作计划、项目立项、业务方案和需求方案评审、系统架构设计评审、上线评审等都需要架构管理委员会来审议，软件设计评审、数据库设计评审以及代码规范评审由科技部门按照架构标准规范来完成。

2. 架构评估流程

企业需要在架构实施和运行过程中持续监控，不断接受反馈，并进行企业架构的调整优化，以保证企业架构的先进性和适用性。这就需要建立架构评估流程。如图 9-11 所示，架构评估流程主要分为 3 个步骤：监控和反馈，变更评估，给出评估结论。

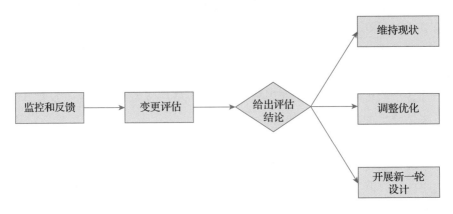

图 9-11　架构评估流程

（1）监控和反馈

监控和反馈的渠道有很多，比如实施阶段的各类评审，9.6 节"目标管理"中提到的监测分析体系、面对面访谈或者书面调研等。另外，企业架构团队还需要关注内外部环境变化情况，比如企业根据国家政策制定新的业务举措来对产业链进行拓展，引入金融云技术来解决数据安全问题等。

（2）变更评估

在收集到反馈之后，各个架构属主需要进行评估分析。企业根据评估结论决定下一步动作，如果评估结论认为反馈内容对当前架构方案不构成影响，则选择维持现状；如果评估结论认为反馈内容对当前架构方案造成影响，需要调整架构方案，则根据影响大小选择进行架构调整优化或者开展新一轮设计。架构变更评估应遵循架构策略。

（3）给出评估结论

1）维持现状。理论上，大多数架构评估的结论都是维持现状。当然，这取决于企业架构方案的前瞻性和先进性。如果企业架构方案对于任何情况都无法适应、需要调整，说明前期架构设计阶段的工作质量堪忧。

2）调整优化。如果需要对当前架构进行调整，架构属主要向架构办提出架构变更申请，或者架构办根据自己的分析提出架构变更申请。这些架构变更申请由架构办初步审核后，提交架构管理委员会审议。架构变更申请审议应遵循架构策略。

架构变更申请审议通过后确定为要执行的架构变更事项，要明确责任人来负责开展架构专题设计，形成架构变更方案。架构变更方案再报架构管理委员会审议，审议通过后纳入企业架构资产，形成新的版本。

这里所说的架构调整是对当前企业架构的局部调整，不具有全局性影响。比如金融云引入会引发技术架构调整，但对上层的业务架构、应用架构和数据架构都没有影响。又如增加新的数据主题会影响数据架构，但对其他架构没有影响。

3）开展新一轮设计。如果评估结论认为反馈内容对架构具有全局性影响，通过对当前架构的修补无法满足需要，比如企业制定了新的发展战略，就必须开展新一轮的企业架构设计了。过去企业制定战略规划都是五年一个周期，但随着经济、技术发展的日新月异，企业也必须加快调整的步伐，所以近年来三年规划越来越多了。

9.4.5　建立架构管控标准

架构管控标准是开展架构管控活动的依据，包括架构管理制度、架构设计原则、架构标准规范。

企业应建立架构管理制度，对架构管理组织、职责、流程、要遵循的规则和使用的表单等进行规定，使得架构管控有据可依。

架构设计原则是架构设计要遵循的全局性规则和指南，涉及业务架构、应用架构、数据架构和技术架构的设计，反映了企业级架构共识，构成了未来 IT 决策的基础。全局性的架构设计原则不宜过多，一般以 10～20 条为宜，而且要保持稳定和一致。举例来说，业务连续性原则要求重要系统都要满足双活，应用分层原则要求各层应用职责定位清晰，降低层之间的耦合度。

架构标准规范是企业日常运营活动中要遵循的技术规范，比如消息中间件技术规范、接口技术规范、数据库技术规范、Java 编程规范等。

9.5 业务需求管理

在企业级业务架构实施阶段，除了基于架构规划直接产生的项目需求外，业务部门会提出各类业务需求。科技部门应如何管理这些需求？如果还是按照老办法处理，新的业务需求的提出就是企业级业务架构崩盘的开始。科技部门应使用业务架构有效管理业务需求，从而保证企业级架构稳定和长期有效。

9.5.1 信息化建设模式：从需求驱动到架构指导

业务架构是对业务的结构化表达，是一种高级的需求管理方法。业务架构定义了业务的结构（包括哪些业务组件，以及组件与组件之间的关系）。一旦业务架构规划完成，业务架构就相对固定下来，作为一段时间内从业务到技术的"作战地图"，指导从业务需求到技术实现的全过程。

业务需求动态变化。传统的信息化建设是需求驱动的，即业务部门提出需求，科技部门按照业务需求制定解决方案并开发系统。这种模式导致系统割裂、数据孤岛。图 9-12 是需求驱动的信息化建设模式。

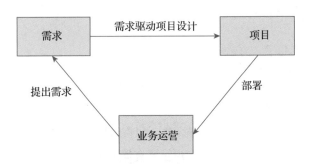

图 9-12　需求驱动的信息化建设模式

企业级业务架构是对公司业务整体的结构化描述。在架构指导的信息化建设模式中，企业要按照业务架构进行需求管理，所有业务需求都要在业务架构中找到自己的位置。项目是对需求的实现，包括业务实施、数据实施和系统实施。项目实施实现了需求，保证了架构遵从，沉淀和更新了架构资产。项目实施完毕，项目成果被部署到实际业务中。然后在业务运营和监控分析过程中，新的需求产生，如此不断循环往复。图 9-13 是架构指导的信息化建设模式。

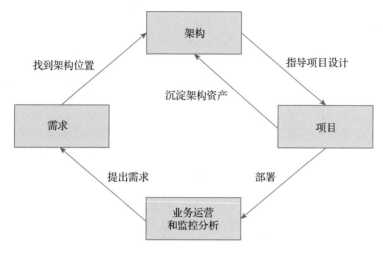

图 9-13　架构指导的信息化建设模式

9.5.2　需求的 3 个层次

需求是分层的，不同环节处理不同层次的需求。

软件需求工程专家卡尔·魏格斯（Karl Wiegers）在其经典著作《软件需求》中将需求分为业务需求、用户需求和系统需求 3 个层次。

（1）业务需求

业务需求描述组织或客户高层次的目标。业务需求通常来自项目投资人、购买产品的客户、实际用户的管理者、市场营销部门或产品策划部门。业务需求描述了组织为什么要开发一个系统，即组织希望达到的目标。愿景和范围文档可用于记录业务需求。

（2）用户需求

用户需求描述用户的目标，或用户要求系统必须完成的任务。用例、场景描述和事件 – 响应表都是表达用户需求的有效途径。也就是说，用户需求描述了用户能使用系统来做些什么。用户需求分析产出是用户需求说明书和交互原型。

（3）系统需求

系统需求规定开发人员必须在产品中实现的软件功能。用户使用这些功能来完成任务，满足业务需求。系统需求描述开发人员需要实现什么，满足哪些功能需求和非功能需求。系统需求分析产出是软件需求规格说明书。

9.5.3 使用业务架构管理业务需求

业务需求属于需求中较高的层次。企业在实施完企业架构后，可以使用业务架构来管理业务需求。业务需求管理需要遵循以下方法。

1）在企业架构实施过程中，企业的主要精力应当集中在新流程和新系统的建设上。在保证旧系统正常运行的前提下，尽量减少对其进行维护。这是最基本的原则，必须遵守。否则，目标和资源将无法匹配。旧系统维护抢夺太多资源会影响新系统实施，导致架构实施延期，甚至会有失败的可能。

2）要做好业务需求的入口管理，对原始需求进行筛选，明确"做不做"。业务管理部门需要从企业级视角审视业务需求。需求是否具有业务价值，是否符合公司发展战略，是否具有可衡量、可评价的业务目标，实现的业务逻辑是否可行，技术上是否可行，这些都需要进行考量。在互联网行业中，有一个需求筛选标准——高频、刚需、痛点。高频是指用户使用的次数很多，不断重复，这意味着用户对产品、服务或应用程序非常依赖。刚需是指用户必须要满足的需求。痛点是指困扰用户的重大问题。符合这些条件的需求是好需求，满足了这些需求，会提高用户满意度，带来较高的业务价值。该阶段处理的是业务需求。业务架构团队需要建立需求池或需求存储库来记录和管理所有业务需求。

3）做好企业架构管控，对新的业务需求进行统筹分析。业务架构团队必须按照业务架构方法进行需求解构，明确其所属的业务组件。所有业务需求都应该纳入业务架构，在业务架构中找到对应的业务组件。对于大部分业务需求，我们可以直接在业务架构中找到明确的业务组件，少部分则需要对业务架构进行扩展设计，将其容纳进来。

4）PMO将项目任务分配给组件开发团队。在业务需求明确之后，PMO根据业务优先级确定实施顺序，匹配资源，建立项目任务。实施团队（包括业务人员、需求人员和技术人员）也是按照业务组件来划分的。PMO将项目任务分配给组件开发团队，该团队负责对同一个业务组件进行建设、维护和持续升级。

5）组件开发团队进行需求分析，形成解决方案。组件开发团队对同一业务组件的多个业务需求进行分析、归并整合，形成解决方案，并纳入业务组件模型。业务组件模型本身也是可以升级的，需要沉淀为架构资产。需求调研、需求分析和撰写需求文档的工作由组件开发团队完成。该阶段处理的是用户需求和系统需求。

9.6　目标管理

9.6.1　PMO 关注数字化转型目标

一般来说，企业数字化转型都有自己要达到的目标，可以分为三类：降本增效、融合创新和极致体验。降本增效是指对现有运营流程进行数字化改造，实现提升优化；融合创新是指结合新技术和新趋势创造新的业务模式或商业模式，打造第二增长曲线；极致体验是指以客户为中心，为客户提供更好的产品和服务，提升客户体验。

以数字化转型为核心的企业架构落地，需要在项目群推进过程中持续关注是否实现了上述目标，并实施目标管理。业务目标是否达成是评价项目群是否成功、企业架构是否成功落地的关键标准。项目组一般关心项目进度是否按计划完成和交付，而业务目标是否达成需要 PMO 关注。企业要将业务目标与具体的产品、项目挂钩，保证在产品和项目落地时不忘初心，不偏离目标。

9.6.2　数字化转型目标制定和拆解

首先，企业应从战略出发制定可量化的业务目标。以太平洋保险为例，该公司自 2016 年起实施"数字太保"战略，以新技术应用驱动公司商业模式转型升级。在业务目标方面，太平洋保险提出未来三年实现数字化覆盖率达 80%，业务流程无纸化率达 50%，大运营成本率降低 2% 的目标。这些目标非常具体，可量化、可考核。

其次，项目或产品应与业务目标挂钩。太平洋保险各单位提出了几十个数字化产品，每个产品或项目在立项时都要与业务目标挂钩，例如提升流程无纸化率、降低运营成本、实现数字化和线上化、提升流程效率等。数字化战略目标分解如图 9-14 所示。

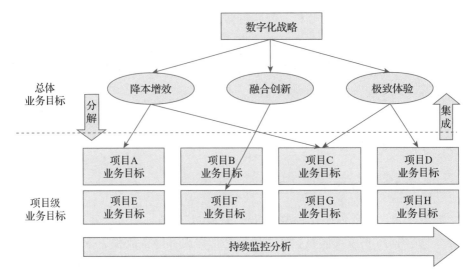

图 9-14 数字化战略目标分解

9.6.3 围绕目标建立指标体系进行监控分析

PMO 需要建立一套能够从上到下穿透的指标体系，具体为围绕整体业务目标进行建立，并且建立数转大屏，实现数据可视化。PMO 需要实时监控和持续观察项目成果应用情况，并且定期形成监控分析报告。这样可以让公司管理层掌握整体的运营情况，同时可以让具体产品和项目的建设者以及运营者掌握实际的项目成果应用数据。

监控分析报告可以应用于 3 种场景。第一，具体产品和项目的建设者以及运营者可以从数据中发现异常情况，分析问题出现的原因，例如问题是出在软件功能缺陷还是操作不当，或者对消费者宣传不够上，然后有针对性地对产品进行迭代改进。第二，管理者可以根据监控分析报告进行项目评估。第三，管理者可以分析不同部门或分支机构以及具体人员的变革效果，从中选择表现优秀的进行表彰，树立典型，也可以对表现不佳的进行批评甚至惩罚，从而形成比学赶超的良好氛围。

以招商银行为例，它是国内资产规模最大的股份制商业银行，也是最好的零售银行之一。招商银行在数字化转型中关注的一个重要指标是月活跃用户（MAU），目前达到 1.1 亿户，很大比例的客户触达和交易在线上。在移动互联时代，App 已经成为最重要的流量入口，手机银行很大程度上替代了线下网点柜台。月活跃用户这样一个原本是互联网产品的指标被一家商业银行当作重要业绩指标，也说明了招商银行转型彻底，真正拥抱了数字经济。

9.7　变革管理

变革管理，英文为 Change Management，变革其实就是改革，涉及企业的方方面面，已经超出单纯技术范畴。数字化转型本身就是一场变革，是进一步深化改革。企业开展数字化转型必须进行变革管理。

变革管理包括组织变革、管理变革和业务变革。数字化转型表面上看是业务变革，深层次看是组织变革和管理变革。只有完成深层次的组织变革和管理变革，业务变革才能顺利完成。

数字化转型是使用数字技术创新完成业务变革的战略行为，要建立新的工作方式，会遭遇各方面阻力，主要是来自人的阻力。数字化转型表面上看是梳理流程、数据，建设新的系统，但这需要企业建立方方面面的能力以与目标相配合。业务变革涉及范围大，复杂度、困难程度远超出人们的想象。企业如果不改变、不提升能力，是无法适应变革的。

如图 9-15 所示，整个变革过程可以分为 5 个阶段：变革团队搭建、变革方案筹划、变革准备、变革执行和巩固优化。

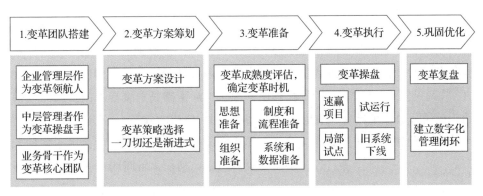

图 9-15　变革管理过程

9.7.1 变革团队搭建

变革管理的第一步是"搭班子"，即建立变革团队。变革团队需要实现角色和能力的互补，建立全功能团队。一般来说，变革团队应该包含 3 个层次：变革领航人、变革操盘手和变革核心团队。

1. 变革领航人

企业就像一艘航船，变革就像向未知的新海域航行。航船的领航人需要企业管理层担任。

企业变革是"一把手"工程，需要调动企业各部门。没有"一把手"摇旗呐喊，各部门无法理解高层的要求，就不会积极行动起来。有些部门可能会成为变革的阻力，只有"一把手"才能调整和协调，确保大家朝一个方向努力。

同时，变革领航人还需要有坚定的变革决心和战略定力。在变革中，企业不仅会获得鲜花和掌声，还会遇到困难甚至处于无望之境，看不到成功的希望。这时候，变革领航人的战略定力非常重要，他们需要坚定变革团队和整个企业对变革成功的信心，鼓励大家继续向前努力，直到出现转机，重获新生，迈向成功。

2. 变革操盘手

中层管理者扮演变革操盘手的角色，具体推进变革工作。中层管理者之所以能承担这一角色，是因为他们经验丰富，对企业有比较全面的了解，已经具备一定的管理能力和手段，同时与一线接触紧密，掌握企业运营情况，明晰企业存在的问题，也思考过解决方案。中层管理者处于企业的中间层，可以向上直接与企业管理层沟通，了解管理层的想法，向下指挥、调动部门资源采取行动。中层管理者充当变革操盘手，可以达到如臂使指的效果。

变革操盘手的选择非常关键，会影响变革的成败。并不是所有中层管理者都适合作为变革操盘手。管理层需要独具慧眼，从众多候选者中挑选具备强烈变革意愿和变革能力的中层管理者。有些中层管理者作为既得利益者，只关注自己部门的利益，不能从企业全局考虑问题，不适合作为变革操盘手。有些中层管理者缺乏基层工作经验，缺乏形成变革方案并将其落实的完整思路，也不适合作为变革操盘手。

变革操盘手虽然是中层管理者，但要能够从企业全局考虑问题、策划变革方案，与企业管理层思维同频共振，将管理层的变革决心转化为具体的变革方案并逐步实施，成为变革领航人的重要帮手。

3. 变革核心团队

变革的执行是关键，即使再好的变革方案，如果执行不到位，也只能取得60% 的效果；而平凡的变革方案，如果执行达到100%，也能取得80% 的效果。在变革执行过程中，企业需要建立变革核心团队。这个团队在关键任务、关键时刻能够顶上去，高效执行，保证变革顺利展开。

变革核心团队可以由企业各部门、各领域的青年骨干组成，成员拥有 3～5 年工作经验，在业务运营、系统建设等具体工作上比较专业。同时，他们没有顽固的想法，没有不可逾越的条条框框，具有变革的勇气。

9.7.2　变革方案筹划

完成变革团队的搭建之后，企业首先需要策划变革方案。这部分内容前面已经介绍了很多。企业架构设计是变革方案筹划的重要方法，具体见第 3 章到第 8 章。目标架构蓝图当然很重要，而实施路径尤其需要认真思考，反复沙盘推演，保证万无一失，具体见 9.2 节。

9.7.3　变革准备

完成变革方案筹划之后，企业就可以进入下一阶段——变革准备。

在变革准备阶段，企业主要完成 4 项工作：思想准备、组织准备、制度和流程准备、系统和数据准备。

1. 思想准备

要做好变革的思想准备，企业需要做好 4 方面工作。

1）"一把手"亲自指导、亲自推动是关键。变革牵涉组织的各个方面，大家对变革的前景总是充满不安，这时就需要"一把手"发挥作用。领导要亲自制定明确的变革愿景并正式发布，同时持续关注和鼓舞大家朝这个愿景努力。

2）建立变革的统一战线。变革管理要让更多人成为变革团队的同盟，建立统一战线，让大家一起投入进来，形成强烈的参与感，合力把事情做成。

3）建立数字化的企业文化氛围。企业要建立数字化的文化氛围，培养变革思维，让大家拥抱变革。企业文化似乎是虚无缥缈的，但其实非常实际。最直接的体现就是在数字化变革方面做得好的部门和人员，在考核和晋升方面得到了奖励。这样，大家都会朝这个方向努力，更多优秀的人才会在这件事上投入。

4）处理好人与机器的关系。在数字化变革中，企业通过数据赋能、人工智能等手段，建立数字化的工作方式，大大提升了工作效率。但企业员工可能担心是不是会被机器替代，失去工作。近年来，大型银行的网点撤并越来越多，柜员数量在减少，科技人员在增多，这是不争的事实。所以，企业在变革中要强调人机共生，明确人和机器各自发挥自己的优势，建立人机结合的工作模式，让机器替代简单的重复性劳动、提升效率，让人负责解决复杂问题、维护机器学习模型和规则。人面临技能转型挑战，但并不是机器直接替代人。在部署新的流程、新的系统时，企业要做好岗位设置和技能培训，使得这个过程更加顺利。只有每一位员工在思想上真正接受了变革，才能认为企业的思想准备已经做好。

2. 组织准备

组织准备就是根据变革需要制定组织架构调整方案。组织是执行战略的基础，旧的组织架构无法承载新的战略，需要进行调整。

从理论上讲，企业可以根据业务架构设计来建立新的组织架构，以便为业务架构的整体落地夯实组织基础。但有时到业务架构设计这一步，组织架构已经调整完毕，这时就需要在新的组织架构基础上开展业务架构设计和落地实施工作。

3. 制度和流程准备

业务架构设计中包含业务流程建模工作，但此时业务流程还在纸面上。业务流程落地必须要有管理制度保障。企业需要结合新的组织架构进一步明确各角色的职责，以及完成职责需要执行的流程任务。思想准备、组织准备、制度和流程准备对应于实施方法中的业务实施。

4. 系统和数据准备

系统准备是变革的重要前提。信息系统在很多行业已经成为重要的生产力。企业通过系统实施工作完成系统准备，此外要通过系统将业务流程固化、数字化和智能化。

数据准备也是变革的重要前提。一方面，对于已有系统重构来说，存量数据需要迁移到新系统中；另一方面，新系统可能需要新的数据源作为输入。这些都需要企业通过数据实施工作来完成。

做好上述准备工作，企业就要开始变革执行工作了，但还不能着急。企业要掌握好变革的时机。这是变革管理者要考虑的，变革太早会让大家退缩，太晚则难以做好组织和管理匹配，无法落地。所以，企业要评估变革的成熟度，要提前为变革推出准备各种条件。企业通过变革成熟度评估，可以发现变革需要具备的条件哪些还很薄弱，哪些已经具备，从而有针对性地做好变革准备工作。

一旦变革成熟度评估通过，企业就可以进入下一阶段——变革执行。

9.7.4 变革执行

在变革执行阶段，企业主要是根据制定好的变革策略开展变革落地工作。变革执行工作主要包括组织架构调整、发布管理制度、人岗匹配、部署系统、调整业务流程等。变革执行工作完成的标志是企业在新的组织架构、新的业务流程、新的业务系统下正常运转并产生好的业务效果。

下面以渐进式变革策略下的变革执行过程进行说明。

1. 速赢项目

速赢项目一般是在变革早期选择的一些较为独立、影响范围较小、见效快的项目，可以在短期内快速完成并上线应用，形成业务成效。速赢项目可以让企业上下对变革产生信心，认识到数字化转型的道路是正确的，能够为企业带来新的价值。

速赢项目中建设的系统可以是在旧有系统上的升级。随着旧系统被淘汰，速赢项目构建的能力要逐步迁移到新系统。如果是为验证新架构建立的系统，则该系统可以逐步被抛弃，也可以作为新系统的一部分保留下来。

2. 局部试点

在新的系统和流程建设完成后，企业首先要选定部分部门和分支机构进行局部试点，通过局部试点来验证新的业务系统和业务流程。试点机构的业务要足够完整，能够覆盖新系统涉及的业务。试点周期也要足够长，至少要覆盖一个业务周期，能够走完大部分业务流程。

试点工作的第一阶段可以采用"旧系统正常工作＋新系统辅助"的方式，将生成的数据存到旧系统，只是客户请求数据同时进入新系统，对新系统的业务逻辑进行验证，并对新旧系统产生的数据进行比对，发现差异和问题，不断完善新系统，直到新旧系统产生的数据达到一致。有的企业还会让业务人员在新系统上模拟用户操作，以验证新系统功能。

试点工作的第二阶段可以采取新旧系统并行的方式，试点流量同时进入新旧系统，通过旧系统来验证新系统能力，生成数据存入新系统，这样新系统的用户界面和数据存储也得到了验证。

在局部试点完成之后，新系统和新流程得到充分验证，可以进行全面试运行了。

3. 试运行

在试运行阶段，企业全面应用新系统和新流程，但同时保留旧系统，实行新旧系统并行，保证一旦有故障可以切回到旧系统。这一阶段也需要经历一个完整的业务周期，才能全面验证新系统是否具备替换旧系统的能力。

存量历史数据迁移是新系统试运行上线前必须完成的工作。

4. 旧系统下线

在试运行阶段结束之后，旧系统下线，新系统正式运行。

9.7.5 巩固优化

在巩固优化阶段，企业主要是要建立数字化的管理闭环，建立变革复盘能力，实现业务能力的持续迭代。

在数字化转型中，企业会建立很多新能力，或者对现有能力升级，这需要相关部门和人员来承接。同时刚刚建立的新能力总是不完善的，存在这样那样的问题。企业关键是要建立能力的建设、应用、回溯分析、迭代升级闭环，类似于 PDCA 过程。这样，业务能力才能持续迭代。

　　新的业务能力经过两三个业务周期的迭代完善，才能真正与组织融为一体，正式形成数字化的工作方式，取得数字化转型的阶段性胜利。

　　总体来看，变革管理是最为复杂的事情，非常考验管理功底。传统企业在数字化转型中要高度重视变革管理，才能将数字化业务变革落到实处，真正发挥数字化生产力的作用。

第 10 章

数字化组织建设和治理保障

当前企业身处 VUCA 时代，世界正处于百年未有之大变局，充满危机和机遇。为应对未来的不确定性，企业纷纷制定数字化转型战略。然而，战略制定之后，如何才能落地？研究表明，战略落地中 80% 的问题与组织能力有关系，企业必须高度重视组织能力在数字化战略落地中的重要作用。

本章首先介绍数字化转型中的组织、文化氛围和人才培养，然后介绍 IT 治理经典理论 COBIT，为有效开展 IT 治理做好准备，接着介绍数字化时代如何重塑 IT 组织来更好地实现业务与科技融合，最后以部落制在金融行业的应用为案例，介绍数字化组织建设。

10.1 数字化转型中的组织、文化氛围和人才培养

10.1.1 组织能力在战略落地中发挥重要作用

组织能力在战略落地中发挥着非常重要的作用。无论战略蓝图绘制得多么美好，实施路径多么清晰，都需要组织、人来承载。同时，在战略落地过程中，组织也要同步转型，让员工转换到新的工作模式，构建新的业务能力。

1. 人力资源战略保障企业战略执行

人力资源战略是企业战略的重要组成部分。企业在战略制定和执行中要充分考虑人力资源战略。在业务战略制定完成后，企业就需要考虑组织、文化氛围、人才培养，以有效支撑业务战略的实施。

2005 年，华为发现 IBM BLM 工具可以有效促进业务战略和人力资源战略的协同，保证业务战略科学制定并实施落地，于是引入 BLM，具体做法是在各业务部门派驻 HRBP，深入实地为业务部门赋能。

2. 组织能力的 3 个要素

本书第 2 章中提到了 BLM。如图 10-1 所示，BLM 左边是业务战略（即商业模式），右边是战略执行（即组织能力）。战略部分的输出为未来的业务设计，从现状到未来的业务设计可以推导出若干关键任务，为执行这些关键任务，需要具备相应的组织能力。组织、文化氛围和人才是构成组织能力的 3 个要素。

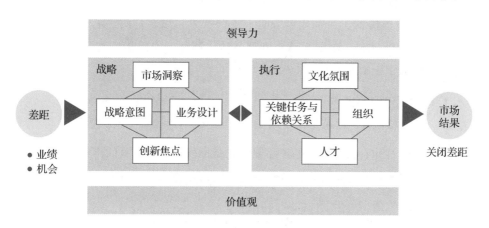

图 10-1　BLM

（1）组织

组织是战略执行的保障。根据组织行为学定义，组织是指人们按照一定的规则，为完成某一共同的目标，正式组织起来的人群集合体，是具有一定结构、同一目标和特定功能的行为系统。

（2）文化氛围

氛围是指企业的管理氛围，文化是指员工的日常行为准则，这在很大程度上取决于企业的价值观。著名管理学家彼得·德鲁克曾说："文化可以将战略当作早餐一样吃掉。"企业文化往往是由企业领导者的管理风格来塑造的。企业没有与之相适应的文化，员工的行为方式将没有转变，战略蓝图就只是一张废纸。

（3）人才

当组织确定之后，企业要进一步考虑为组织配备合适的人才。人才要具备相关的技能，才能完成战略的执行。首先，企业要定义好关键岗位和角色，明确组织所需的人才画像，然后，制定和实施人才的选、育、用、留措施。关键任务要求设置一些新的岗位，这些岗位可能是对现有岗位的职能调整，也可能是新增设的。

下面我们分别介绍数字化的组织建设、文化氛围和人才培养构建。

10.1.2　数字化组织建设

数字化组织建设要建立新的适应数字化生产方式的生产关系，以极大释放数字化生产力的价值。数字化组织具有 5 个特点：以客户为中心、敏捷响应、业务和科技深度融合、数据驱动、机制灵活。那么，如何建设数字化组织，以及如何开展数字化组织的治理工作呢？

1. 数字化组织的特点

1）以客户为中心。数字化组织围绕为客户创造价值，以客户需求为输入，为客户提供个性化、极致体验的产品服务，从而实现企业自身的价值。

2）敏捷响应。数字化组织能够快速响应市场需求，迅速做出决策并研发、推出满足市场需求的产品服务。

3）业务和科技深度融合。数字化组织能够熟练应用各种数字技术，在不同的业务场景中，为客户提供数字化产品服务。要达到这一目的，业务和科技必须深度融合：业务人员识别数字技术应用的创新场景，科技人员快速使用数字技术进行实现并保证流畅的体验，共同实现数字化业务创新变革。

4）数据驱动。数据是数字化转型的燃料，数据中台是数字化转型的引擎。数字化组织是数据驱动的，需要有专门的数据管理和加工部门，为数字化组织提供数据供给。

5）机制灵活。为达到上述目的，企业需要开展组织创新，建立灵活的组织机制，包括决策机制、激励机制等，破除或避免旧有僵化机制的影响。

2. 数字化组织建设方式

为了建设具有上述 5 个特点的数字化组织，企业可以采取以下方式。

1）建立以客户为中心的组织架构，实现前台、中台、后台分离。前台主要是开展市场营销并为客户提供服务的部门，包括营销、销售和客户服务等部门和分支机构。中台是业务运营部门，负责各类业务审批和处理。后台是综合管理部门，包括人力、财务、产品、风险、合规、信息科技、行政办公等部门。三者之间的关系是，前台直接响应市场和客户需求；中台为前台提供运营支持，满足客户需求；后台为企业运行提供保障。前台往往可按细分市场和客群划分为不同的部门，比如银行可按客群分为零售板块、对公板块和金融市场板块，分别面向个人客户、企业客户和同业机构客户。

2）建立业务和科技深度融合的组织架构。企业要做到业务和科技深度融合，最重要的是打破部门墙，将业务人员和科技人员编成一个团队，无论正式团队还是虚拟团队，在行政指挥、考核激励上都一体化，这样业务人员和科技人员工作在一起，彼此熟悉，沟通效率提高，心往一处想、劲往一处使，就能产生较好的业务效果。

在这方面，业界有许多实践，中信银行建立科技领域制，面向业务板块建立领域团队。领域团队实行业务和科技双线管理，需求方面由对口业务部门管理，行政和技术方面由科技部门管理。华林证券、长沙银行、中金财富、百信银行等金融机构应用互联网公司的部落制，让每个部落端到端负责某个产品或条线。海尔实行人单合一，让每个员工直接面对用户，创造用户价值，并在为用户创造价值中实现自己的价值。经营之神稻盛和夫在京瓷实行阿米巴经营，让团队自己制订计划和实施并单独进行绩效核算，全员参与经营，极大地调动了员工的积极性。

3）科技组织要转型，按照 IT 架构重塑科技组织并聚焦价值。在数字经济时代，科技组织在企业中的定位从过去的支撑型，逐步转变到伙伴型甚至引领型。科技组织要不断转型，以承载和实现 IT 架构。企业要将科技作为一种业务进行运营，聚焦业务价值的交付。科技组织再造可遵循三支柱理论：一方面与业务紧密融合，将一部分 IT 力量向前配给业务，与业务同频共振，实现业务数字化；另一方面要加强科技规划和科技能力建设，建立专家团队来开展科技战略规划和架构管理，建立中央 IT 或平台 IT 团队负责科技平台和能力建设，为业务数字化应用提供强有力的支撑。

4）建立数据中台。数据能力建设是数字化转型重要的基础工作。虽然各个部门都要加强数据技能、培养数据思维，但企业仍然需要建立单独的数据中台，为数字化转型提供基础的数据供给。数据中台应包括数据平台、数据管理、BI 数据应用、AI 数据应用 4 类团队。数据平台团队建立大数据平台等基础设施，并建立数据仓库、数据集市等数据集成平台。数据管理团队负责数据治理，盘点数据资产，提升数据治理水平，保证数据可用。BI 数据团队负责提供各类数据报表和实现数据可视化。AI 数据应用团队负责使用机器学习等算法进行数据挖掘，构建 AI 模型。

5）开展事业部、子公司等组织创新。大中型企业要整体开展数字化转型是比较困难的，历史包袱比较重，转型周期会比较长。企业通过设立事业部、子公司，可以快速建立灵活的组织机制，更好地为数字化转型奠定组织基础。

很多传统金融机构设立数字金融部、网络金融部来开展一些互联网金融实践和探索。比如世界三大信用保险公司之一的 Euler Hermes 就建立了单独的数字化部门 EHDC 来负责公司的数字化建设，推出各种数字化产品。2022 年，中国石油旗下的长庆油田设立了数字和智能化事业部，专注开展油田数字化转型探索。

相比于事业部，子公司实现了法人之间的隔离，更为独立和灵活。比如，中航信在掌握全国航空运行数据的基础上孵化建立了航旅纵横，平安集团在内部长期沉淀的培训实战经验基础上孵化了平安知鸟，中信银行和百度联合建立了百信银行作为独立法人直销银行，负责数字化转型探索。

3. 数字化组织治理机制

前文我们讨论了多种数字化组织建设方式。无论采取哪种方式，本质上都是要解决如何正确、高效地使用科技资源，以服务战略落地和业务变革，实现业务价值并降低科技风险的问题，根本上是要建立科学合理的企业级 IT 治理机制。

IT 治理机制建设需要体系化的思考。业界权威的 IT 治理理论方法是 COBIT 框架。企业可以使用 COBIT 框架来设计和实施企业的 IT 治理机制。企业架构是进行 IT 治理的核心。

10.1.3 构建数字化的文化氛围

企业数字化和敏捷转型的失败率往往很高，缺乏数字化的文化氛围是其中重要的原因之一。构建数字化的文化氛围是一件知易行难的事情。

1. 数字化文化氛围的特点

我们认为，数字化文化氛围可持续支持数字化创新和敏捷工作，具有的特点如下。

1）以客户为中心：企业的行动目标应该是满足客户需求，为客户创造更多价值，而不是闭门造车。

2）提倡数据思维：企业应该提倡以数据为基础来设定目标、论证观点和制定决策，而不是依赖权威和经验。

3）快速迭代：企业应该抛弃过去一个项目需要花费一两年的做法，打造最小化可用产品，快速投入市场并收集反馈，持续更新产品。

2. 数字化文化氛围构建方式

有人认为企业文化氛围虚无缥缈，其实不然，文化是非常真实的，距离我们也非常近。企业文化氛围反映在预算、绩效管理、奖励系统和晋升机制上。企业鼓励什么、在哪个方面投入资源，就会在哪个方面获得加强。因此，我们要好好看一看企业设置的关键绩效指标、奖励机制和提拔晋升机制。如果你不理解员工的某种行为，你可以找到驱使这种行为的管理制度或政策。管理者要想让数字化企业文化落地，不妨从调整关键绩效指标开始。

10.1.4 数字化人才培养

数字化人才队伍的建设是一件关系到数字化转型成败的大事。数字经济时代对数字化人才培养提出了新的要求，也催生了更多的数字化人才培养方式和方法。

1. 数字化人才要求

要培养数字化人才，首先要明确什么样的人是数字化人才。数字化转型仍然需要专业人才，但更加需要一专多能的 T 型人才，甚至多专多能的 Π 型人才。所谓 T 型人才，是指在一个专业领域精深，并对其他多个领域有较全面的掌握。Π 型人才则是在至少两个专业领域精深，并对其他多个领域有较全面的掌握。

数字化转型迫切需要的人才具备这样一些特点：对业务、技术、数据、管理等领域都有深入了解，具备数字化思维方式，能够承担起围绕业务场景将各个领域深度融合的任务，从而产生数字化创新突破，极大地发挥数据价值。这样的复合型人才甚至将成为新时代的企业领军人物。最近，银行业就有不少首席信息官（CIO）、首席数据官（CDO）就任董事长和行长，拓宽了数字化人才的职业发展路径。

数字化转型要求企业每一个现有岗位人员都要拓宽自己的知识面，改变自己的思维方式，同时要求企业设立一些新的岗位，比如配备首席信息官（CIO）、首席数据官（CDO）、数字化战略顾问、数字化解决方案专家、数字化运营、数字营销、企业架构师、业务流程管理专家、产品经理、交互设计师、数据分析师、大数据工程师、算法工程师、机器人训练师、数据科学家、信息安全等。企业要根据自身需要，明确自己的人才培养目标。

2. 数字化人才的培养方式

数字化人才培养方式多种多样，企业有 4 种方式可以选择。一是内部培养。内部培养的人才忠诚度高但周期较长，企业应以内部培养为主，建立数字化人才的基本盘，保证人才队伍的稳定成长。二是外部引进。外部引进方式能够在短时间快速获得企业需要的人才，而且外部引进的人才市场竞争力强，具备数字化能力和意识，可以产生鲇鱼效应激励带动内部人才成长。外部引进方式主要是解决内部稀缺岗位但没有合适培养对象等人才需求问题。企业人才培养应以外部引进为辅。三是建立外部资源池，通过人力外包、项目外包等各种方式，在人员编制有限的情况下有效将外部资源为我所用。四是积极构建外部合作生态，比如与高校、科研院所、其他上下游企业等加强产学研合作，通过优势互补、强强联合，实现领域创新应用突破和人才培养等多重目的。

在具体人才培养过程中，企业可以使用很多数字化手段。比如，企业可以根据岗位要求建立人才画像，明确人才的多种特征，从而在人才招聘或人才培训等环节有针对性地筛选和培训，使得员工尽可能与岗位要求匹配。企业还可以使用人工智能手段建立智能培训平台，为员工提供自助式的远程视频培训，通过培训的员工才可以上岗或者晋级，提高了培训的标准化、智能化水平，极大地降低了企业培训成本。以平安集团为例，智能培训平台提供千人千面学习推荐、智能做课、智能直播教学、智能学习助理、智能陪练等服务，为其百万级保险代理队伍、十万级银行柜员和客户经理队伍开展培训，取得了不错的效果，甚至孵化出"平安知鸟"智能培训品牌。

10.2　IT 治理经典理论 COBIT

数字化战略的执行需要深度融合业务和科技。要想充分发挥 IT 的价值和作用，我们必须关注企业级的 IT 治理。IT 治理也是一种业务，需要从业务角度审视、分析和解决问题。COBIT 是国际通行的企业 IT 治理和管理的业务框架。

10.2.1　IT 治理的定义与目标

IT 治理的定义有很多种，美国 IT 治理协会给出的定义是："IT 治理是一种引导和控制企业各种关系和流程的结构，这种结构安排旨在通过平衡信息技术及流程中的风险和收益，增加价值，以实现企业目标。"国内有观点认为，IT 治理是描述企业或政府是否采用有效的机制，使得 IT 应用能够完成组织赋予它的使命，同时平衡信息化过程中的风险，确保实现组织战略目标的过程。IT 治理的使命是：保持 IT 与业务目标一致，推动业务发展，促使收益最大化，合理利用 IT 资源，适当管理与 IT 有关的风险。

IT 治理是企业治理的一部分。企业治理涉及人力资源管理、风险管理等。因此，IT 治理不仅涉及 IT 部门，还涉及企业决策层、管理层和各个部门，是企业级事项。提升 IT 治理能力能够有效提升企业治理能力。

国务院国资委办公厅在《关于加快推进国有企业数字化转型工作的通知》中指出："加快企业数字化治理模式、手段、方法升级，以企业架构为核心构建现代化 IT 治理体系，促进 IT 投资与业务变革发展持续适配。"可见，IT 治理是数字化转型中非常重要的部分，可为数字化转型建立高效、融合的管理机制和环境。企业架构包括业务架构和 IT 架构，强调业务和 IT 的一致性，对数字化转型中的 IT 治理有很大帮助。

10.2.2 COBIT 是一种 IT 治理框架

美国信息系统审计与控制协会在 1996 年推出了信息系统和技术控制目标（Control OBjective for Information and related Technology，COBIT），将其作为 IT 审计的技术标准。目前，COBIT 已经成为国际上公认的 IT 管理与控制标准，当前最新版本是 COBIT 2019。

COBIT 是面向整个企业的 IT 治理和管理框架，包括但不限于企业的 IT 部门。企业 IT 治理的核心是保证业务和 IT 的一致性，让 IT 投资能创造业务价值。COBIT 的核心价值在于作为企业战略目标和信息技术战略目标的桥梁，使得信息技术目标和企业战略目标之间实现互动。

治理和管理是不同的。治理是平衡利益相关方的需求，形成全企业一致认可的企业目标，通过设定优先级来确定方向，根据目标和方向来监控企业的绩效和合规性。一般来说，企业治理是董事会的职责，由若干委员会来帮助董事会完成。而管理是按照董事会设定的方向进行企业的经营管理以完成企业目标。管理一般是由公司管理层和各个部门负责的。

10.2.3 IT 治理的基本原则

COBIT 认为有效的 IT 治理要满足 6 项基本原则，如图 10-2 所示。

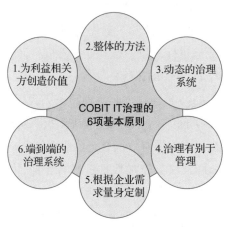

图 10-2　COBIT IT 治理的 6 项基本原则

1）IT 治理应该为利益相关方创造价值。利益相关方包括企业内部的董事会、管理层、业务部门、科技部门，以及外部的监管机构、业务伙伴和 IT 供应商。

2）IT 治理系统的各个组件应该协同运作，形成整体。

3）IT 治理系统是动态变化的，受设计因素变化的影响。

4）IT 治理系统应该区分治理和管理的活动和结构。

5）IT 治理系统应该根据企业需求量身定制，基于各种设计因素设置参数。

6）IT 治理系统应该是端到端的，能够覆盖整个企业。

10.2.4　基于 COBIT 设计 IT 治理系统

基于 COBIT 设计 IT 治理系统的基本思路是：以 COBIT 核心参考模型为基础，考虑企业的定制化因素，包括各种设计因素和企业当前关注的焦点领域，设计一个定制化的企业 IT 治理系统，如图 10-3 所示。

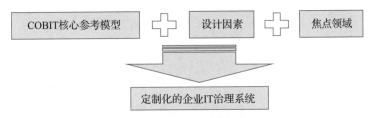

图 10-3　基于 COBIT 设计 IT 治理系统的基本思路

要使用 IT 实现企业战略目标，企业必须达成一系列治理目标和管理目标。治理目标由董事会和企业管理层负责，管理目标由各部门的中高级管理人员负责。

COBIT 核心参考模型是指围绕五大领域、40 个治理和管理目标的参考模型，如图 10-4 所示。其中，治理目标属于评估、指导与监控（Evaluate Direct Monitor，EDM）领域，主要是由治理机构评价战略选项，指导企业管理层执行选定的战略方案和监控战略完成情况。管理目标涉及 4 个领域：调整、计划和组织（Align Plan Organize，APO）领域主要是定义 IT 服务的组织、战略支持；构建、采购和实施（Build Acquire Implement，BAI）领域主要是定义、采购和实施解决方案，并与业务流程进行整合；交付、服务与支持（Deliver Service Support，DSS）领域主要是定义 IT 服务的运营、交付和支持；信息系统运行监控、评价与评估（Measure Evaluate Assess，MEA）领域主要是监控 IT 的性能及其与内外部要求的一致性。每个领域项下有多个治理和管理目标。举例来说，APO 领域有管理战略、管理企业架构、管理创新、管理投资组合、管理供应商、管理数据、管理安全等 14 项具体的管理目标。

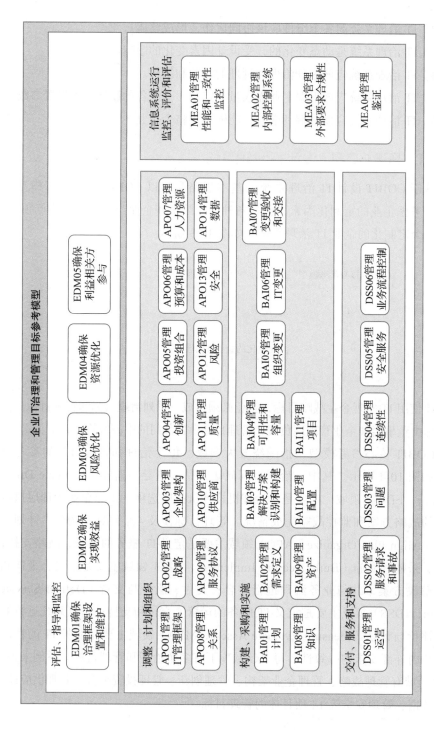

图 10-4　COBIT 核心参考模型

为了实现 IT 治理和管理目标，企业需要建立由多个治理组件构成的 IT 治理系统，针对每个目标设计 7 个治理组件，包括流程，组织结构，原则、政策和框架，信息，文化、道德和行为，人员、技能和能力，以及服务、基础设施和应用程序。从企业架构角度看，每个目标可以看作一个业务能力，各个组件共同作用形成业务能力。所有的治理组件共同形成完整的 IT 治理系统。

设计因素是企业个性化的内容，包括企业战略、企业目标、风险情况、IT 问题、环境威胁、合规性要求（高、常规、低）、IT 角色（支持保障、创新驱动、战略引领）、IT 采购模式（外包、内包、混合）、IT 实施方法（敏捷、传统、混合）、技术应用战略（领先、追随、落后）、企业规模等。

焦点领域描述了一个特定的治理主题、领域或者问题，比如，数据安全、数字化转型、敏捷、云计算等。焦点领域的数量是没有限制的，可以根据企业需要添加。

以上是 COBIT 核心参考模型，加上设计因素（企业自身的特点）和焦点领域（关注的主题），就可以形成个性化定制的企业 IT 治理系统。设计因素对企业 IT 治理系统的影响体现在 3 方面：一是管理目标优先级选择，即确定企业需要优先实现哪些管理目标；二是组件的变体，根据企业自身特点，确定使用治理组件的重点和方式；三是确定特定的焦点领域。这些都使得 COBIT 核心参考模型更加具体化，帮助企业逐步建立适用于自身的 IT 治理系统。

10.2.5 基于 COBIT 实施 IT 治理

COBIT 采用基于 CMMI 的成熟度模型 CPM 对各类 IT 治理和活动进行绩效评价，给出 0~5 分的评分，帮助企业了解自身的 IT 治理和管理水平，并确定未来改进方向。企业基于 COBIT 实施 IT 治理通常是按照项目方式进行的。IT 治理的 40 个目标不可能一次性实现，每个治理实施项目最多包含 4 个 IT 治理和管理目标。通过持续的 IT 治理实施，企业才能建立起完善的 IT 治理系统。

图 10-5 所示是基于 COBIT 的 IT 治理实施路线，可分为 7 个阶段。

1）发起项目计划。该阶段主要是识别变革驱动因素，比如存在的问题和要满足的外部要求、企业战略目标等，促使管理层形成变革期望。

2）定义问题和机遇。根据企业目标、IT 目标以及设计因素，确定关键的治理目标、管理目标以及相关流程，并评估选定的流程现状是否满足要求。在该阶段，企业还要建立实施团队。

图 10-5　基于 COBIT 的 IT 治理实施路线

3）定义路线。设定改进目标，然后进行差距分析并确定候选解决方案。

4）制订项目计划。制订具体的项目实施计划。

5）执行计划。根据计划具体实施项目解决方案，并监控项目产生的效果。

6）实现收益。将项目改进成果落实到日常管理实践，并产生期望的管理效果。

7）审查有效性。对项目产生的效果进行审查，确定此次改进的有效性，并形成下一步改进思路，推动治理和管理目标的持续改进。

通过以上步骤，企业可以有效完成一次 IT 治理。例如，企业开展数据治理管控项目，引入元数据管理系统、数据质量管理系统、数据标准管理系统，可以提升管理数据的能力。又如，企业开展架构治理项目，建立架构管理委员会和架构办公室团队及相关流程制度，可以提升管理企业架构的能力。这些项目都属于 IT 治理项目，都可以按照上述步骤执行。

10.3　数字化时代 IT 组织重塑

在数字化转型成为标配的当下，传统企业对科技的重视程度越来越高。它们不仅希望科技赋能，帮助业务人员提升能力，还希望科技引领，引导业务人员不断创新。那么，怎样才能达到管理层对科技的期望呢？企业要根据数字化战略进行企业 IT 组织的重塑。

10.3.1　IT 组织要承载 IT 架构

IT 架构包括应用架构、数据架构和技术架构，其中包含许多应用组件、数据组件和技术组件，共同支持业务架构。这些 IT 组件的建设和维护需要相应的团队支持。可以说，IT 架构决定了 IT 组织。

（1）围绕 IT 组件来重新组织团队

在 IT 架构规划中，IT 组件范围往往超出原先企业的 IT 组件范围。这就打破了原先的 IT 组织分工和团队划分，需要围绕 IT 组件来重新组织团队，这是最根本的原则。

（2）加大科技投入

企业需要根据 IT 架构蓝图和实施路径对工作量进行评估，并对 IT 资源进行测算。大规模的 IT 建设需要大规模的 IT 资源投入。近年来，金融机构纷纷加大金融科技投入，研发投入占营业收入的比例从过去的 1% 上升到 2%～3%，科技人员占全行人员的比例从 3% 上升到 5%，甚至更高。工商银行、建设银行等国有大行每年研发投入在 200 亿元以上，工商银行科技人员达 3.5 万人，占比 7.8%。平安集团过去 10 年科技投入 1000 亿元，未来五年还将投入 1000 亿元，拥有 11 万名科技人员，其中 3.5 万名是研发人员。

（3）引入新的技能、岗位支持新能力

IT 架构中引入了新的组件和新的能力，需要投入新的资源，建立新的团队，由不同技能的人才来承载。例如，大数据和人工智能平台需要大数据工程师和 AI 工程师来使用和维护，这是以前没有的。例如，对客户服务 App，企业需要考虑客户的使用场景和用户体验，需要产品经理、用户体验设计师和产品运营等新的岗位来建设和持续运营。例如，IT 基础设施建设完成后，需要懂得迁云、上云、云原生和云管控的人才进行运维。而上述所有的人才竞争非常激烈。

（4）IT 团队之间的协作方式发生变化

随着 DevOps 技术的发展，IT 组织逐步实现开发运维一体化，大大提升了从开发、测试到部署上线的自动化程度，让开发团队和运维团队的协作变得更加紧密，提高了整体效率，缩短了整体的运行时间。

目前，企业需要从传统单体架构向 SOA 架构和微服务架构转变。以前一个团队可以完成全部开发任务，现在需要考虑微服务之间的相互作用。这样，问题诊断变得更加复杂。分布式微服务架构改变了 IT 团队之间的协作方式，需要良好的服务治理机制来支持。

10.3.2　IT 组织要聚焦价值交付

Open Group 组织提出 IT4IT 模型，从 IT 价值链的角度对 IT 组织的职能进行定义。

1. IT4IT 模型

图 10-6 展示了 IT4IT 模型。

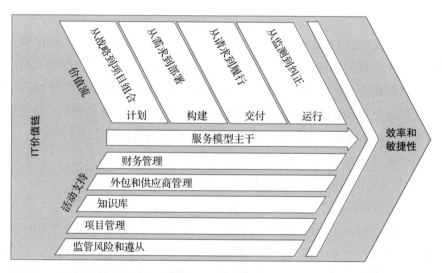

图 10-6　IT4IT 模型

IT4IT 是一个参考 IT 架构，包括计划、构建、交付和运行 4 类价值流，以及监管风险和遵从、项目管理、知识库、外包和供应商管理、财务管理 5 类支持活动。其中，计划、构建、交付和运行是 IT 对企业提供的价值，是按端到端流程的方式审视和描述的。

（1）计划——从战略到项目组合

计划价值流主要从业务战略和 IT 战略出发，进行信息化规划，明确实施路径，形成项目组合。该流程主要保证科技与战略对齐。计划价值流面向的客户是公司管理层，保证 IT 资源的投入产出效果。

（2）构建——从需求到部署

构建价值流主要涉及软件研发领域，负责完成计划价值流确定项目组合中的某一个项目的实施。构建价值流从客户（业务部门）提出业务需求开始，到系统部署上线、需求被满足结束，主要是完成具体软件项目的实施，向客户交付信息系统。

（3）交付——从请求到履行

交付价值流主要涉及 IT 服务，具体为客户（业务部门）提出 IT 服务请求，经过 IT 组织内部处理，最后研发出 IT 服务，满足用户需求。

（4）运行——从监测到纠正

运行价值流主要涉及 IT 运维的运行监测和问题处置，包括系统上线后的 Bug 发现、修复和处理。该流程主要是保证信息系统服务平稳运行，保证业务连续性和运行质量。

上述 4 个价值流是相互关联的，计划价值流为构建价值流提供输入，构建价值流为交付价值流、运行价值流提供输入。交付价值流和运行价值流为构建价值流提供反馈。

监管风险和遵从、外包和供应商管理、知识库、财务管理、项目管理 5 类支持活动并不直接面向客户（业务部门）提供价值，但也是科技运营不可缺少的内容，为 4 类价值流实现提供支持。

完整的、良好运行的 IT 组织应设计上述流程，才能保证更好地交付 IT 价值。

2. 应用 IT4IT 模型解决传统 IT 组织的问题

传统的 IT 组织往往存在以下两类问题，需要按照 IT4IT 模型进行解决。

1）传统 IT 组织对计划价值流重视程度不够。传统 IT 组织往往按照需求导向的信息化建设模式，基于业务部门的需求进行从需求到部署的交付，忽视了战略或者根本没有明确的战略，这就会导致信息系统烟囱林立、不互通，出现数据孤岛，数据标准不统一、不共享等一系列问题。IT 组织要解决这个问题需要采用架构指导的信息化建设模式，基于战略开展企业架构设计，按照架构来形成项目组合，并进一步实施项目。

2）传统 IT 组织对运营重视程度不够。传统的软件研发部门以项目上线为终点，运维部门关注机房、网络、设备，而系统的用户体验成了问题。这是典型的关注职能、不关注价值交付。IT 组织要解决这个问题必须加强 IT 运营，以用户为中心，以提升用户体验来牵引 IT 各项工作。

10.3.3　按照 HR 三支柱模型重塑 IT 组织

1. HR 三支柱模型

1997 年，戴维·尤里奇提出了 HR 三支柱模型，即 COE（专家中心）、HRBP（人力资源业务伙伴）和 SSC（共享服务中心）。该模型将人力资源服务与公司战略和业务相结合，提高了组织能力，使人力资源更好地为组织创造价值。图 10-7 所示是 HR 三支柱模型。

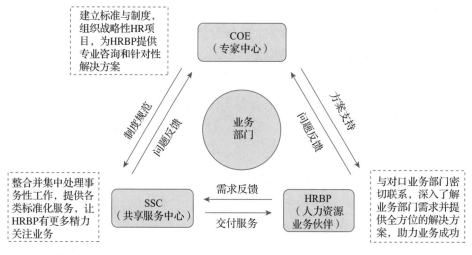

图 10-7　HR 三支柱模型

HR 三支柱模型根本上是企业人力资源组织和管理模式的创新。其中，COE（专家中心）将 HR 核心工作专业化，这些工作包括制定 HR 标准和制度、组织战略性 HR 项目、为 HRBP 提供专业咨询和针对性解决方案。HRBP（人力资源业务伙伴）和 SSC（共享服务中心）是 HR 对外延伸的两只手。HRBP 按业务部门分配，与对口业务部门密切联系，掌握业务部门需求并提供全方位服务，真正做到以客户为中心。SSC（共享服务中心）整合并集中处理各类事务性工作，提供标准化服务，让 HRBP 更有精力处理高价值工作。

后来，财务部门借鉴这一模型进行财务职能改造。比如，成立财务共享中心（SSC）处理日常的会计核算等工作，甚至将这些工作外包出去，让财务人员有精力处理会计管理、资金管理等工作。可见，从职能部门定位来讲，HR 三支柱模型具有一定通用性。那么，是否可以将 HR 三支柱模型应用于 IT 组织的改造？

2. 将 HR 三支柱模型应用到 IT 组织改造

按照 HR 三支柱模型，我们可以将 IT 组织分为 COE（专家中心）、ITBP（IT 业务伙伴）和 SSC（共享服务中心）三部分。COE 着眼于信息化规划、企业架构设计和管理、项目群管理、需求管理等工作。ITBP 主要与业务部门对接，帮助业务部门提出有价值的需求，形成解决方案，完成业务应用的研发和维护等工作，保证快速交付，满足业务需求，赋能和引领业务发展与创新。SSC 负责业务中台、数据中台、技术中台建设，IT 服务输出、基础设施运维、网络安全等工作，为 ITBP 提供各种支持。

从 HR 三支柱模型与 IT4IT 的对应关系来看，COE 负责计划（从战略到项目组合）价值流实现，SSC 负责中后台构建、交付价值流以及全部的运行价值流实现。ITBP 负责业务应用构建、交付价值流实现，为业务部门提供服务。

10.3.4　IT 架构、IT 流程推动 IT 组织重塑

总体来看，IT 架构、IT 流程、IT 组织三者之间存在密切联系和相互依存的关系。只有将 IT 架构、IT 流程和 IT 组织三者融为一体，企业才能实现 IT 组织的重塑，为数字化战略的实施提供保障。图 10-8 是 IT 架构、IT 流程和 IT 组织之间的关系。

业务架构和 IT 架构向上承载战略。首先，以战略为输入设计业务架构，并进一步设计 IT 架构，使 IT 架构与战略、业务保持一致。只要 IT 组织和 IT 流程、IT 架构保持一致，我们就可以保证 IT 架构与战略、业务的一致性。

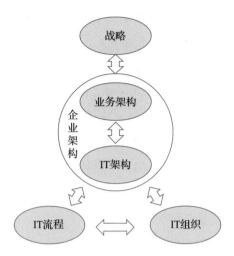

图 10-8　IT 架构、IT 流程和 IT 组织之间的关系

IT 架构指导 IT 组织的日常运营。IT 架构决定 IT 组织承载的内容，包括拥有哪些基础设施、应用和数据，应用、数据之间具有怎样的集成交互关系，以及对外提供哪些服务。IT 架构的领域划分、应用划分和平台划分可以有效指导 IT 的组织架构设计、IT 组织各团队之间的边界和交互以及 IT 组织对外提供的服务。例如，为企业提供整体服务的业务中台、数据中台、技术中台以及基础设施建设和维护可以由集中的 IT 团队（共享服务中心）来完成。而向各个业务部门服务的应用系统建设和维护可以由业务部门的业务 IT 团队（ITBP）来完成。IT 规划团队、架构管理团队和 PMO 等负责形成整体规划、解决方案、架构规范等，并推动落实。

IT4IT 决定了 IT 组织自身运行方式和如何交付服务、价值。IT4IT 的计划、构建、交付和运行四大类价值流为 IT 组织的运营提供了蓝本。IT 组织可以参照 IT4IT 模型，健全和完善 IT 组织的功能和流程。

按照 IT 架构和 IT 流程建立的 IT 组织可以更高效地运行，围绕业务价值创造开展工作，更好地完成承担的使命。这一理念也与 Open Group 开放敏捷架构提出的逆康威定律理念一致。所谓康威定律是指，系统设计是组织沟通结构的复制。而逆康威定律是按照 IT 架构的镜像来重塑企业组织。

10.4　案例：部落制在金融行业的应用

2021 年，部落制突然在金融行业火爆起来。华林证券、中金财富和长沙银行开始推行部落制，以推动组织的敏捷转型。那么，什么是部落制？企业具体怎么推行部落制？

10.4.1　部落制的起源

部落制是一种规模化敏捷管理框架，在互联网大厂和金融科技企业中得到普遍应用，以更好地满足互联网时代业务快速迭代的需求。

部落制最早由瑞典 Spotify 公司在 2012 年施行。该公司是瑞典知名的数字音乐服务提供商。员工在跨职能、自我组织、自我学习的协作团队中工作。团队端到端负责不同平台上 Spotify 产品体验的某一特定部分。图 10-9 是部落制示意图。

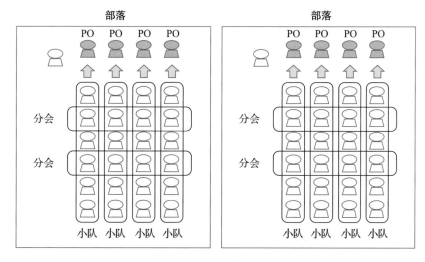

图 10-9　部落制示意图

部落或中心是按照客群或产品来设立的。一个部落（中心）由多个小队组成，共同拥有一个愿景。小队是敏捷型组织，包含一个 PO 和多个工程师。分会类似于原先的职能组织，分会领导者管理某种特定类型软件开发的工程师，比如 Java 工程师、前端工程师等。行会是同一类从业人员组成的组织，比如工程师公会、产品经理公会等。

部落制是一种适应互联网场景开发特点的规模化敏捷模式。2018年，部落制在国内外许多互联网公司开始流行，并很快成为各大厂的人才管理模式。2021年，部落制在金融行业突然火爆，华林证券、中金和长沙银行都开始推行部落制，推动组织敏捷转型。

10.4.2 华林证券部落制改革

2021年，华林证券全面升级组织架构，形成职能管控线、科技金融线和传统业务线三线管理模式，具体如图10-10所示。其中，华林证券在科技金融线重点打造了"6+2"部落模式，"6"指财富部落、债券部落、乡村振兴部落、资管部落、票据部落、FICC部落6个科技金融业务部落，"2"指基础平台部落、科技运营部落。每个部落下又垂直分布若干小队。

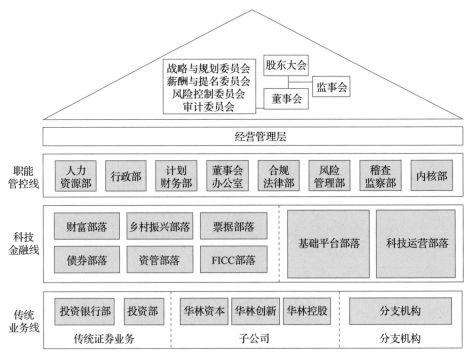

图 10-10　华林证券组织架构

为满足部落制改革需求，华林证券积极在行业内外寻找"金融科技"复合型人才。2021 年以来，华林证券总部入职的金融科技人才占总部新招聘人员 83% 以上，目前，华林证券总部科技人员占比已超 50%。华林证券推出全新的科技人才卓越职涯体系，以 T 族、P 族取代传统的行政管理序列，目标是向互联网企业靠拢，真正从管理机制上实现扁平化。

在考核机制上，华林证券自 2021 年下半年全面推进 OKR（目标与关键成果）和 KPI（关键绩效指标）双线并行的考核机制。该机制与一般企业常用的绩效考核工具 KPI 相比最大的区别是，在 OKR 部分将目标进行了拆解：自上而下的分解、自下而上的共识。其中，自下而上的共识发挥了巨大的能动性，它通过制定"跳一跳能够得着的目标"，最大限度地激发企业、团队、个人的潜力。与传统券商的 KPI 考核体系相比，企业推行 OKR 体系能提高组织的灵活性和工作效率，进一步将各部落打造成"特种兵"部队。

以华林证券财富部落为例，部落的目标是搭建用户全生命周期运营体系，关键成果则由不同的团队来承接，如用户增长团队关注用户新增指标，用户成长团队关注用户月留存指标，用户运营团队负责用户有效证券等用户转换指标。双线并行的考核机制更贴合公司科技金融转型发展方向，同时大大增强公司管理的灵活性，在面对新业务孵化时，有助于公司快速响应，及时搭建团队，确保更好地抓住市场机遇。

10.4.3 中金财富部落制改革

2021 年 6 月，中金财富开始了公司部落中心的改革。新设立的敏捷团队职能指向财富管理和金融科技，旨在将总部从按职能设立的部门架构转型为以客户为中心的跨职能、扁平化、灵活型的全敏捷组织形式。这种组织形成被中金财富称为部落（中心）。

在各个部落（中心）内部，中金财富垂直设立跨职能的实体团队，即拥有不同工作技能和特长的敏捷团队。每个敏捷团队都会设置敏捷团队长（PO），他将带领敏捷团队实现目标。中金财富还在总部新设了客群发展、产品与解决方案、全渠道平台三大部落，以及运营与客服、数字化能力发展两大中心。按照规划，中金财富的敏捷组织转型完成后，将拥有 31 个敏捷团队。

除了架构上的大调整外，中金财富还充分借鉴了互联网企业敏捷团队的管理方式。敏捷团队长的职责包括敏捷团队任务管理、敏捷团队工作目标优先级管理和敏捷团队人员管理，且都紧紧围绕目标展开，充分借鉴互联网企业常用的 OKR（目标和关键成果）管理模式。

10.4.4　长沙银行虚拟部落制实践

自 2019 年 7 月，长沙银行开始持续开展数字化转型实践，经历了"三个阶段、七场重要战役"。其中，第一阶段是进行部落制组织改革。图 10-11 所示是长沙银行虚拟部落制组织架构。

长沙银行推动部落制施行的主要经验如下。

（1）虚拟部落制的设计

之所以称为"虚拟部落制"，是因为原有的 IT 规划部、科技中心等职能部门依然存在，它们对应部落制中的分会、行会，主要成员被分配进入部落。部落是在原有实体部门之上的虚拟组织。

建立部落制后，长沙银行将千名科技人员（含合作伙伴）划入六大部落，并设立部落长。部落长对需求交付端到端负责。

每个业务部门都有唯一对接的需求受理部落，职责清晰，使沟通线路变短，简化优先级排序流程，大幅缩短了过往占比最高的需求澄清时长。

（2）部落划分原则

长沙银行在划分部落时，坚持一条原则：人员一定要专属，不可以跨部落，这样量化机制才可以顺畅运转。

合理的部落规模在 50～100 人之间，具体如何划分，由人数、系统、业务属性和关联关系等实际情况而定。长沙银行有近 300 个系统，系统之间存在复杂的依赖关系。根据条线和业务属性，长沙银行划分出 6 个部落：零售部落、互金部落、公司部落、资管部落、业务中台以及数据中台。

每个部落再划分出若干个小队，每个小队约 10 人规模。小队为跨职能团队（包括产品、开发、测试人员），能独立完成需求交付，快速响应需求变化。

从上述实践来看，长沙银行的部落制划分主要是针对科技组织的调整。华林证券和中金财富则将业务人员和科技人员混合编组，更接近于互联网公司的做法。

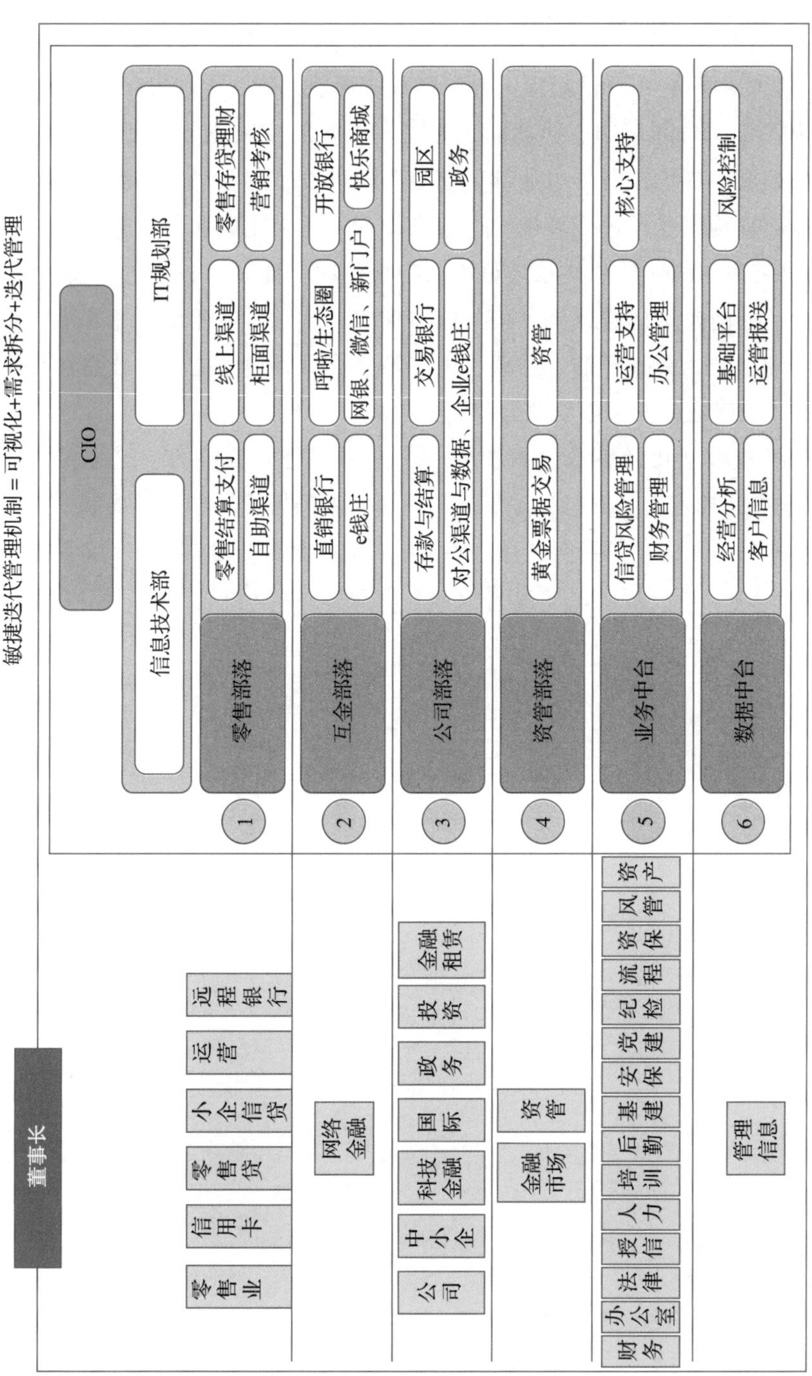

图 10-11　长沙银行虚拟部落制组织架构

10.4.5 百信银行部落制实践

作为互联网银行，百信银行一直实行双线管理，建立了"大中台、小前台"的组织模式，这与部落制有异曲同工之处。事业部按照业务线划分，由业务、数据人员组成。百信银行为事业部建立专有的科技团队和风险团队，并将其考核与事业部挂钩。这样可以敏捷响应市场需求，共同完成业务目标，并一起承担 OKR 和 KPI。另一部分科技人员进入中台组织，建设业务中台、数据中台、技术中台，为前台敏捷迭代提供公共能力支撑。这样，事业部 + 专有团队构成一个全功能组织，具备产品、运营、风控等全价值链运作能力，独立性和敏捷性都很强，很好地激发了创新动力和创业激情。

金融机构数字化转型非常重要的一个能力就是敏捷能力。这不仅需要像 DevOps 这样的技术工具支持，也需要实现组织级的敏捷转型。部落制是规模化敏捷的一种重要方法。让我们拭目以待，看看它在金融行业实践中的效果如何。

第 11 章

构建数据能力

　　数据能力是企业数字化转型的核心能力。我们知道，数字化转型就是要实现业务数据化、数据业务化，这需要强大的数据能力的支持，以保证数据可用、易用，且能够产生价值。为了实现这一目标，企业必须建立企业级的数据能力，打通数据孤岛、整合数据资源、提升数据质量、丰富数据服务手段、降低数据使用门槛，并建设企业级数据中台、开展数据资产管理。这些措施已经成为许多企业的战略选择。

　　本章从数据能力的重要性开始，首先介绍了数据能力建设基本概念，然后提出了企业级数据能力建设框架，包括数据战略、六大体系和五大保障措施，最后介绍了数据能力的建设路径。

11.1　数据能力建设基本概念

11.1.1　数据能力建设的核心要求

　　从企业数字化转型对数据能力建设的要求来看，数据中台和数据资产管理是数据能力建设的两大核心。

　　数据中台是企业数字化转型的核心创新引擎。数据中台让企业拥有两方面能力：一方面构建了数据价值释放的通道，覆盖了从数据采集、数据加工到数据服务全链路，让数据从业务中来，又回到业务中去；另一方面通过能力复用支持业务快速迭代，不需要每次收到数据需求时重复造轮子。

数据资产管理保证数据是有用、有价值的，价值性是数据资产的主要特点。数据资产管理能够提高业务数据化效率，推动数据业务化，催生数据应用场景，实现数据赋能业务发展，加速企业数字化转型。

11.1.2 数据中台基本概念

构建数据能力的核心目标是让数据用起来。《数据中台：让数据用起来》对数据中台进行了定义："数据中台是一套可持续让企业的数据用起来的机制，是一种战略选择和组织形式，是依据企业特有的业务模式和组织架构，通过有形的产品和实施方法论支撑、构建的一套持续不断把数据变成资产并服务于业务的机制。数据来自业务，并反哺业务，不断循环迭代，实现数据可见、可用、可运营。"数据中台的核心理念是实现四化，即业务数据化、数据资产化、资产服务化、服务业务化。这样可以达成从业务到数据再回到业务的完整闭环，具体如图 11-1 所示。

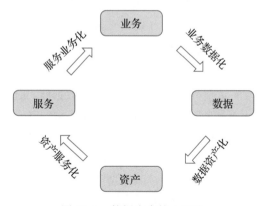

图 11-1 数据中台核心理念

11.1.3 数据资产管理基本概念

随着数据的重要性日益显著，数据资产管理成为激发组织数据要素活力、加速数据价值释放的关键。

中国信息通信研究院发布的《数据资产管理实践白皮书 5.0》对数据资产和数据资产管理给出了定义。

数据资产是指由组织（政府机构、企事业单位等）合法拥有或控制的数据资源，以电子或其他方式（例如文本、图像、语音、视频、网页、数据库、传感信号等结构化或非结构化数据）纪录，可进行计量或交易，能直接或间接带来经济效益和社会效益。

之所以称为数据资产，是因为数据可以给企业带来价值。和资产负债表中的其他资产一样，其成本和收益是可量化、可度量的。在组织中，并非所有的数据都可称为数据资产。数据资产是能够为组织产生价值的数据资源。

数据资产管理是指对数据资产进行规划、控制，目的是提高数据资产价值。

数据资产管理是在数据治理基础上的扩展。数据治理是将原始数据转变为数据资源，以提高数据质量、保障数据安全为目标，确保数据的准确性、一致性、时效性和完整性，使得数据具备一定的潜在价值，推动数据内外部流通。数据治理工作包括数据模型管理、数据标准管理、数据质量管理、主数据管理、数据安全管理、元数据管理、数据开发管理等活动职能。

数据资源要变成数据资产，还需要经过流通、运营和价值评估等活动，使得价值能够充分释放。这些活动和数据治理工作中的各项活动都属于数据资产管理活动。

数据资产管理方面的理论框架不断成熟。国际数据管理协会（Data Management Association International，DAMA）于 2009 年发布了《DAMA 数据管理知识体系指南》，并于 2017 年对数据管理模型进行了更新。《DAMA 数据管理知识体系指南》包括 10 个数据管理职能，也就是 10 个能力域，分别是数据架构管理、数据开发管理、数据操作管理、数据安全管理、参考数据与主数据管理、数据仓库与商务智能管理、文档与内容管理、元数据管理、数据质量管理及数据治理。其中，数据治理是数据管理工作的核心。DAMA 数据管理体系具体如图 11-2 所示。

2018 年，中国电子技术标准化研究院发布了《数据管理能力成熟度评估模型》（DCMM）。该标准定义了包含 8 个能力域的数据管理活动框架。这些能力域分别是数据战略、数据治理、数据架构、数据标准、数据质量、数据安全、数据应用和数据生命周期，具体如图 11-3 所示。

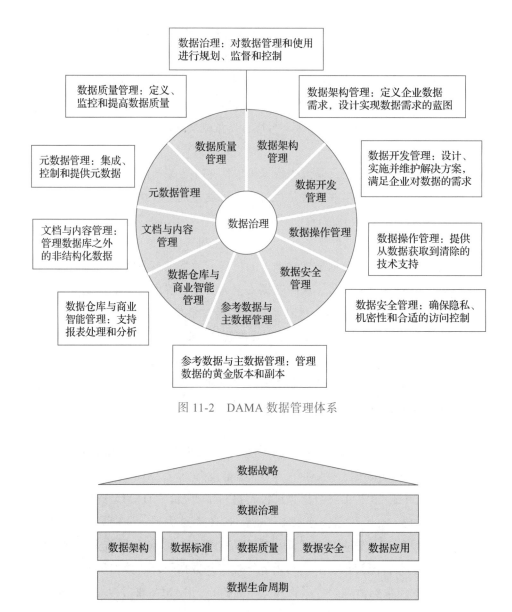

图 11-2　DAMA 数据管理体系

图 11-3　DCMM 的 8 个能力域

与 DAMA 相比，DCMM 也以数据治理为重心，未经过治理的数据不能成为数据资产。DAMA 在数据专业领域的划分更为细致，但 DCMM 增加了数据战略和数据生命周期两个能力域，更加注重整体性和全面性。

11.2　企业级数据能力建设框架

11.2.1　总体框架

企业级数据能力建设以数据中台建设和数据资产管理为核心，通过数据资产保证数据价值，通过数据中台提炼生成和提供数据服务，一方面提升经营管理、决策水平，另一方面直接支持企业日常业务运营。企业级数据能力已经超越数据技术和数据产品层面，是数据规划、建设、管理、使用的完整机制。

图 11-4 是企业级数据能力建设总体框架。

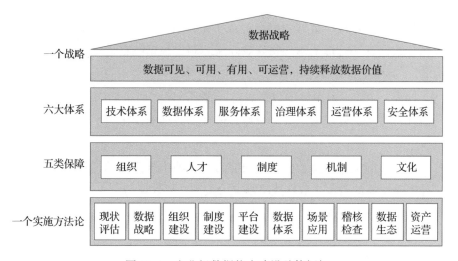

图 11-4　企业级数据能力建设总体框架

1）一个战略：数据战略要明确数据能力建设的目标和实施路径，实现数据可见、可用、有用、可运营，持续释放数据价值。

2）六大体系：包括技术体系、数据体系、服务体系、治理体系、运营体系和安全体系。其中，前三个体系是数据中台的核心，治理体系和运营体系是数据资产管理的核心。治理体系保证数据可用，运营体系保证数据可见和可运营。安全体系保证数据合规、安全，是数据能力建设的底线。

3）五类保障：包括组织、人才、制度、机制和文化。组织和人才是数据能力建设的基础，制度是各项工作开展的依据，机制和文化保证数据能力长期持续建设。

4）一个实施方法论：包括统筹规划、体系建设、场景应用和稽核检查、资产运营 4 个阶段，具体可分为现状评估、数据战略、组织建设、制度建设、平台建设、数据体系、场景应用、稽核检查、数据生态、资产运营 10 个执行步骤。企业级数据能力建设需要遵循数据能力建设方法论，首先开展现状评估，制定数据战略和数据组织体系，接着建立技术体系、数据体系、服务体系、治理体系和安全体系五大体系，然后持续开展场景应用和稽核检查，不断增厚数据资产，最后持续运营数据资产，建设数据生态，丰富数据体系。

11.2.2　制定数据战略

在数字经济时代，数据战略已经成为组织开展精益数据资产管理的基础，可以指导数据资产管理工作长期高效开展。制定数据战略是构建数据能力的重要内容。《关于银行业保险业数字化转型的指导意见》要求企业制定大数据发展战略。过去，企业没有单独的数据战略：数据战略一般是 IT 战略的一部分。现在，监管机构明确要求制定数据战略，体现了数据的作用和价值受到前所未有的重视。

数据战略的主要内容是确定数据能力建设的中长期目标，建立相关管理机制，并明确所需的资源。数据战略制定的关键是要保证与企业业务战略的匹配，保证数据与业务的一致性。

具体来说，数据战略制定应重点关注以下方面。

1）明确企业经营管理和业务运营所需的数据，至少明确到数据主题粒度。

2）建立运作良好的数据治理体系，保证数据质量和价值，同时保证数据安全和遵循相关法规。

3）规划数据平台建设，以作为数据能力建设的基础。

4）规划数据人才队伍建设，包括明确岗位职责和技能要求。

11.2.3　企业级数据能力建设目标

企业级数据能力建设的 4 个目标是实现数据的可见、可用、有用和可运营。

数据可见是指可以看到有哪些数据资产以及这些数据资产的来源、被谁使用和使用情况等。数据可用是指在需要使用数据的时候，能够保证数据采集、加工、获取、使用整个过程是稳定的，包括数据内容是稳定的且可以被用户理解，数据使用满足内外部合规要求。数据有用是指保证数据资产是有价值的，遵循数据标准，数据质量高。数据可运营是指保证数据资产的可维护性，包括数据资产构建的成本可控和可扩展，当新的数据维度出现时能快速融合到数据资产中。

11.2.4　建设六大体系

构建企业级数据能力要建立六大体系：技术体系、数据体系、服务体系、治理体系、运营体系和安全体系。

1. 技术体系

技术体系涵盖多云异构的计算存储引擎，以及数据中台相关的平台工具。平台工具面向 5 类用户。

1）面向数据运维人员。数据运维人员负责大数据平台集群的运维工作。

2）面向数据开发人员。数据开发人员基于数据交换平台和数据开发平台进行数据开发。

3）面向数据管理人员。数据治理的管理人员、元数据的管理人员和数据标准的管理人员基于数据管控平台开展数据治理工作。

4）面向应用开发人员。IT 团队的应用开发人员基于数据服务平台进行应用开发。

5）面向数据分析人员。数据分析人员基于各种报表工具和自助分析工具开展数据分析。

2. 数据体系

数据体系主要关注整个数据资产的分层和分域。按照阿里巴巴大数据分层方法，数据体系可以分为贴源层（ODS）、主题层（DW）标签数据层（TDM）、应用数据层（ADS）。其中，贴源贴源层又称为操作数据层，与业务系统中的数据基本一致。主题层即数据仓库层，是按照不同业务主题进行分域形成的，包括明细数据层（DWD）和汇总数据层（DWS）。标签数据层面向业务对象建模，把跨业务板块、跨数据域的和业务对象相关的数据按照业务对象进行打通。应用数据层即数据集市，面向不同的业务应用，比如精准营销、智能风控、产品定价等，加工的特定数据。

阿里巴巴数据中台构建了 OneData、OneEntity 和 OneService 三大体系。企业可以基于 OneData 体系，以"业务板块 + 分析维度"构建公共数据中心（也就是数据仓库层），形成全企业统一的各类主题数据。企业进一步通过 OneEntity 体系将不同主题、业务领域的数据实体（用户、企业、设备、商品等）进行打通，打破数据孤岛，形成标签画像。这一工作主要在标签数据层或者应用数据层完成。最终，企业通过 OneService 体系向外输出统一数据服务，实现数据的复用而非复制。

3. 服务体系

服务体系主要是解决资产服务化问题，核心是解决数据应用的最后一公里问题，将数据以更方便使用的形式向外提供。服务体系包含多种类型的数据服务，包括标签画像服务、基础数据服务以及算法模型服务。

不同的业务场景对于数据的响应时间和查询性能的一系列要求是不一样的。所以，数据中台规划不仅要强调数据相关的存储计算，而且要强调数据的服务化，以及所依赖的在线计算和即席计算能力。

4. 治理体系

数据治理的目的是提升数据质量，保证数据可用。数据治理包括元数据管理、数据标准管理、主数据管理、数据质量管理等多个方面。数据治理体系是为了规范上述活动而建立的组织、流程与工具。企业要建立多层级的数据治理组织机构，制定各类数据管理制度，明确数据属主和认责机制，规范数据管理流程，建立数据管控工具。

5. 运营体系

数据中台建成只是第一步，数据中台的运营才是数据中台长期发挥作用的关键。如果不关注运营，过不了多久数据体系就会变得臃肿、时效性差。数据中台运营是一个持续将数据用起来的过程。只有持续开展数据中台运营，对更多的业务场景不断提供数据服务、发挥数据价值，并在这一过程中进一步丰富数据资产、提高数据质量，企业才能形成运营体系正向反馈。

6. 安全体系

数据安全体系为数据中台发挥作用保驾护航。数据的采集、加工、使用等都要建立在安全合规的基础上，确保数据机密性、完整性和可用性，防止发生数据泄露事件。数据安全体系分为人防和技防两部分。人防要求建立数据安全管理的组织和机制，做到从制定政策到数据操作都责任明确、各司其职，还要建立数据安全管理的制度体系和流程规范，明确安全策略和标准，并且要覆盖数据全生命周期，不留死角。技防要求在数据、应用、网络、终端等方面，采用身份认证、访问控制、安全控制、监控审计、备份恢复等各类安全技术，实现立体、全方位的纵深防御。

11.2.5　采取五大保障措施

1. 建立企业级数据管理组织

建立企业级数据管理组织是企业级数据能力建设的基础和有效保障，具体可以分为治理组织、决策组织、归口管理部门和执行部门 4 类。

- 治理组织包括董事会、监事会。董事层承担数据治理的最终责任，监事会负责对董事会和高管层在数据治理方面的履职情况进行监督、评价。
- 决策组织包括高管层和专业委员会，具体为设立首席信息官或首席数据官，同时在高管层下设立数据管理委员会，负责制定数据管理战略、考核机制并做出数据管理决策。
- 归口管理部门作为数据管理委员会办公室，负责制定数据管理制度，构建和维护企业级数据架构，制定企业级数据标准，定期开展数据管理检查与总结，并向决策组织汇报工作。
- 执行部门包括各业务部门、数据部门和科技部门，负责在各类项目和日常工作中落实数据管理要求。

数据管理组织架构的核心是建立数据认责机制，各类数据都要明确其属主部门。图 11-5 是数据管理组织架构示意图。

建议数据部门内部设立 5 个团队：数据平台团队、数据资产团队（负责数据体系）、数据分析团队（负责为业务部门提供数据分析服务）、数据智能团队（AI团队，负责为业务部门提供数据智能应用服务）、数据管理团队（负责数据治理和数据运营），如图 11-6 所示。数据智能和数据分析都是提供数据服务的，最重要的区别是数据智能不像数据分析那样作为企业决策的依据，而是直接演化成智能化驱动业务的引擎，可以直接应用在业务流程中。数据平台团队和数据资产团队都是底层支撑团队，分别提供数据技术能力和数据资产管理能力，为数据分析和数据智能的具体业务应用提供强有力支撑。数据管理团队负责数据战略管理和数据资产管理。另外，业务部门也要加强数据团队建设，主要以数据分析师、数据产品经理为主。

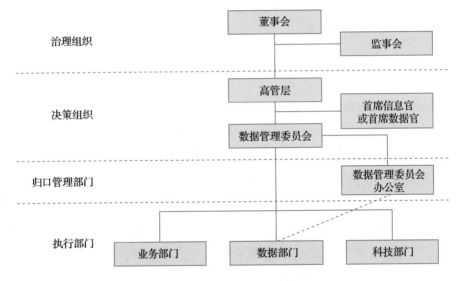

图 11-5　企业级数据管理组织架构示意图

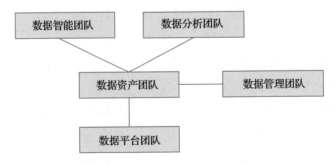

图 11-6　数据部门中团队构成

2.引进和培养数据人才

数据团队的任务越来越复杂，对岗位的要求也越来越精细化和复合化。不同数据团队设立的岗位如图 11-7 所示。数据平台团队有大数据开发工程师、大数据架构师和平台运维工程师。数据资产团队有数仓工程师、ETL 工程师和数据模型专家。数据管理团队有数据架构师、数据安全人员、数据治理人员和数据运营人员。数据分析团队有数据分析师和数据应用工程师。数据智能团队有算法工程师、数据挖掘工程师和数据产品经理。

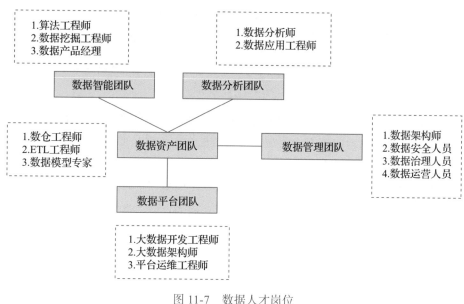

图 11-7　数据人才岗位

3.制定数据管理制度

数据管理制度规范了日常的数据管理活动。数据管理制度体系一般可分为数据管理政策、管理办法、实施细则与规范、表单工具 4 个层次。

- 数据管理政策是数据管理的纲领，包含数据战略、组织架构、角色职责、认责体系、考核管理等，阐述数据管理各个领域的目标、内容与原则等。
- 管理办法围绕数据管理的各类活动建立，比如元数据管理办法、数据质量管理办法、数据标准管理办法、数据安全管理办法、数据研发管理办法等。
- 实施细则与规范是从具体执行角度落实管理办法相关要求，明确具体的标准、规范、流程，并提供配套的操作步骤。
- 表单工具是实施细则和规范时使用的表单、模板和工具。

4.建立数据管理长效机制

数据战略、组织和制度体系已经为数据管理正常开展提供了基本的框架。为保证数据管理活动能够持续、有效开展，企业还需要建立一系列长效机制，包括培训教育、绩效考核、激励和检查审计等。培训教育是帮助员工学习数据管理的基础知识和获得工作技能。绩效考核是对各项数据管理活动的执行情况进行评价，并与奖金等挂钩。激励是根据考核结果进行奖励或惩罚，保证员工行为符合数据管理要求。检查审计是从第三方角度对数据管理活动进行检查，发现不合规事项并要求相关团队整改。

5.培育数据文化

文化的重要性前面我们已经讲过，数据文化是数字化文化的重要组成部分，是组织构建数据能力的核心价值观。建立数据文化关键是要建立"用数据说话"的理念，通过数据分析挖掘数据价值，在业务中见到效果。企业通过提供多种方便易用的数据服务方式，可以有效降低数据使用门槛。企业开展数据技能竞赛或优秀数据分析案例评选等，可以提升员工对数据的兴趣。最为关键的还是从高管层往下的管理人员都要树立数据意识，上行下效，将数据文化在企业全面推广。

11.3　企业级数据能力建设路径

企业级数据能力建设可分为 4 个阶段，具体如图 11-8 所示。

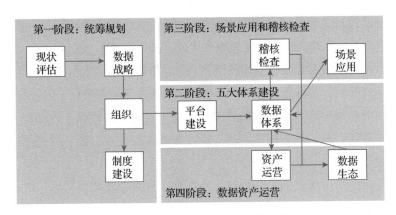

图 11-8　企业级数据能力建设路径

第一阶段：统筹规划

该阶段主要是在评估现状基础上制定数据战略，为数据管理奠定组织和制度基础。

1）首先，企业要盘点现有的数据资产，进行现状评估。

2）在此基础上，企业制定大数据发展战略，明确数据投入方向、数据服务场景蓝图和实施路径。

3）在组织方面，企业要确定企业级数据管理部门，发挥数据治理体系推动组织建设和协调管理的作用；建立企业级数据团队和业务级数据团队，执行具体工作。

4）在制度建设方面，企业要制定数据治理制度，完善考核评价机制，强化数据治理检查、监督和问责机制。

第二阶段：五大体系建设

该阶段主要是落实数据战略，建立五大体系。

1）企业以大数据平台为核心，建设技术体系，保证算力和存储，支持离线批量计算和实时计算；建设数据开发平台，支持数据研发工作。

2）企业通过数据交换平台汇聚内外部数据，建立数据体系。数据体系包括 ODS、DW、TDM、ADS 等。数据体系最初可以不完整，但要设计一个科学合理的框架，方便将来进一步丰富和扩展数据资产。

3）企业建设数据治理体系，包括数据模型管理、数据标准管理、元数据管理等活动，保证数据体系科学合理。

4）企业建设数据服务体系，建设数据服务平台，丰富数据服务方式，降低数据应用门槛。

5）企业建设数据安全体系，保证数据合规、安全。

第三阶段：场景应用和稽核检查

在该阶段，企业基于场景牵引开展数据服务研发和发布工作。该阶段主要是满足业务需求，基于数据中台通过敏捷项目方式提供数据服务，同时在这一过程中丰富数据资产，不断将数据中台做厚。

同时，企业建立数据资产管理平台，持续开展数据质量的稽核检查工作，发现和处理数据质量问题。

第四阶段：数据资产运营

在前三个阶段的基础上，企业可以从数据治理提升到数据资产管理。在数据资产运营阶段，企业通过构建数据资产价值评估体系与制定运营策略，促进数据内外部流通，建立管理方与使用方的反馈与激励机制，推动数据资产价值释放。

建设数据生态是指企业对外进行数据开放和合作，比如对外开放数据、引入外部数据，或者与合作伙伴通过多方安全计算、联邦学习等方式进行数据合作，实现数据可用不可见、数据流动不流出。数据生态建设也会反哺数据体系。

企业级数据能力的建设不是一个一蹴而就的过程，不是一个项目就可以完成的，是一个长期持续的过程。企业要构建数据能力，需要根据企业的实际业务需要，先进行总体规划，然后分步实施，而且要融入日常的数据项目实施和数据治理工作中，不断丰富数据资产和数据服务场景，将数据中台做厚。

| 第四篇 |

数字化运营和评估

本书前面介绍了数字化战略、架构设计和建设的内容。从项目角度看，数字化转型工作似乎已经完成。其实不然，如果企业只重视数字化建设而不重视数字化运营，会产生严重的后果：一方面数字化建设和数字化运营两张皮，企业建设的各种数字化能力无法在运营中真正发挥作用；另一方面数字化能力没有通过运营得到增强，而是逐步退化，前期投入被无情地浪费。因此，数字化运营是企业数字化转型中非常重要的环节。企业数字化转型能否见到效果关键在于数字化运营工作。同时，企业数字化转型的成效也需要定期进行评估。让我们不仅低头干活，还抬头看路，明确当前所处的位置，以及存在的问题和下一步改进思路。

本篇主要介绍数字化运营和数字化评估方法论，包括第 12、13 章。第 12 章首先提出数字化运营方法论，然后介绍数字化业务运营和数字化科技运营。数字化业务运营是围绕用户旅程开展用户价值运营和内外协同运营。数字化科技运营是通过建设敏捷的科技运营体系，提升企业运营效率。第 13 章介绍企业数字化成熟度评估模型，提出了通用级数字化评估模型 UDM 和银行业的行业级数字化评估模型 BDM。

第 12 章

数字化运营

本章首先介绍数字化运营的重要意义，然后介绍数字化运营的基本框架，接着从用户价值运营和协同运营角度介绍数字化业务运营，最后探讨数字化的科技运营体系，并以百信银行案例介绍具体的科技运营实践。

12.1　数字化运营的意义

前文介绍了数字化战略、数字化架构设计、数字化建设，绘制的蓝图方案实施完成，系统上线了，管理制度下发了，人员培训也完成了，这是否意味着数字化转型已经成功？实际上并不是。企业前期构建了各种数字化能力，这些能力必须真正融入企业的日常运营并发挥作用，使得企业真正按照数字化的工作方式运转并带来预期的业务价值。只有这样，我们才能认为企业数字化转型初见成效。数字化运营方式要经过两三年甚至更长时间的检验，不跑偏、不走样，甚至持续优化升级，才能认为数字化成果真正巩固下来，企业脱胎换骨成为一家数字化企业。

企业在数字化转型中会推出很多数字化产品服务。然而，如果这些产品服务仍然采用过去的营销方式，就会发现此路不通或者效果不好。在互联网时代，地推方式成本很高，效果却不明显。因为地推只解决获取用户的问题，用户使用 App 的时候发现内容更新不及时、功能使用很蹩脚，就很可能不再使用甚至卸载。数字化产品服务要想真正吸引用户，根本上还是要靠本身的品质和持续的运营来为用户输出价值，只有给用户带来价值，才能把用户留住。

因此，数字化运营是数字化转型的核心战场，企业要以用户为中心构建敏捷的数字化运营能力。这就要求传统企业必须转变自己的工作方式，向互联网公司学习，培养运营意识，建立运营团队和岗位，采用数字化运营手段，将数据驱动的运营机制真正运行起来，这样数字化产品服务才能真正"活"起来，才能达成业务目标。数字化运营的效果决定了企业数字化转型的成败。

12.2　数字化运营方法论

随着数字经济的发展，数字化运营成为企业的重要发展方向。本文将聚焦于数字化运营，分析数字化运营的基本概念和特点，并提出数字化运营的基本框架。

12.2.1　从传统运营到数字化运营

从管理学角度来看，"运营"这一概念是不断演进的。过去，西方学者将与工厂有关的有形产品生产称为"Production"或"Manufacturing"，将提供服务的活动称为"Operation"。现在的趋势是将两者均称为"运营"，生产管理也演变为运营管理。运营管理涵盖了与（有形）产品生产和（无形）服务创造密切相关的各项管理工作，包括对运营过程的计划、组织、实施和控制。从另一个角度来讲，运营管理指对生产和提供主要产品服务的系统进行设计、运行、评价和改进的管理工作。运营管理以流程为中心，覆盖了企业的核心价值链。

在数字经济时代，企业的产品、平台和服务都面向目标用户（客户），并且会设定业务目标。为了达到这些业务目标，企业必须不断优化产品、平台和服务的功能和提升体验，以便为目标用户提供核心价值。同时，在互联网时代，"好酒也怕巷子深"，企业必须持续运营，才能触达更多用户，持续产生交易和使用。运营就是让产品服务与有需求的用户（客户）匹配的各种活动。传统的营销理论（如 4C、4P 等）无法完全满足互联网时代的需求，于是产生了互联网运营。互联网运营以用户为中心。渠道运营、产品运营、用户运营、内容运营和活动运营等是具体的运营手段。

无疑，传统的"运营"概念适用于传统企业，包括生产型企业和服务型企业；互联网"运营"概念适用于互联网企业，是完全线上经营的。然而，要想实现数字化转型，传统企业需要将上述两种运营概念融合起来，提出新的关于运营的概念。因此，本书将运营定义为：企业产品（有形）生产、服务（无形）创造并让产品服务与有需求的用户（客户）匹配的相关各项工作的总称。

在数字经济时代，企业与用户建立了直接的连接，拥有了丰富的用户数据，可以以用户为中心通过用户需求来牵引整个价值链，围绕用户来组织生产。C2M模式就是典型的以用户为中心的商业模式。如青岛红领的智能工厂可以根据客户的个性化需求为其定制服装，与传统工厂的以产定销的批量生产模式迥异。

数字化运营是以用户为中心、以营销为导向、数据驱动、业务和科技协同运营的模式。科技不再是单纯的成本中心，而是成为运营的一部分，与业务协同运营，共同产生价值。数据成为运营的驱动力，不仅驱动了业务运营，也驱动了科技运营。数字化运营是将运营的各环节通过数字化手段进行深度再造，从而连接用户并产生价值。

12.2.2　数字化运营的特点和基本框架

与传统运营相比，数字化运营具有如下特点。

1）数字化运营包含从营销获客、促活转化到订单交付整个过程，不仅向用户宣传企业的产品服务，还完成了核心价值交付，以用户为中心端到端覆盖整个用户旅程。

2）数字化运营在用户需求牵引下打通企业全价值链，实现企业前台、中台、后台一体化协同运作，提升企业运营效率、降低企业运营成本，为用户提供端到端体验。

3）数字化运营关注与合作伙伴共同建立产业生态，实现整个产业链的协同运作，共同为用户提供更好的产品服务，甚至形成新的商业模式。

4）数字化运营是数据驱动的运营方式，必须充分发挥数据价值，持续优化。

5）数字化运营是业务运营和科技运营的紧密融合。科技运营不仅融入了企业运营，而且成为数字化运营的重要组成部分，业务运营和科技运营紧密协同，实现企业敏捷转型。

基于上述特点，本书提出了数字化运营基本框架，具体如图 12-1 所示。数字化运营基本框架面向目标客群，围绕用户旅程开展数字化运营，具体分为 4 层，分别是用户价值运营、协同运营、科技运营和数据驱动。用户价值运营主要是直接面向客户的运营活动，负责连接用户并交付价值，包括构建用户画像、渠道运营、用户运营、产品运营、内容运营、活动运营、订单交付等。协同运营包括企业内部前台、中台、后台协同的数字化价值链和跨界融合的数字化产业生态两个部分。科技运营主要是构建与业务运营协同配合的云化基础设施、敏捷交付、开放平台、数智大脑、组件化可装配的 IT 架构。数字化价值链、数字化产业生态和科技运营共同为用户创造价值。此外，数字化运营体系以数据驱动为基础，以数据驱动业务运营，以数据驱动科技运营，形成数据业务化、业务数据化的全周期闭环，并持续优化。数据驱动贯穿前面 3 个层次的运营活动。

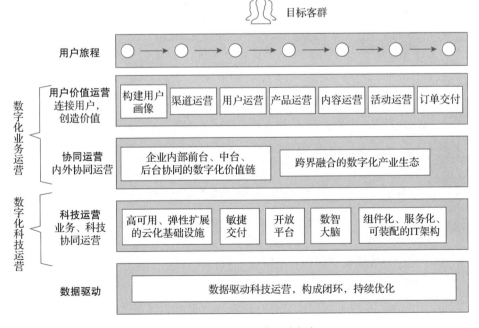

图 12-1　数字化运营基本框架

下面具体介绍用户价值运营、协同运营和科技运营。

12.3 用户价值运营

用户价值运营覆盖从营销获客到订单交付、客户服务全过程。这是在营销基础上向后续环节的延伸，相当于从线索到收款的端到端运营，是任何企业最重要的工作之一。用户价值运营需要构建用户画像、渠道运营、用户运营、产品运营、内容运营、活动运营和订单交付等各方面的能力，围绕用户需求进行价值发现、创造和交付。图 12-2 展示了数字化用户价值运营全景。

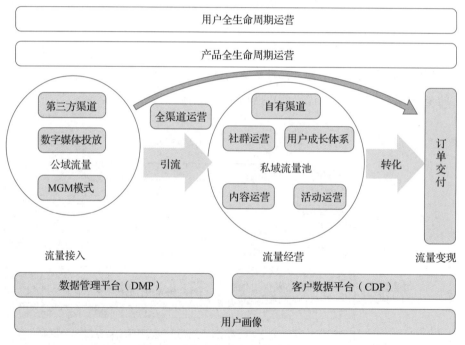

图 12-2　数字化用户价值运营全景

数字化用户价值运营的核心逻辑有 3 点。

1）数据驱动运营。首先，企业要构建用户画像，形成用户的深度洞察，为各类运营活动提供驱动力。基于用户画像，企业进一步通过数据管理平台为外部数字媒体投放提供策略支持，通过客户数据平台为各类内部运营活动提供策略支持。

2）围绕产品和用户两个全生命周期开展运营活动。产品全生命周期包括探索期、成长期、成熟期和衰退期 4 个阶段。用户生命周期包括用户获取、用户活跃、用户留存、获取收入和推荐复购 5 个环节。在生命周期的不同阶段或环节，企业要采取不同的运营方法和策略。

3）遵从"流量接入、流量经营、流量变现"的逻辑。流量接入是从公域向私域导流，形成私域流量池。流量经营是对私域流量池进行长期经营，包括促活、促留存和促转化。流量变现是最终实现交易、获取收入。

12.3.1　构建用户画像

在数字经济时代，企业开展数字化运营的前提是构建用户画像，形成用户洞察。用户画像是最常见的大数据应用，也是精细化用户运营的必要条件。企业可以通过建立用户画像全面掌握用户特征，并对用户进行分层分类。用户画像能够支撑个性化推荐、精准营销、智能风控、广告投放等应用。企业可以使用各种运营手段有针对性地进行运营，取得更好的运营效果。可以说，用户画像是建立数据驱动的运营体系的前提，是企业数字化运营的基础。

用户画像是通过收集包括用户基本属性、消费数据、社交行为等各类数据，将用户的各种特征勾勒出来，形成用户的具体形象，进一步分析用户的消费习惯和行为习惯，从而形成用户特征全貌。构建用户画像的具体方法是将用户数据进行标签化，给用户打标签。用户的各类标签信息就构成了用户画像。

1. 用户画像构建方式

构建用户画像有 3 种方式。

第一种是定性方式，通过用户研究方法（例如用户访谈等方法）分析提炼，了解各种用户特征，例如年龄、职业、收入、爱好、行为习惯等，以构建用户画像。

第二种是定量方式，首先建立用户画像模型，将各类用户数据汇集起来，然后通过聚类分析等方式提炼各类用户特征，以建立用户标签，并给用户数据打上标签，从而构建用户画像。

第三种是定性定量结合方式，业务人员通过分析用户特征在系统中建立用户标签，明确标签的规则算法，并给用户数据打标签，以构建用户画像。

2. 标签的分类

按照统计方式的不同，标签可以分为 3 类：事实类标签、规则类标签和预测类标签。其中，事实类标签最为简单，计算成本最低；预测类标签最为复杂，研发和计算成本最高。

事实类标签是用户画像最基础、最常用的标签。它是通过对原始数据进行清理并进行统计分析而得到的，用于描述客观事实，例如，姓名、会员等级、终端类型、购买次数和购买金额等。

规则类标签是基于确定的规则而获得的。业务规则需要业务人员参与制定。例如，活跃用户在不同企业的定义规则不同，如企业 A 可以定义为"过去 30 天内登录过 App 1 次以上"，而企业 B 可能定义为"过去 30 天内登录过 App 并停留 5min 以上"。有些业务（如风险评分规则）较为复杂，还需要引入数学模型。

预测类标签是在模型的基础上，运用各种算法进行数据挖掘和训练，得出标签预测结果。预测类标签的复杂程度高，开发周期较长，开发成本较高，需要算法工程师参与。

一般来说，用户画像中 80% 以上是事实类标签，其他基本是规则类标签，预测类标签占比很小。

3. 用户画像构建和应用流程

如图 12-3 所示，用户画像构建和应用可以分为 5 个步骤。

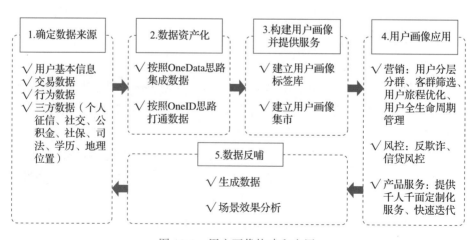

图 12-3　用户画像构建和应用

1）确定数据来源。在调研分析业务部门对用户画像的需求的基础上，企业开展数据建模工作，建立用户画像模型，明确用户画像所需的数据项。根据用户画像模型，企业开展数据探查工作，分析各类数据的来源和是否满足质量要求。用户画像的数据来源非常广，既包括企业自有的用户基本信息、交易数据、行为数据（第一方数据），也包括从合作伙伴获取的用户基本信息、交易数据、行为数据（第二方数据），还包括第三方数据。个人数据包括个人的征信数据、社交数据、公积金数据、社保数据、司法数据、学历数据、地理位置数据、运营商数据等。企业数据包括企业的征信数据、工商数据、司法数据、税务数据、水电数据等。

2）数据资产化。首先，企业将以上各类数据汇集到数据中台，按照OneData 思路将数据按照统一的标准进行加工处理，形成数据资产；然后，按照OneID 思路打通数据，即使用唯一的标识将用户的各类数据串联起来，构成完整的用户数据资产。

3）构建用户画像并提供服务。企业通过上述定性、定量等方式确定用户标签，建立用户画像标签库。然后，企业使用用户画像标签对用户数据进行处理，抽取用户标签相关的数据到用户画像集市，并为用户数据打标签。

4）用户画像应用。用户画像可以在营销、风控、产品服务等多个领域应用。在营销领域，用户画像可用于用户分层分群、客群筛选、用户旅程优化、用户全生命周期管理。在风控领域，用户画像可用于反欺诈、信贷风控等。在产品服务领域，用户画像可用于提供千人千面的客户定制化服务、产品服务的快速迭代等。

5）数据反哺。各应用场景会产生两类数据：一类是业务数据和行为数据，一类是应用场景的效果数据，这些数据都可以作为数据来源反哺到数据资产中，进一步丰富数据资产和用户画像。

通过以上 5 个步骤，企业形成了用户画像从构建、应用到反哺的全场景闭环，为数字化运营奠定了基础。

12.3.2　渠道运营

数字化运营的第一步是获取流量，即潜在用户。只有拥有流量，企业才能进一步应用各种运营方式。要获取流量，企业必须通过渠道与用户建立连接。流量有公域流量和私域流量两种类型，互联网平台的流量称为公域流量，而企业自有渠道的流量则称为私域流量。企业开展数字化运营的主要目的是将流量从公域引到私域，建立自己的私域流量池，并进行深入运营。私域流量的本质是通过长期经营用户，挖掘用户的长期价值。

1. 自有渠道和第三方渠道

渠道运营是指企业通过各种渠道与用户建立联系。如果互联网是电脑互相连接形成的网络，移动互联网是人与人之间通过手机等设备互相连接形成的网络，那么物联网则使得万物互相连接成为现实，许多设备将成为新的渠道入口。人、物、应用、内容等与人接触的触点都可以作为渠道，例如手机、平板电脑、智能家电、无人驾驶汽车、5G 消息等都可以作为触点。企业可以建立自己的渠道，例如 App、微信公众号、小程序，或者使用第三方互联网平台。用户可使用不同的平台和设备，而且可毫不费力地切换。企业需要掌握各种数字化运营渠道，以最适合用户的方式进行运营，并通过全渠道管理为用户提供一致的体验。

在渠道布局时，企业需要根据自身情况进行选择。一般来说，自建渠道成本高，见效慢，因此在业务拓展初期，企业可以以第三方渠道为主，快速获取流量，实现业务规模的快速增长，例如通过数字媒体投放等方式将产品推送给潜在用户。但是从长期来看，拥有自己的渠道并建立自己的私域流量池是企业长期可持续发展的必要条件。

在自有渠道方面，App 是最重要的自有渠道，但是 App 建设和维护成本较高，需要一支专业的科技队伍研发，并有运营团队进行长期运营。大中型企业可以以 App 为主阵地，同时建立小程序、公众号、抖音号等，形成渠道矩阵。小型企业可以以小程序为主阵地，因为小程序开发难度较低，又能实现简单的功能。

2. 数字媒体投放

数字营销是一种高层次的营销活动，通过明确的数据对象（流量，即潜在用户）和数字化媒体通道（电话、短信、邮件、互联网等）实现营销精准化、营销效果可量化。与传统营销相比，数字营销更加及时、相关性更强、定制化更高、成本更低。

数字媒体投放是数字营销最重要的一种方式。在数字经济时代，微信、微博、抖音、头条等数字媒体为主要的互联网流量入口。通过在数字媒体投放广告，企业可以获得大量流量并直接触达用户，吸引潜在用户点击进而将流量引到自有渠道，将公域流量转化为私域流量。通过规模化的数字媒体投放，企业可以快速触达自己的目标用户群体，实现用户规模快速增长。

根据付费方式和决策方式的不同，数字媒体投放可以分为多种类型，例如 PPC（点击支付）广告、CPM（千次浏览付费）广告、CPC（每点击一次付费）广告、Monthly Flat（包月计费）、Daily Flat（包日计费）、RTB（实时竞价）、RTA（实时 API）等。其中，RTB 是 Real Time Bidding 的简称，是对每一个广告曝光进行实时竞价。RTA 是 Real Time API 的简称，指对于每一个广告曝光，广告主基于自己的数据管理平台中的用户画像数据和营销策略决定是否参与此次竞价，对于非目标客群不参与竞价，从而降低投放成本。

下面介绍金融行业使用 RTA 方式进行广告投放的例子。金融行业的核心能力在于风险识别。在拉新获客场景中，金融机构可以基于用户画像获得高风险用户特征，使用高风险用户特征来筛选广告平台提供的人群信息，实时决定是否投放广告，这样可以有效降低营销成本及后期的授信成本。在存量用户运营场景中，金融机构可以根据用户行为数据来判断用户是否有资金需求或消费需求，从而决定是否要促活和投放广告。

3. 全渠道运营

企业拥有多类线上渠道和线下渠道，需要对各类渠道进行有效管理。目前，全渠道运营模式已经成为主流，需实现线上、线下不同渠道之间的互通和协同。渠道互通是指打通各个渠道，将提供给不同渠道的产品服务打通，并且将用户在不同平台上的身份、权益、资产、订单等在全渠道打通。多渠道协同是指用户在各个渠道使用产品服务时可以获得一致的用户体验，使各个渠道之间实现协同和统一的运营管理。

全国知名企业良品铺子建立了线上商城与线下实体店面相结合的全渠道运营模式。良品铺子不仅在天猫、京东等电商平台开设线上门店，还在线下拥有数千家实体店铺。2015 年，良品铺子投资 8000 万元开发了 O2O 全渠道业务平台。该平台打通了良品铺子前台、中台、后台，整合了 37 个线上平台，打造了商品中心、价格中心、营销中心、会员中心、订单中心和库存中心六大中心，整合了线上线下各类渠道，实现了全渠道会员管理和业务运营。2017 年，良品铺子又投入 800 万元建设良品铺子 App，将 App 作为全渠道的连接器，接入全公司 2000

多家门店，实现了全渠道的会员通、订单通、商品通，社交订单覆盖全国所有省份。在全渠道融合过程中，良品铺子建立了"门店＋手机"的经营模式，支持线上订单线下门店配送或自提等新的场景，有效提高了企业运行效率。良品铺子为消费者提供全渠道一致的购物体验，无论消费者在哪个渠道登录自己的账户，都能获得一致的购物推荐和折扣体验。会员还可以实现全渠道积分共享。

12.3.3　用户运营

进入数字经济时代，企业营销理念需要从关注客户转向关注用户。用户是企业产品服务的使用者和评价者，为用户提供价值是企业存在的目的和条件。用户不仅可以让企业通过交付产品服务获得收入，还可以帮助企业改进产品服务，甚至帮企业做宣传以吸引更多的用户。企业要将用户作为自己的合伙人来看，通过用户运营了解用户、发掘和满足用户需求、不断扩大用户规模。

1. 用户生命周期与 AARRR 模型

用户运营主要目标是保证用户持续增长，并在用户生命周期不断发掘用户价值。用户拉新、促活、留存、转化、流失都是用户运营关心的事情。互联网公司一般会设置用户增长部门来负责用户运营。用户运营人员也会对产品提出需求，但主要是提出对用户增长有较大影响的需求。AARRR 模型可以有效指导用户运营。

如图 12-4 所示，AARRR 是由 Acquisition（获取）、Activation（激活）、Retention（留存）、Revenue（收益）、Referral（推荐）5 个单词的首字母构成，分别对应用户生命周期中的 5 个重要环节：用户获取、用户激活、用户留存、获得收益、推荐传播。一般来说，从左向右用户数量递减，呈漏斗形。

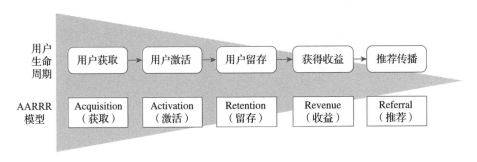

图 12-4　用户生命周期与 AARRR 模型

2. 用户运营策略

用户运营的关键在于构建与用户的各种连接，并采取与用户更匹配的执行策略。企业可以采用以下用户运营策略。

1）采用大数据、人工智能技术构建用户画像，进行用户分层分群，洞察用户显性与隐性需求。

2）在数字媒体上针对符合特定特征的目标客群投放广告，吸引新用户。

3）采用 MGM 模式，激励老用户推荐新用户。

4）建立用户成长体系，通过会员、积分、权益等方式提升用户忠诚度，促进用户活跃和留存。

5）提供千人千面的个性化服务，提升用户体验，促进用户使用和传播。

6）建立社群，与用户建立更加紧密的联系，实现关键信息的直接送达。

以下具体介绍 MGM 运营、社群运营和用户成长体系 3 种用户运营方式。

3. MGM 运营

MGM 模式是一种裂变拉新模式，是英文 Member Get Member 的简称。当通过媒体广告投放的方式无法实现用户增长，并且用户规模已经达到一定量级时，企业可以考虑采取 MGM 模式，即通过老用户推荐新用户的方式来达到用户增长的目的。

MGM 模式已经成为很多企业乐于使用的营销方式。例如，瑞幸咖啡曾推出活动：老客户推荐好友可送一杯咖啡，好友也可获得一杯咖啡。招商银行信用卡在掌上生活 App 的首页设置了推荐有礼的入口，用户推荐亲朋好友办卡可以获得礼品或还款金。

MGM 模式具有许多优势。它可以触达媒体广告无法触达的人群，并使用较低的成本实现用户增长。MGM 模式还可以实现圈层营销，从而精准获取与当前用户类似的新用户。此外，MGM 模式降低了营销的难度，因为用户的一句话比企业的 100 句话都有效。老用户推荐可以迅速建立起新用户对企业的信任关系。

要做好 MGM 运营，首先，要保证产品具有高水平的用户体验，让用户真正喜欢，这样用户才愿意真心推荐给亲朋好友；其次，对于新老用户，设置一定的奖励，这样老用户才愿意花费时间和精力来获取奖励，新用户才愿意参与。

4.社群运营

社群运营是互联网公司常用的用户运营方法，可帮助企业迅速聚集高价值目标用户，并将关键信息直接传递给用户。社群一般由一群相互有关系的人组成，大家围绕共同的爱好构成网状的价值链，例如读书群、驴友群等。由于有相同的兴趣、爱好，群友之间能够相互交流和情感联系，从而能够维持长久的关系。特别是对于企业而言，基于企业微信的社群运营越来越成为一种重要的运营手段。企业微信拥有巨大的好友容量，具有便捷的管理功能和外部联系人社群等。因此，基于企业微信的社群运营具有强大优势。

基于企业微信开展社群运营的成功案例很多。瑞幸咖啡通过使用企业微信构建私域流量池并开展流量运营和变现活动，实现了扭亏为盈。瑞幸咖啡在短短3个月之内就形成了180万的私域流量，其中70%加入了瑞幸的社群。瑞幸首先在门店放置企业微信二维码，用户扫码添加企业微信即可领取优惠券，这样将用户引流到线上。瑞幸每天根据用户习惯向用户推送喝咖啡的提醒，并提供优惠券，让服务更具温度。此外，瑞幸根据门店位置建立企业微信社群，并定期推送优惠券，提升用户活跃度，还定期开展推荐好友领券活动，促进用户裂变。

在金融行业，招商银行的社群运营也做得非常有特色。无独有偶，招商银行也是使用企业微信作为社群运营的重要工具。在引流方面，招商银行主要是在信用卡公众号中建立菜单，同时在用户消费短信中巧妙嵌入链接，用户扫码后会自动加入离自己位置最近的福利群。入群后，用户马上会收到众多福利。这些福利都是招商银行与各个商家合作推出的，因此福利成本并不高，但对用户而言非常有吸引力。而且这些福利、优惠券的推送都是由平台自动完成的，不需要耗费人工。在用户增长方面，招商银行还使用MGM模式，通过推荐好友得福利来吸引老客户推荐给自己的亲朋好友，从而产生用户裂变。

5.用户成长体系

用户运营需要重视用户的长期价值，因此做好用户留存非常关键。研究表明，一个新用户的获取成本比一个老客户的留存成本高5倍以上。做好用户留存可以提升用户价值，也可以避免获客成本的浪费，有利于企业长期可持续经营。

　　打造用户成长体系是做好客户留存的重要措施。用户成长体系是通过应用一系列用户运营规则和工具方法，促使用户对产品产生依赖，从而建立内在驱动力。用户成长体系常用的运营工具是会员、积分和权益。权益可以与会员、积分配合使用，会员拥有会员权益，积分可以兑换各类权益。

　　通过建立会员机制，企业可以对用户进行分层管理和分层服务。会员机制一般分为免费会员体系和付费会员体系。比如京东的 PLUS 会员就是付费会员，用户通过支付年费可以获得会员折扣价，还可以获得每月 100 元的满减优惠券和 5 张 6 元运费券，购物返还可获得 10 倍京豆等权益。另外，京东还提供视频、阅读、出行等跨界权益。而且用户支付的年费形成了沉没成本，用户觉得只有优惠金额超过年费买这个会员才算值得，从而促进用户消费。而会员获得的权益则引导用户进行消费。平台通过显示已省钱的金额，满足用户的成就感。京东 PLUS 会员体系取得了良好效果。《京东 PLUS 会员价值体系研究报告》显示，京东 PLUS 会员中忠诚用户占比高达 98%。

　　积分相当于产品生态中的虚拟货币，用户通过交易等行为获得积分，并在累计一定积分后兑换一定实物或虚拟权益。积分机制可以有效促活和留存用户。在积分机制设计时，我们要关注积分发放和积分消费。在积分发放方面，运营人员要明确用户获取积分的规则，比如哪类行为获得多少积分，还要注意不会过量发放积分，对积分设置统一的营销预算，并设立积分有效期。在积分消费方面，企业要建立积分商城，帮助用户使用积分兑换自己心仪的权益。积分可以在很多场景中应用，成为运营人员的利器，比如活动运营中，运营人员可以使用双倍返积分、积分专属兑换、积分抽奖等多种手段。

　　6. 案例：数据驱动的用户运营

　　在数字化运营时，企业必须具备数据驱动、构建运营闭环、持续优化的能力。

　　数据驱动能力是指通过数据体系，系统化地获取及分析数据，优化业务决策，不断驱动业务发展。数据驱动运营要求实现运营可度量、可分析。运营人员必须时刻关注运营数据，改进运营策略，以达成业务目标。这样就构成了运营闭环，实现运营的持续优化。运营数据通常为一组指标。在运营的不同领域及不同阶段，关注的指标不同。

下面以一款移动应用为例简单介绍用户运营是怎么做的，包括 AARRR 模型的每个阶段，以及每个阶段关注的数据指标。

1）用户获取。运营一款移动应用的第一步，毫无疑问是获取用户，也就是大家通常所说的推广。如果没有用户，就谈不上运营。该阶段关注新增用户数和获客成本。在预算一定的前提下，降低获客成本可以有效增加新用户。

2）用户激活。用户激活主要是让用户转化为活跃用户。该阶段主要的指标包括日活跃用户（Daily Active User，DAU）、月活跃用户（Monthly Active User，MAU）。比如招商银行以月活跃用户作为数字化转型的北极星指标，2020 年 12 月招商银行 App 和掌上生活 App 的月活跃用户达 1.07 亿，23 个场景的月活跃用户过千万。

3）用户留存。在解决了用户活跃度问题后，运营人员会发现另一个问题：如果没有用户黏性，用户很容易流失。解决这个问题，首先需要通过日留存率、周留存率、月留存率等指标监控应用的用户流失情况，并采取相应的用户留存手段，在用户流失之前激励这些用户继续使用应用。我们都知道，通常留住一个老客户的成本要远远低于获取一个新客户的成本。老用户留存已经成为流量见顶时代的首要问题。

4）获得收益。获得收益其实是应用运营最核心的部分。前面所提的提高活跃度、提高留存率，都是为了获得收益。转化率是该阶段最重要的指标。通过漏斗分析、对比分析、同期群分析、A/B 测试等方法，运营人员可发现导致转化率低的环节和问题，有针对性地解决问题，促进转化率提升。

5）推荐传播。如果产品的用户体验好，有了口碑，用户就会将产品推荐给其他用户，产生基于社交网络的病毒式传播，这已经成为获取用户的一个新途径。该方式的成本很低，而且效果有可能非常好。产品产生推荐传播唯一的前提是产品自身要足够好，有很好的口碑。优秀的产品通过推荐传播，会不断扩大自己的用户群体。净推荐值是该阶段的关注指标，用来表示用户忠诚度。

12.3.4　产品运营

企业数字化转型中会产生许多数字化产品。要想将数字化产品推向市场并获得最大价值，企业必须开展数字化产品运营工作。产品运营的主要目的是围绕产品全生命周期开展运营工作，提升产品质量，扩大用户规模，通过满足用户需求提升企业经营业绩。

1. 产品全生命周期

如图 12-5 所示，产品全生命周期可以分为探索期、成长期、成熟期和衰退期。探索期是指产品发布之后，不断打磨产品，探索和验证产品定位是否准确、能否解决用户痛点及痒点的过程。产品一旦打磨成功，就进入成长期，获得市场认可。当用户规模增长到一定程度时，市场需求饱和，潜在用户减少，产品进入成熟期。在成熟期，产品持续提供服务并变现价值。当竞争产品出现或用户需求发生变化时，产品进入衰退期。在衰退期，用户减少产品使用，直到产品不再被维护，下架处理。在产品全生命周期的不同阶段，用户的活跃度不同。

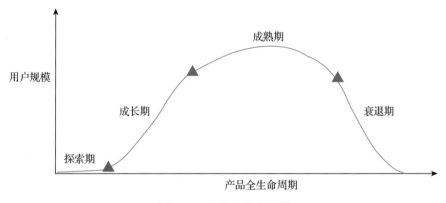

图 12-5　产品全生命周期

2. 产品运营手段

产品运营主要是在产品全生命周期中建立产品和用户的各种连接。在产品全生命周期的不同阶段，运营人员可以采取不同的运营手段。

1）探索期：该阶段的运营工作主要是要获取种子用户。运营人员通过论坛、微信群等方式，鼓励种子用户不断分享和反馈产品的使用体验，并通过埋点等方式收集用户行为数据，将数据和用户反馈传递给产品经理，不断迭代优化产品，提升用户体验，使产品更加吸引用户。例如，小米非常强调用户的参与感，建立论坛来收集米粉的反馈意见。小米手机的工程师都在论坛上持续关注和响应用户反馈，并不断迭代产品，提升用户体验。种子用户一般是技术的尝鲜者，只要产品有特色、在某一方面领先，他们都愿意投入时间和精力来试用和提出意见，享受这种和产品共同成长的感觉。企业要将种子用户当作自己的合作伙伴来看待。

2）成长期：该阶段的运营工作主要是快速占领市场，扩大用户规模。运营人员可以采用各种推广手段，比如媒体广告、地面推广、红包权益、低价策略、网红／明星代言等，让更多的用户知道产品、使用产品，并不断提升用户活跃度，提升用户黏性。

3）成熟期：在该阶段，产品已经有一定的市场占有率，运营工作主要是针对存量用户进行精细化运营。运营人员可以建立会员、积分等用户成长体系提升用户黏性，通过各类活动营销、事件营销提升用户活跃度，同时，找到流量变现的方向，获得收益，带来经济效益。这一阶段的产品就属于"现金牛"产品。

4）衰退期：该阶段的运营工作主要是做好用户流失的预警分析和已流失用户的召回，对存量用户增强情感连接和利益吸引，尽量维持用户规模，同时通过产品更新迭代寻找新的机会。

12.3.5 内容运营

内容运营的目的是通过持续创造、分发、传播对用户有价值的内容来吸引新用户、提高用户黏性和促进用户转化。在当前互联网时代，内容是王者，好的内容持续输出可以保证用户的持续增长和留存。抖音、知乎、微信公众号、简书、小红书等都是典型的内容平台。

内容运营主要关注以下 7 个方面。

1）产品或账号定位。内容运营要明确产品或账号的定位、品牌调性或者人设。这是内容运营的基础。比如，我们是要打造一个教育专家、职业导师，还是网红美女？所有的运营方案都是围绕产品或账号的定位设计的。

2）用户分析。运营人员要分析用户属性，包括年龄、性别、地域、职业等方面，明确目标用户群体，分析其痛点和痒点，有针对性地提供内容，提升用户黏性，比如，对于刚入职场的小白，可以提供职业指导；对于工作几年的骨干，可以提供管理技能和沟通技巧指导；对于年轻女性，可以提供情感话题；对于有孩子的中年女性，可以提供亲子关系和子女教育方面的内容。只有投其所好、为用户提供价值，用户才会喜欢我们的产品或账号。

3）内容垂直化。明确了产品或账号定位和目标用户群体之后，产品或账号要持续输出内容，特别是持续输出垂直领域的内容，建立产品或账号在垂直领域的品牌认知，成为所在领域的 KOL（关键意见领袖），得到用户的信任和喜爱。如果内容经常变化，边界不清晰，产品或账号定位会发生混乱，导致用户流失。

4）坚持原创。输出原创内容是账号的硬实力，也是树立账号品牌的重要方式。通过输出原创内容，账号在垂直领域建立起专业印象，从而成为 KOL（关键意见领袖）。特别是在账号运营前期，账号内容更是要坚持原创。

5）保持固定的更新频率。内容类产品或账号要保持固定的更新频率，定期唤醒用户，保持用户习惯，提升用户的信任度。如果产品或账号长期不输出内容，用户会丧失对产品或账号的信任，转向竞争对手。

6）跟踪热点。相比其他运营方式，内容运营的特点是内容总是可以出新，不断根据社会热点、时代潮流推出新的、丰富的内容，为用户提供价值，同时与用户建立更加深度的信任和连接。内容包含社会热点，会促进传播，触达更多的用户，达到更好的运营效果。比如 2022 年的元宇宙、2023 年的 ChatGPT 都是大家关注的热点，只要是和这些热点沾边的内容，都容易被用户点击和转发。

7）内容变现。在产品或账号运营到一定阶段，形成了一定的用户规模之后，运营人员可以考虑采取一些方式进行流量变现，但是要尽量采取不伤粉的方式，所谓"君子爱财、取之有道"。

12.3.6　活动运营

在移动互联网时代，用户平均每天使用手机超过 5 小时。所有的应用都在争夺用户的使用时间。如何吸引用户的注意力，让用户使用，是非常具有挑战性的。活动运营是一种很好的吸引用户注意力的运营方式。

活动运营是通过开展线上或线下活动，在短期内快速提升某个或多个指标的运营方式。典型的线下活动有苹果手机新品发布会、樊登读书线下沙龙。典型的线上活动有支付宝的春节集五福活动、招商银行信用卡的周三半价活动、天猫"双十一"电商节、京东"618"电商节等。

活动运营工作一般包括活动策划、活动准备、活动实施和活动复盘 4 个步骤。

1）活动策划。该阶段主要是撰写活动策划方案，明确活动的主题、目标、内容形式、时间计划、投放渠道、用户群体等。活动时间一般是社会热点时期、法定节假日或者平台自己设计的节日等。

2）活动准备。该阶段主要是与各个部门沟通，协调活动所需要的各种资源，包括资金、系统、渠道、内容素材等，做好活动投放前的各项准备工作。比如，活动中使用的权益需要向市场部门申请预算，系统需要科技部门帮忙开发，活动推文需要媒体团队帮忙设计和把关。运营人员可以基于用户画像分析目标用户特征并筛选活动的目标客群；同时，配合个性化智能推荐，让活动运营更具针对性。

3）活动实施。该阶段主要是进行活动预热、推广。运营人员通过多种媒介，向目标客群推送活动通知，吸引用户参与活动。活动预热将用户与活动连接起来，是活动成功举行的关键。渠道的选择非常重要。运营人员要选择与目标客群相匹配的渠道，保证活动能够触达用户。运营人员可以在系统中配置活动策略，支持活动的自动化运营。

4）活动复盘。在活动结束之后，运营人员要对活动进行总结，基于活动度量结果分析运营效果，分析是否完成活动目标以及活动的优点和缺点，改进运营策略，实现对运营活动的持续优化。

12.3.7　订单交付

数字化交易都是在线上完成的。订单交付是从用户下单、付款到收到产品或完成服务的过程。这是数字化运营的最后一环。它也是连接用户、渠道、产品、活动等运营要素的关键纽带，是整个数字化运营过程和各运营要素创造最终价值的载体。订单交付将用户价值运营与协同运营连接起来，将价值生产和价值交付连接起来，使企业作为一个整体持续协同运营。

企业需要打造数字化订单交付能力，通过订单将用户、产品、渠道、活动等关键运营要素贯穿、整合，洞悉具体用户的个性化需求，支持产品定制化，实现全渠道的一致体验。订单可以连接企业中台、后台，向用户集中呈现企业的整体运营能力。企业可以通过开放 API 实现数字化能力的共享和应用。企业可构建订单管理系统，管理各类业务交易，支持各核心业务系统在各个渠道提供产品销售、退订等服务，通过协同形成覆盖交易全链路的、完整的业务流程。

12.3.8　案例：百信银行数字化营销和运营

下面介绍百信银行数字化营销和运营案例。该案例主要基于用户画像进行事件营销和活动运营，如图 12-6 所示。

下面基于活动运营介绍运营步骤。

1）构建用户画像。基于各类用户数据，运营人员提取用户特征并生成用户标签。各类用户标签构成用户画像。用户标签代表用户的一类特征，每个用户标签对应一定数量的用户。

2）活动策划和配置。运营人员制定活动策划方案，并在营销平台进行活动配置。

- 圈选目标客群。运营人员根据活动策划方案挑选一个或多个用户标签进行目标客群的圈选。比如，在薪金宝产品推广活动中，目标客群是 20～35 岁、有固定工作和收入，这样运营人员可以通过年龄、职业、月收入等标签来筛选本次活动的目标客群。

- 关联使用权益。活动运营需要一些吸引用户来参加活动的权益，比如红包、积分、满减券、折扣券等。活动运营人员在营销费用预算范围内申请权益，并与活动关联。

- 制定任务达标规则。运营人员配置活动的任务达标规则。用户参加活动、完成任务，并达到一定标准后就可以领取权益。

- 选择触达手段。运营人员选择本次活动的用户触达手段。触达手段既包括企业自有的微信、短信、App 推送、站内信、人工外呼和智能外呼等，也包括互联网合作生态。

3）活动投放。在活动配置完成后，系统将在指定的投放时间正式投放活动。活动信息从各个渠道触达目标用户群体，感兴趣的用户会被引到企业的各个触点，包括 App、小程序、微信公众号以及 H5 承接页面。

4）活动执行。用户进入企业平台页面后执行注册、下单、支付等操作。

5）活动复盘。活动运营产生的业务数据进入大数据平台。运营人员通过营销平台对数据进行实时分析或活动后的总体分析，包括营销转化漏斗分析（触达到注册、注册到下单、下单到支付的层层转化），存在的问题分析，进一步改进活动策略。同时，运营人员基于业务数据进一步沉淀和丰富用户标签和用户画像。这样就构成了从用户画像到活动运营、数据分析的数字化运营闭环。

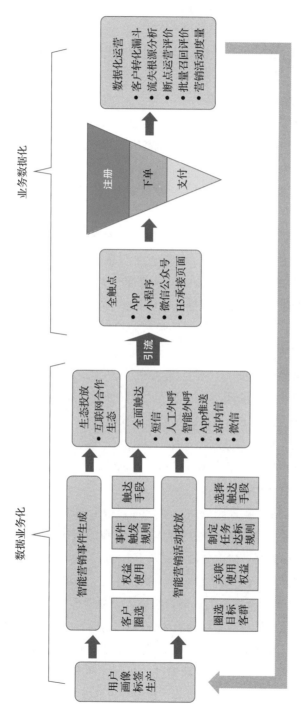

图 12-6 数字化营销和运营案例

事件营销过程与活动运营类似。不同的是，活动运营一般是一次性的，事件营销则是在制定事件触发规则之后就可以持续触发。比如，系统自动向用户发送生日祝福短信并发送生日优惠券以吸引用户消费，这是非常典型的事件营销。

数字化运营是典型的数字化业务模式。整个数字化运营过程可以分为两部分：从用户画像到活动投放是数据业务化过程，即用户标签和用户画像帮助运营人员筛选目标客群和制定活动策略；从触达用户到数据化运营分析是业务数据化过程，即用户操作不断产生业务数据，数据被采集、汇总，并传给运营人员进行分析。这样就实现了从业务数据化到数据业务化的数字化业务闭环。

12.4　协同运营

数字化转型是企业业务的根本性变革，覆盖企业的营销部门、生产部门、供应链部门和科技部门等。企业需要搭建新的数字平台对流程、数据、系统等进行整合，以完成数字化变革。企业通过协同的流程，实现企业内部数字化全价值链一体化协同运营，建立跨界融合、开放合作的数字化产业生态协同运营。

12.4.1　数字化全价值链一体化协同运营

从企业内部来讲，数字化运营核心是实现全价值链的数字化。数字化运营要求企业采取更具变革性的运营方式，实现对更广泛用户群体的精细化运营。通过丰富的用户画像，企业实现对用户分层分类，并发掘用户需求，提供有针对性的、定制化的产品服务，使得每一次运营都是高效、有用的。这要求中台、后台与前台高度协同，共同为用户提供敏捷的、定制化的、有价值的产品服务。

前台是直接面向市场、服务用户的，要求敏捷、快速响应变化。中台要求有强大的处理能力，是标准化、组件化、服务化的，能够以服务编排的方式支持核心业务并适应变化。后台通过人财物等资源管理、风险管理为中台提供支撑，要求非常稳定。数字化运营要求前台、中台、后台形成齿轮相互咬合的一体化运营体系，而强大的中台同时适配敏态的前台和稳态的后台。

12.4.2　数字化产业生态协同运营

在数字经济时代，企业不是单打独斗。如果企业只是实现了企业内部价值链的数字化，但没有构建协同共生的产业生态，那不过是打破了内部的篱笆墙，还是在更大的篱笆墙里，可能会丧失进一步发展的空间。

数字化运营必须打造内外协同的生态，要建立生态思维。企业要与合作伙伴一起，通过资源整合、信息共享、融合创新等方式，实现从竞争到合作、从交易成本最小化到交易价值最大化的转变，这样才能挖掘潜力，甚至构建新的竞争优势。

通过建立产业生态，生态体系中的多方参与者互惠互利，实现真正的协同一致。生态体系与产业数字平台是共生关系。生态体系是在产业数字平台支撑下，构建的企业间自发自洽、共享共通、具有内部价值链的商业协同网络。通过各参与方价值链的互相连通和相互提供服务，可以最大限度打破信息不对称，提高交易效率，提升用户体验，获得新的商业机会。生态体系带给每个参与方的价值往往是由体系的总体量所决定的，也就是说具有规模效应。

在数字经济时代，生态运营成为企业必须具备的一种能力。行业领头者可以主动建立自己主导的生态，中小型企业则可以选择融入已有生态，在生态中找到自己的位置，与生态形成共生互利的关系。生态中的各个企业可以按照价值流的方式进行连接，并为客户、用户交付价值。

构建生态体系的典型企业是以 BATJ 为代表的互联网头部企业和平安、泰康等头部金融机构。以腾讯为例，腾讯生态圈的基础是 QQ 和微信等社交平台，还投资了其他业务，包括饿了么、美团、京东、游戏公司 Supercell 等，并依靠微信支付进行流量分发和实现快捷支付。腾讯依靠流量连接了社交、生活服务、游戏等其他行业，衍生出有高附加值的产品服务。

在金融机构中，平安集团构建了金融服务、医疗健康、汽车服务、房产服务和智慧城市五大生态，泰康集团主要是打造医疗、养老、健康生态，两者都是选择与金融主业相关的产业，形成金融与产业共生互利、相互促进的局面。

12.5　科技运营

在数字经济时代，科技部门不再只是后台部门，数字化的 IT 架构必须变得开放、敏捷、可控，从而支撑敏捷响应业务和精益化运营。通过全价值链数字化构建企业的数字孪生体，信息系统日益成为数字化企业的生产系统。企业需要建立数字化的科技运营体系，与业务运营配合发挥协同效应。科技运营成为企业数字化运营的重要组成部分。

为了满足数字化转型对科技运营的要求，本书提出了科技运营能力模型（如图 12-7 所示），包括云化基础设施、组件化架构、敏捷交付、开放平台、数智大脑 5 种科技能力。科技运营与业务运营相结合可带来显著的业务运营效果。

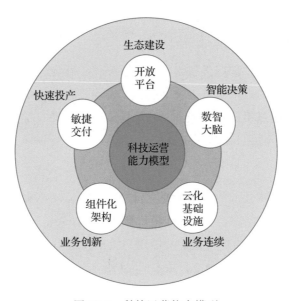

图 12-7　科技运营能力模型

1. 云化基础设施

云化基础设施是数字化科技运营的基础，可以提供智能运维、弹性扩缩容和容灾能力，有效保障企业的业务连续性。

科技运营要求科技部门具备智能运维（AIOps）能力。分布式微服务架构非常复杂，有成百上千的微服务需要部署和运行，导致运维工作非常复杂，迫切需要实现运维工作自动化、数据化和智能化。在系统出现问题时，科技部门要能够做到快速发现、快速定位、快速处置和快速恢复，避免影响业务正常运营和用户体验。

科技运营要求信息系统具备弹性扩缩容能力，能够支撑业务的正常和非正常场景下的运营。比如日常有 1000 万日活用户，到"双十一"的时候活跃用户和交易量快速上升，可能达到平常的 5 倍甚至 10 倍，如果这个时候系统宕机，业务运营就进行不下去。这要求系统具有弹性扩展的能力。

科技运营要求信息系统具备强大的容灾能力，保证业务连续性，避免发生影响业务运营的故障。这要求建立容灾架构，在应用和数据层面做到多中心、多活，以便在发生城市级甚至区域级时，流量能够顺利切换到未受影响的数据中心。

2. 组件化架构

科技运营要求科技部门具备组件化、服务化、可装配的支撑能力，快速支持业务创新。企业通过抽象各类公共能力，实现能力组件化和服务化，构建稳定的中台。企业通过组合各类服务，满足具体业务场景的需求，为前台业务敏捷创新提供支撑，确保不同渠道的体验一致。

3. 敏捷交付

科技运营要求科技部门具备敏捷交付能力，能够快速响应业务需求，快速推出新的产品服务。这需要引入敏捷项目管理（比如 Scrum）和研发运维一体化（DevOps）技术，聚焦用户价值，按照用户故事和最小化可用产品减小交付粒度，极大缩短交付周期并提高交付效率，实现敏捷交付。

4. 开放平台

科技运营要求企业建立开放平台，将企业的各种能力通过 API 等方式向外提供，具备灵活快速的生态连接能力，以便与外部合作伙伴构建开放协同的生态。

5. 数智大脑

科技运营要求企业具备数据整合和分析能力，能够支撑数据驱动业务、数据驱动科技。科技运营要求能够正常支撑业务运营可视化，并通过人工智能等技术支持进行业务决策和预测，同时反馈到业务中。

12.6　案例：百信银行敏捷运营实践

自成立以来，百信银行一直坚持敏捷实践，形成了有特色的稳健与快速并重的敏捷运营体系。百信银行的敏捷科技运营体系实现了 100% 系统纳管、100% 科技资源纳管、100% 科技活动围绕愿景展开，业务需求迭代效率是行业平均水平的 4 倍，同时保障了生产的稳定性。

12.6.1　百信银行敏捷运营理念

如图 12-8 所示，百信银行认为敏捷运营分为 5 个阶段：项目敏捷、团队敏捷、科技敏捷、业务敏捷和商业敏捷。

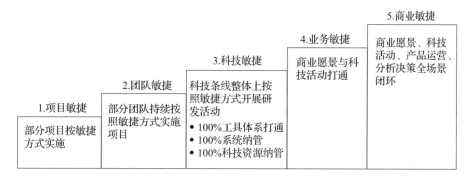

图 12-8　百信银行敏捷运营五阶段理念

项目敏捷是指部分项目按照敏捷方式实施。

团队敏捷是指部分研发团队持续按照敏捷方式实施项目，团队具备敏捷交付能力。

科技敏捷是指科技条线整体上按照敏捷方式开展研发活动。科技敏捷的 3 个标志是 100% 工具体系打通、100% 系统纳管、100% 科技资源纳管。它带来了需求快速迭代能力的提升、流程自动化能力的提升、运维自动化能力的提升、分析与度量能力的提升。

业务敏捷是指将商业愿景（产品、功能、优化、数据等需求）与科技活动纳入统一的流程平台，从而实现从商业愿景到科技活动的流程一致性、数据一致性、标准一致性。

商业敏捷是指将商业愿景、科技活动、产品运营、分析决策纳入统一的流程平台，从而实现从商业愿景、需求分析、研发到产品运营的全场景闭环，如图 12-9 所示。

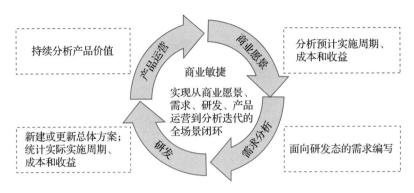

图 12-9　商业敏捷全场景闭环

科技敏捷、业务敏捷和商业敏捷，可用如下公式表示。

商业敏捷＝业务敏捷＋产品运营＋分析迭代

业务敏捷＝科技敏捷＋商业愿景＋项目立项＋产品需求

敏捷运营五阶段越往后，实现难度越大，价值也越大，商业敏捷是敏捷转型的最终目标。

目前，敏捷的重要性已经成为银行业的共识，但受双模 IT 的制约，大多数银行仅能实现团队敏捷。百信银行持续开展敏捷运营实践，目前已经实现了业务敏捷，并正在向商业敏捷迈进。

12.6.2　百信银行敏捷运营第一阶段：建立科技敏捷体系

2016 年 12 月 30 日，百信银行获得银监会批准，于 2017 年 11 月 18 日正式开业。百信银行开业阶段的科技建设大约历时 6 个月，代号为"腾飞"工程。在"腾飞"工程中，有 3 个决策对科技敏捷体系发展影响深远。

1）百信银行决定打造国内首家整体自主掌控的云上银行。在当时，云计算相关技术体系尚未成熟，百信银行面临一系列风险，如 IaaS、PaaS 层产品化能力不足、无银行业实践经验借鉴、行业应用的数据库 95% 无法脱离 Oracle 体系、行业应用无法适配中间件等。在时间紧、任务重的背景下，选择稳妥开业还是激进到位一直处于争论的焦点。最终，行长决策：百信银行作为一家创新型银行，就应该走一条披荆斩棘的道路，敢为行业先锋，决定采用全面云化的路线。这为百信银行的敏捷运营道路奠定了技术基础。

2）事业部拥有科技团队。银行的首席信息官由监管任命并需承担科技风险管理的重大职责，这使得银行的科技部门受到严格的监管。同时，科技部门作为成本中心，更加重风险而轻需求。传统银行历来有需求实现难、交付久的难题，业务部门与科技部门之间沟壑渐深，难以形成合力。百信银行在"腾飞"工程建设期间也经过激烈碰撞，最终形成事业部小前台、科技部大中台的组织形态。事业部建立了业务、科技、数据、风险管理的混合团队，今天我们称之为"锯齿"架构，很好地实现了业务和科技的深度融合。

3）百信银行引入 DevOps 工具，从一开始就全面采用敏捷模式。敏捷运营最大的困难一直是传统思想难以转变。但百信银行的人才结构有别于传统银行，60% 人才来自互联网公司。在"腾飞"工程建设初期，在浓厚的互联网思想影响下，百信银行抛弃了传统的瀑布工程模式，引入百度的 DevOps 工具与敏捷思想，并在初期就很好地推行开来，一直延续至今。

在"腾飞"工程基础上，百信银行持续深入打造科技敏捷体系，实现了100% 系统纳管、100% 科技资源纳管的全组织科技敏捷。2019 年，百信银行通过了中国信息通信研究院组织的 Devops 成熟度三级认证，其敏捷能力得到了行业的认可。

金融行业的敏捷运营重点已经不在研发运维一体化能力的构建。百信银行的敏捷运营实践是以业务和科技深度融合的科技组织架构打破部门壁垒、以强烈的敏捷文化认同实现全面敏捷实践，从而探索出以新技术为基础、以组织文化为灵魂、以工具为纽带的科技敏捷之路。

12.6.3　百信银行敏捷运营第二阶段：从科技敏捷到商业敏捷

1. 敏捷 2.0 的核心理念和实践

自 2020 年，百信银行在实现商业敏捷的目标上向前迈出了一步，实施了敏捷 2.0 计划，旨在建立"纳米"全流程一站式开发平台。敏捷 2.0 计划借鉴了华为 DWS（Digital WorkSpace）的建设理念，通过数字化管理手段来保证整个组织的敏捷能力，提高资源利用效率、增强组织的横向协同能力、提升经营管理的规范性。

百信银行的敏捷 2.0 实践主要包括以下 5 个方面，找到了合规和敏捷的平衡点，实现了高效、协同、合规的商业敏捷。

1）基于商业愿景的目标管理：百信银行建立了跨部门、跨团队的任务管理系统，将所有任务与商业愿景挂钩，从而实现业务统一纳管。百信银行还将愿景细化为用户故事和研发功能，确保每次投产都与愿景相关，保证科技活动是围绕价值开展的。

2）全流程闭环：百信银行从愿景、需求、研发到运营不断迭代，建立了全流程闭环，并实践了 BizDevOps 理念。百信银行还将产品可行性研究和产品运营、分析决策纳入流程平台，通过业务、研发、运维全流程线上化实现整个经营活动线上化。

3）一站式工作台：百信银行建立了一站式工作台，将需求管理、方案设计、版本分支权限、编码开发、环境分配、版本测试、版本合并、准生产 / 投产验证、版本发布功能全部线上化并集成起来，实现流程数字化和自动化。

4）规范化：百信银行在科技运营流程中通过嵌入监管、管理、风控、安全等各类规则实现规范化，提高研发效率和质量的同时降低人工操作风险。

5）数字化度量体系：百信银行建立了数字化度量体系，实现了流程度量和业务价值度量等，通过流程数字化度量找到流程优化点，持续优化商业敏捷体系，提高流程效率。

2. 敏捷 2.0 带来的价值

百信银行实现了业务敏捷，为不同利益相关者带来价值，具体而言，有以下 3 方面。

1）对于管理层和科技管理部门，各类管控规则被嵌入流程平台，实现全流程数字化管控，实现了协同、规范、高效运行的目标。

2）对于研发团队，研发流程实现了标准化、操作简便，从过去的任务交付过渡到以商业愿景牵引的价值交付，围绕价值交付开展工作。

3）对于业务部门，商业愿景、项目进度、科技成本、业务收益等信息嵌入一站式全景图，提高了业务运营和决策效率。

第 13 章

企业数字化成熟度评估模型

国内外数字经济建设如火如荼，许多企业正在规划和开展数字化转型，不少领先企业甚至已经进入数字化转型深水区。当前，企业数字化转型到底发展到什么程度？有什么问题？下一步应该做些什么？这是很多企业非常关心的问题。在这种背景下，许多政府机构、咨询公司和领先企业推出了数字化成熟度评估模型。数字化成熟度评估模型的主要作用是帮助企业找到自己所在的位置，发现不足，明确下一步努力的方向。

本章首先介绍了业界已有的 4 个模型，然后基于数字化转型五环法 SABOE 和数字化企业架构框架（DEAF），提出了包括通用级、行业级和企业级三级数字化成熟度评估模型体系，并详细介绍了通用级数字化成熟度评估模型（UDM）和适用于银行业的行业级数字化成熟度评估模型（BDM）。

13.1 业内数字化成熟度模型介绍

1. 信通院：企业 IT 数字化能力和运营效果成熟度模型 IOMM

为了满足不同行业数字化转型的需求，中国信息通信研究院云计算与大数据研究所推出了企业 IT 数字化能力和运营效果成熟度模型（IOMM）。其中，

I 代表 IT 数字化能力，O 代表企业整体经营。IT 数字化能力建设和持续高效运营是企业数字化转型的驱动力。

IOMM 拥有近 400 个能力指标，可用于梳理和定位企业数字化转型发展阶段，对企业下一步发展方向和路径给出详细指引。如图 13-1 所示，IOMM 以六大能力和六大价值为评判依据。六大能力主要包括云智平台化、能力组件化、数据价值化、运营体系化、管理精益化、风控横贯化。IOMM 以效果和价值为导向，能够带来智能敏捷、效益提升、质量保障、业务创新、风控最优和客户满意六大价值。

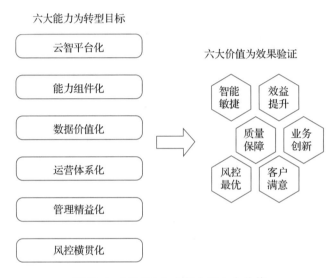

图 13-1　IOMM 六大能力和六大价值

2. 毕马威和阿里巴巴：消费品生态全链路数智化转型框架

中国商业正在从消费红利经济向数智创新经济进化。发展思路已从单一节点的成本降低和效率提升方式转变为消费品全生态重塑的增长方式。数智技术触发了商业生态的全链路数字化转型。阿里巴巴联合毕马威提出了基础设施云化、触点数字化、业务在线化、运营数据化、决策智能化五部曲，为产业全链路价值重构的消费品生态全链路数字化转型提供支持。如图 13-2 所示，该框架包含 5 项一级能力，25 个核心二级能力指标，为评价数字化成熟度和指明未来建设方向提供衡量工具。

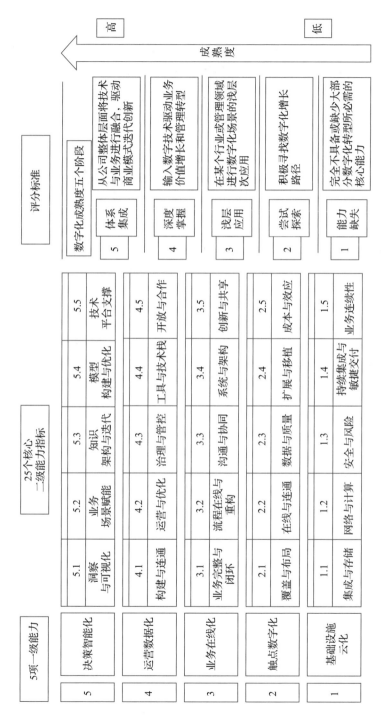

图 13-2　消费品生态全链路数智化转型框架

来源：毕马威和阿里巴巴《2020 消费品生态全链路数智化转型白皮书》

基础设施云化是企业数字化的基础，也是数据存储和计算的容器。触点数字化建立了企业与客户、合作伙伴、员工、设备之间的连接。业务在线化是让各种业务在线上开展。运营数据化是将线上业务实时产生的各种数据汇集形成数据资产。决策智能化是基于数据为业务决策和智能应用赋能，体现数据的价值。从触点数字化到决策智能化构成了企业数字化能力闭环。

3.普华永道：企业数字化成熟度评估框架

普华永道的企业数字化成熟度评估框架包括数字化战略、数字化业务应用、数字技术能力、数据能力、数字组织能力以及变革管理6个维度，如图13-3所示。其中，数字化战略是引领性指标维度，数字化业务应用是业务应用结果性指标维度，其余4个维度都是支撑性要素，每个维度可以细化出多个子维度。

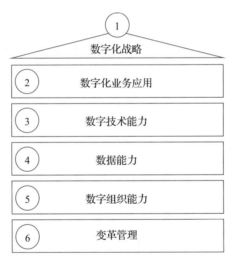

图 13-3　普华永道的企业数字化成熟度评估框架

普华永道的企业数字化成熟度评估框架非常关注一些软性的能力，比如数字化战略、数字组织能力和变革管理。这些软性能力不像数字技术能力和数据能力等硬性能力那样容易被看到，也不会通过短期投入快速建立。硬性能力决定了企业数字化是否能够快速实现，软性能力则决定了企业数字化是否能够长远，并真正完成数字化转型。

4. 华为：开放数字化成熟度模型

华为提出的开放数字化成熟度模型（Open Digital Maturity Model，ODMM）是衡量企业数字化能力成熟度的一个综合模型。ODMM 将企业的数字化成熟度评估划分为 4 个层次、6 个维度、18 个子维度（见图 13-4）以及 174 个指标。其中，6 个维度是战略决策，以客户为中心，数字文化、人才和技能，创新与精益交付，大数据和人工智能以及技术领先优势。

图 13-4　开放数字化成熟度模型

5. 评估模型比较

IOMM 偏重于 IT 建设和运营能力的评估；毕马威和阿里巴巴提出的评估模型侧重于消费品生态，强调 To C 的数字化能力建设。相比之下，普华永道和华为提出的评估模型更加全面一些，它们都强调了数字化战略能力、组织 / 文化 / 人才能力、数据能力、技术能力等。普华永道提出的评估模型注重数字化业务应用和变革管理，华为提出的评估模型则突出了以客户为中心、创新和精益交付两方面。其中，数字化战略代表了企业推行数字化的决心和力度，数字化业务应用是数字化业务成果的体现。

从适用行业范围来看，IOMM 适用于工业领域的通信运营商和制造企业，但现在也在向其他行业扩展。阿里巴巴提出的评估模型适用于零售业，特别是互联网电商领域。普华永道提出的评估模型和华为提出的评估模型适用于各行各业，没有特定的行业特点。

13.2 评估模型体系

1. 建立可扩展的评估模型体系

目前，数字化成熟度评估模型可以分为通用级模型和行业级模型两类。然而从企业实际使用评估模型角度来看，各类模型都存在一些问题。通用级模型适用于各行各业，但缺乏行业特点。目前的通用级模型并没有明确如何针对行业特性进行扩展支持。行业级模型对于特定行业的匹配度很高，但无法适用于其他行业。

针对上述问题，笔者认为有必要建立可扩展的数字化成熟度评估模型体系，这一体系包括通用级评估模型、行业级评估模型和企业级评估模型 3 个层次，如图 13-5 所示。通用级评估模型要注重把握数字化转型的本质和核心能力，这是放之四海而皆准的。行业级评估模型在通用级评估模型基础上增加若干行业特色模块，比如对于银行业，防范风险和保证安全是至关重要的，有必要增加这一模块，来满足相关方的诉求。企业级评估模型在行业级评估模型基础上根据企业实际情况进行调整，更加侧重于对于指标的细化，保证转型可落地、可执行。

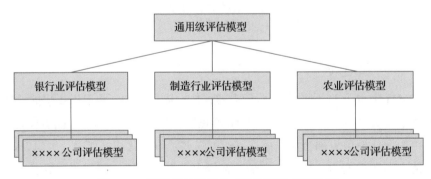

图 13-5 可扩展的数字化成熟度评估模型体系

2. 模型构建核心思路

数字化成熟度评估模型构建的核心思路是：使用定性和定量两种评估手段对企业的数字化能力进行评估。数字化能力分为一级能力和二级能力，一个一级能力由多个二级能力组成。每个数字化能力的成熟度分为五级。定性评估要建立数字化能力五级成熟度对照表，以便根据该数字化能力现状特征来判断企业数字化属于哪个成熟度等级。定量评估则使用针对数字化能力的特定量化指标进行评估，以便按照取值区间来判断企业数字化属于哪个成熟度等级。

评估人员使用评估模型对企业进行评估后，所有数字化能力的成熟度评估结果共同构成了企业的数字化画像，企业上下可以直观地看到企业当前的数字化能力水平，并在整个数字化成熟度图谱中找到企业当前所处的位置，进一步分析企业数字化能力现状与目标的差距，并有针对性地制订数字化能力提升计划，为下一步行动指明方向。

本书尝试提出通用级评估模型（UDM），以及适用于银行业的行业级数字化成熟度评估模型（BDM）。

13.3　通用级数字化成熟度评估模型

通用级数字化成熟度评估模型（Universial Digital Mesh，UDM）以价值链和业务线为两个水平维度，用于表达企业的业务架构，以数字化能力为第三个维度共同构建数字化价值空间，如图 13-6 所示。该模型与业内通用的企业架构标准及价值论思想一脉相承。

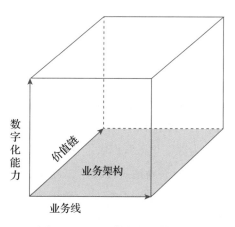

图 13-6　企业数字化价值空间

13.3.1　数字化能力

企业数字化转型是一项企业级、系统性、多能力协同建设的工程，需要数字化能力的支撑。数字化能力分为一级能力和二级能力，共同构成数字化能力框架。UDM 包括 8 项一级能力：战略规划能力、组织流程建设能力、业务连接与在线能力、数据能力、智能能力、云化能力、敏捷能力和安全能力，如图 13-7 所示。

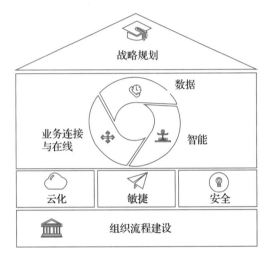

图 13-7　UDM 中一级数字化能力框架

1. 一级能力说明

一级能力具体说明如下。

1）战略规划能力：数字化战略规划为企业数字化转型指明了方向，必须得到董事会和管理层的高度重视，从企业级高度推动数字化转型。

2）组织流程建设能力：数字化组织、文化和人才培养是数字化转型战略能够执行到位的重要保障，为数字化运营提供了基础。

3）业务连接与在线能力：企业通过在线方式连接触客，这种连接是双向的，一方面可以通过开放平台将自己的产品信息、营销活动第一时间送达客户，另一方面可以采集客户行为、需求数据，以便按客户偏好和行为，开展定制化的产品创新，进而提供更完善和个性化的产品服务。

4）数据能力：数据是数字化转型中的重要战略资源。企业可以通过在线的业务服务、和客户的连接，积累丰富的数据。完整、可信、高质量的数据可以指导营销、决策、甚至通过进一步的抽象和服务化，形成有价值的数据资产，服务整个产业链。

5）智能能力：丰富的数据训练出高效的模型，进而在企业的各个业务流程节点以智能设备替代人工，形成无差别、可度量、高效的生产力，在企业营销、运营等领域发挥重要作用。

6）云化能力：云化减少了算力、存储和网络资源的浪费，并将基础设施、网络、安全策略和业务系统进一步解耦，为业务系统提供了完备的生长土壤，大大降低了企业的基础设施成本，提高了产品研发效率。同时，云化还为企业应对业务变化提供了弹性资源，使企业可以敏捷地适应在线业务偶发的流量冲击。

7）敏捷能力：敏捷交付程度反映了企业快速反应的能力。企业必须建立业务、科技、数据三位一体的敏捷交付机制，快捷、灵活地支持业务创新，应对业务需求的快速变化。数字化企业需拥有数字化企业级 IT 架构，具备业务驱动、能力协同、模块化构建和快速部署能力。

8）安全能力：数字化环境给企业风险防范与信息安全保障提出了新的要求，特别是很多新的风险类型，比如数据安全、供应链安全、模型算法安全等需要重点关注和研究解决办法。企业必须通过构建强大的安全能力，建立全方位的安全防护体系，来保障数字化运营。

企业建设数字化能力，为各项业务进行数字化赋能，实现业务数字化。企业业务可以使用业务架构进行描述，通常以价值链和业务领域两个维度构成企业的业务能力模型。不同行业的企业的价值链和业务领域差别很大，所构成的业务能力模型也是千差万别。但是，不同行业的企业的数字化能力是相似的，最多需要加入一些行业差异化能力。这样在对企业进行数字化成熟度评估时，评估人员就可以通过相对稳定的数字化能力框架进行评估。

2.8 项一级能力之间的关系

8 项一级能力之间也是有关系的，总体上可以分为 3 层。

顶层的战略规划能力引领和指导整个企业数字化转型工作。

中间层的业务连接与在线能力、数据能力、智能能力构成核心三角。企业要与客户和合作伙伴线上建立连接，并实现业务的全面在线，这样业务可持续产生数据。企业数据能力是指汇集内外部各类数据并形成数据资产；企业智能能力是指从数据资产中提炼数据价值，形成智能数据服务，支持流程自动化、分析决策自动化和智能人机协作，并反哺到业务中，驱动业务创新变革。这样就构成了数据生成、数据管理、数据应用闭环。

地基层的云化能力、敏捷能力、安全能力和组织流程建设能力是数字化转型工作的支撑保障。云化基础设施能力是指为数据的传输、存储、处理等提供基础设施，支持根据需求变化进行弹性供给。敏捷能力支持企业根据快速变化的市场需求积极创建新的产品服务，从而抓住市场机遇。安全能力保证网络安全、数据安全、算法模型安全，让数字化企业得到坚强的守护。组织流程建设能力保障了数字化战略得到有效执行，直到达成数字化战略目标。

13.3.2 业务架构

UDM 的另外两个维度是业务线和价值链，二者共同构成了企业业务架构。不同行业的企业的业务架构各具特色，需要分别构建。有关业务架构的详细内容，请参见本书第 4 章。

数字化成熟度评估工作一般是针对企业整体或某个业务领域进行评估。为了实现这一目的，数字化成熟度评估工作中使用的业务架构主要用于确定评估对象，因此不需要特别详细，到业务线层级或价值链层级就足够了。当然，我们也可以根据具体需要进一步细化到业务能力层级。图 13-8 是企业业务架构示意图。

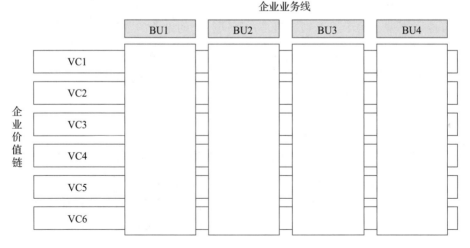

图 13-8　企业业务架构示意图

13.3.3　定性和定量评价

根据数字化水平不同，我们可以将数字化成熟度划分为 5 个级别，包括初始级、探索级、形成级、优化级和成熟级，如图 13-9 所示。初始级是指企业尚未建设数字化能力，缺少相关规划。探索级是指企业尝试探索数字化能力建设路径，从部门级出发初步制订相关规划。形成级是指企业已经具备基本的数字化能力，并初步发挥数据价值。优化级是指企业的数字化能力已经为业务提供有效支撑，并不断提升。成熟级是指企业已经具备完善的数字化能力，达到行业领先水平。

图 13-9　5 级数字化成熟度划分

在定性方面，针对每一项二级能力，建立五级成熟度描述表。举例来说，一级能力战略规划下有一项二级能力数字化战略。二级能力成熟度分级和量化指标示例如图 13-10 所示。

二级能力：数字化战略

A　能力说明

注重顶层设计和统筹规划，具有清晰的数字愿景和战略，并纳入银行整体战略规划，明确在数字生态系统中扮演的角色、实施路径和阶段目标。银行高管层统筹负责数字化转型工作，明确专职或牵头部门，有充足的人力和财务资源投入作为保障

B　能力分级描述

1	初始级	需求导向，根据业务需求安排IT实施，未制订科技规划
2	探索级	开展科技规划工作，但是作为部门级工作，业务部门基本不参与
3	形成级	定期制订全行科技规划，作为全行战略规划的专项规划，科技部门牵头，业务部门参与
4	优化级	银行高管层高度重视，明确牵头或专职部门，制定全行级数字化战略，形成顶层设计，业务部门和科技部门共同参与，人力和财务资源投入充足
5	成熟级	数字化战略作为银行整体战略规划的重要组成部分，融入全行总体工作，银行董事会、高管层负责统筹数字化转型工作，业务和科技深度融合，人力和财务资源投入充足

C　量化指标

科技投入营收占比

图 13-10　二级能力成熟度分级和量化指标示例

在定量方面，针对每一项二级能力，可以针对性地制定量化指标。如图13-10所示，数字化战略二级能力可以使用科技投入营收占比进行量化。

13.3.4　评估方法

UDM可以用于评估企业整体或某些业务领域的数字化成熟度。评估人员使用配套的评估表格，遵循"四步法"评估流程（见图13-11），可得到数字化成熟度评估结果和数字化转型改进建议。

图13-11　"四步法"评估流程

第一步：现状调研。在确定评估范围之后，评估人员可以通过调研问卷、面对面访谈或者专家小组等方式进行现状调研，形成各项数字化能力的现状描述。

第二步：逐项评估。针对每一项二级能力，评估人员根据现状描述比对二级能力的五级成熟度描述，确定该二级能力所属的成熟度等级，并换算为分数。（注：实际评估中可能出现现状介于两个成熟度等级之间的情况）。

第三步：结论形成。评估人员基于二级能力评估结果，计算得到一级能力得分和对应成熟度，并进一步获得评估范围（企业整体或某些业务领域）的整体成熟度，形成评估结论。

第四步：差距分析和改进建议。评估人员对比每一项二级能力的现状描述和最高级成熟度描述，分析两者存在的差距，并进行优先级排序，形成进一步改进建议。

13.4　行业级数字化成熟度评估模型

在通用级数字化成熟度评估模型基础上，我们可以进一步研发行业级数字化成熟度评估模型。不同行业之间存在一定差异，例如，制造业侧重工厂生产设备和现场控制系统操作等工作，金融业侧重风险判断等知识性工作。

从数字化成熟度评估模型框架来看，8 项一级能力总体上适用于各个行业。在二级能力层面，绝大部分二级能力适用于各个行业。但是，针对特定行业，我们还需要有针对性地补充行业特定的二级能力。这样能更好地满足各个行业数字化成熟度评估的具体需求。

作为国内第一家独立法人直销银行，百信银行积极探索并研发了商业银行数字化成熟度评估模型，并在互联网银行业务中应用。该模型的英文全称为Bank Digital Mesh，简称为 BDM。

13.4.1　商业银行数字化转型方兴未艾

在宏观层面，国家"十四五"规划中提出以科技创新为核心产业政策主线，鼓励各行各业加快数字化发展。在中观层面，为响应国家号召、进一步加强金融行业科技创新和提升服务实体经济能力，2021 年 12 月至 2022 年 1 月，人民银行和银保监会先后发布了《金融科技发展规划（2022—2025 年）》与《关于银行业保险业数字化转型的指导意见》。两个重磅文件的出台为商业银行数字化建设迈向规范化和体系化指明了方向，同时说明数字化建设已经成为所有商业银行的机遇与考验。

互联网银行是商业银行中的特殊形态，是互联网时代新兴技术与传统商业银行服务有机结合、创新而生的新型数字原生银行。它具有通过线上方式随时随地为客户提供金融服务的能力，但也存在因没有线下网点而较难建立品牌信任感，缺乏客户基础账户数据，对于服务场景建设和外部客户引流十分依赖的现实困难。互联网银行整体风控和对客服务过程完全依托于信息系统，对于系统的时效性、稳定性和安全性均有着更高的要求，因此互联网银行必然成为银行业数字化转型的先锋队和生力军。

作为中信银行和百度联合发起设立的国内首家独立法人直销银行，也是国内第一家国有控股互联网银行，百信银行结合商业银行未来重点发展方向及自身定位，致力于普惠群体服务，重点发力产业数字金融，积极探索财富管理和交易银行创新，结合监管的两个重要文件要求，在持续提升数字化水平、加强产融结合、挖掘数据价值、健全风险防控等方面持续加大建设力度和资源投入，在保证金融服务对客户随需而至的同时，对自身的风险控制手段也做到了实时有效。百信银行成立至今，在数字化建设中持续投入、不断创新，深入践行"金融为本，科技为用"的总体发展思路，通过大力发展人工智能、区块链、云计算、大数据、联邦学习等数字技术应用，与实体经济和零售客户建立起更全面的连接，从而有效识别和触达客户，大力支持实体经济发展。

为了在持续深入开展数字化建设的同时坚定未来建设方向和铺平发展道路，百信银行结合商业银行数字化转型趋势，参考各类知名咨询机构及互联网公司对于数字化成熟度的评估方法，深入学习，不断总结优化，最终提出了商业银行数字化成熟度评估模型。银行运用该数字化成熟度评估模型，可对自身的数字化能力开展自评，确定自身数字化转型所处的发展阶段、成熟度水平、关键差距与不足，进而有效支持未来数字化转型建设工作的整体规划、实施开展并取得成功。

13.4.2 商业银行数字化成熟度评估模型

在 UDM 基础上，百信银行进一步丰富二级能力，形成了 8 项一级能力、29 项二级能力、五级成熟度的 BDM，具体如图 13-12 所示。

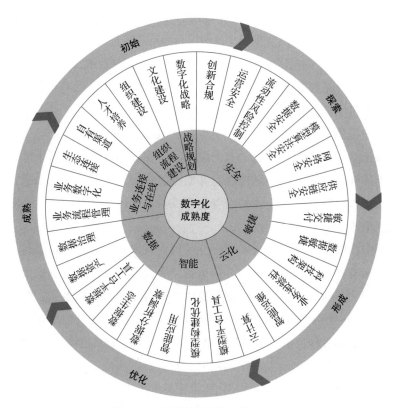

图 13-12　百信银行提出的 BDM

以下对具体的二级能力进行介绍。

战略规划能力下有一个二级能力，即数字化战略。数字化战略能力引领组织前进的方向。

组织流程建设能力下有 3 个二级能力，分别是组织建设、文化建设和人才培养。数字化组织要实现敏捷转型，以更好地执行数字化战略。文化建设能力和人才培养能力则为组织流程建设能力提供支撑，决定了银行数字化转型是否能够真正成功。

业务连接与在线能力下有 4 个二级能力，分别是生态连接、自有渠道、业务数字化和业务流程管理。银行通过自有渠道和生态连接来连接客户和合作伙伴，向客户传递价值。业务数字化能力是通过应用数据和智能来创造价值。业务流程管理能力为业务数字化提供支撑，端到端的业务流程可以更好地实现数据在全行甚至银行上下游全链路流动。

数据能力建设的目标是建设有价值的数据资产，并提供数据服务。数据能力下有 4 个二级能力，包括数据治理、数据资产、数据平台工具和数据生态。数据治理可以提升数据质量，使得数据具有使用价值。数据生态可以帮助获取外部数据，丰富数据资产。大数据平台和数据管控平台是数据能力的构建基础。

智能能力建设的目标是提炼数据价值并在业务中应用，赋能业务。智能能力下有 4 个二级能力，包括数据分析洞察、智能应用、模型构建优化、模型平台工具。数据分析洞察和智能应用是智能能力的两种应用场景。数据分析洞察能力主要是指辅助人工决策的能力，不仅包括帮助银行管理层进行宏观层面的决策，也包括帮助一线人员进行更靠近前线的决策。智能应用能力是通过构建模型并嵌入业务流程来支持实时推荐、决策和预测。模型构建优化能力是智能能力建设的核心，不仅包括构建模型的能力，还包括模型快速迭代能力，保证模型的有效性。模型平台工具能力是智能能力建设的技术基础，能够覆盖模型研发全过程，可以极大地提升模型构建和迭代效率。

云化能力下有 3 项二级能力，包括云计算、智能运维和业务连续性。云计算提供弹性可伸缩的池化资源，为保障业务连续性提供支持。云计算的复杂性要求实现智能运维。智能运维保障了云计算的正常运行。金融业务对业务连续性方面的要求近乎苛刻，对数据中心建设、容灾备份、异地多活等提出了要求。

敏捷能力下有 3 项二级能力，包括敏捷交付、数据敏捷和科技架构。敏捷交付能力指实现产品服务的快速交付，对不断变化的市场需求进行快速响应。

数据敏捷能力指实现数据服务的快速交付，数据中台是数据敏捷的基础。科技架构能力注重整体的架构合理性和敏捷性，为敏捷交付和数据敏捷提供支持。

安全能力下有 7 项二级能力，包括创新合规、运营安全、流动性风险控制、数据安全、模型算法安全、网络安全和供应链安全。数字化环境下的新型风险给银行带来了新的挑战，银行需要重点关注和研究解决办法。银行必须构建强大的风险防控能力及安全防御能力，建立全方位的风险管理体系及安全防护体系，来保障数字化运营。这些二级能力为各项一级能力构建提供了保障。

可以看到，BDM 中除了沿用 UDM 中的通用一级能力和二级能力之外，还增加了一些银行业特有的二级能力，比如云化能力下的业务连续性，安全能力下的流动性风险控制等。

13.4.3　商业银行业务架构

随着数字化技术的不断演进，数字化能力成为商业银行业务发展的强有力支撑。数字化能力赋能业务能力建设，共同构成数字化价值空间。

以互联网银行业务为例，从产品研发开始到触客营销、业务运营，加上全流程风险管控和分析决策，形成了完整的价值链和价值生产闭环。互联网银行在当前数字普惠金融的愿景下，通常以消费金融、产业金融、财富管理和金融同业作为主要业务条线。以业务线为纵轴，以价值链为横轴，构成互联网银行业务架构，如图 13-13 所示。

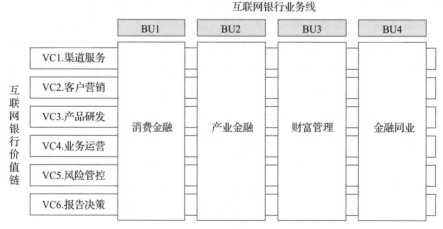

图 13-13　互联网银行业务架构

13.4.4　基于数字化能力建设的银行数字化转型

下面以消费金融和财富管理为例,说明商业银行如何基于数字化成熟度评估模型推动各项业务数字化建设。

在消费金融数字化方面,数字化运营和智能风控核心能力建设是数字化转型的重点。首先,银行需要着力发展 To C 的营销在线管理,强化智能能力,以数据驱动进行深度的客户行为分析,从而识别客户偏好及精准对接产品服务资源以吸引目标客户,建设智能客服、智能营销、智能推荐等智能应用,加强对市场营销的支撑。此外,银行还可以通过强化数据分析洞察能力,从多场景运营中发现目标客户的新增场景需求,进而有针对性地进行场景创新。其次,场景融合和外部引流对于互联网银行引入流量及客户资源至关重要。银行需要加强业务连接与在线能力建设,强化生态连接能力,例如针对大健康、新消费、内容娱乐等场景中用户与目标客群高度重合的特点进行精准营销,做到渠道、客户资源协同。互联网银行还构建了覆盖贷前、贷中、贷后信贷全周期的智能风控体系,通过获取身份数据、征信数据、历史交易数据、行为数据等各类数据,使用机器学习、知识图谱等技术建立各类智能风控模型,实现基于数据的实时风控决策。最后,随着《中华人民共和国数据安全法》《中华人民共和国个人信息保护法》的相继出台,银行亟需通过数字化工具来提升针对个人消费者信息的保护能力。通过以上建设工作,银行可以提高自身数字化建设成熟度,进而在同质化竞争中获得成功。

在财富管理数字化方面,银行需要以客户为中心了解客户需求,同时将自身产品服务精准匹配客户需求,并提供端到端的财富管理服务。首先,银行的安全能力是该业务的核心能力之一。在数字技术不断赋能多场景组合产品、跨部门组合产品、多级账户体系及数字人民币应用等的过程中,创新合规及流动性风险控制等至关重要。例如,当提供基金类业务时,银行收到了一笔进项款后如何根据监管合规要求进行报送,或者如何设置相关安全阈值对潜在风险进行识别判断等,都是安全能力数字化成熟度的重要考量因素。其次,以智能能力赋能的数字营销水平也是银行财富管理业务的另一个核心竞争力,如在进行全民营销的同时借助数字化能力洞察客户需求,通过产品智能推荐及智能投顾等智能应用工具提升投资顾问的服务质量。最后,银行依赖数据资产、数据生态等数据能力的建设可以进行客户旅程分析，注重客户习惯的培养，并不断评估、完善服务流程，打造极致的客户体验及品牌口碑，进而实现客户成功。

13.4.5　商业银行数字化成熟度评估实践

数字化转型成熟度评估模型具有多种用途。商业银行可以对各业务线进行数字化成熟度评估并进行对比。如图 13-14 所示，某银行自评结果显示消费金融业务的数字化成熟度较高，金融同业业务则由于客户主要为同业客户，具有高额、低频特点，因此业务连接与在线能力和数据能力均有较大的提升空间。通过对各大一级能力的比较，该银行在数据和智能方面处于形成期，仍需要进一步拓展深度应用。

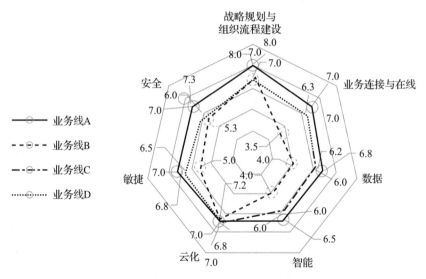

图 13-14　某银行各业务线数字化成熟度对比

除了内部业务线的评估和对比，BDM 还可用于在银行之间进行横向比较。图 13-15 为银行 A 和银行 B 的评估结果对比。银行 A 在业务连接与在线、敏捷能力方面具有突出优势，在线上业务方面势头强劲。通过业务连接与在线能力，银行 A 积累了大量客户交易和行为数据，并训练出多种数据模型，成功降低了风险控制和营销成本。而银行 B 正在调整网点并进行云化基础设施迁移，投入较大，且由于在线业务应用不足，云化基础设施的弹性扩缩容能力没有得到充分发挥，数字化转型速度缓慢。

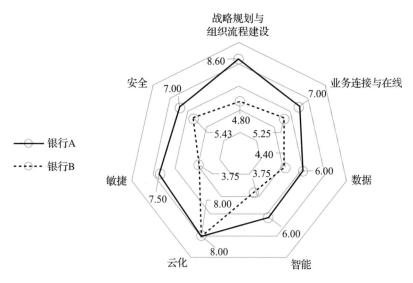

图 13-15　银行间数字化成熟度对比

商业银行可以通过数字化成熟度评估模型对数字化能力进行评估，找到自己所处的位置，并对标高等级成熟度，分析存在的差距，形成下一步转型工作计划。在数字化成熟度评估模型的帮助下，商业银行对数字化转型更加胸有成竹、有的放矢，进一步深化金融供给侧结构性改革，全面提升金融服务能力。